Gerd Kohls/Ulrich Kähler · Orchideen im Garten

Gerd Kohls und Ulrich Kähler

Orchideen im Garten

Verwendung, Pflege und Vermehrung

135 Abbildungen, davon 124 auf 16 Farbtafeln
und 9 Tabellen

Verlag Paul Parey · Berlin und Hamburg

Gewidmet unseren Ehefrauen Andrea und Tina

Anschrift der Verfasser:
Gerd Kohls, Sylter Bogen 23, D-2300 Kiel 1
Ulrich Kähler, Amselweg 15, D-2313 Raisdorf

Die Deutsche Bibliothek – CIP-Einheitsaufnahme

Kohls, Gerd:
Orchideen im Garten: Verwendung, Pflege und Vermehrung / Gerd Kohls und Ulrich Kähler. - Berlin; Hamburg: Parey, 1993
 ISBN 3-489-63624-4
NE: Kähler, Ulrich:

Einband: Atelier Buchholz/Hinsch/Hensinger, D-2000 Hamburg 73, unter Verwendung eines Fotos der Verfasser

© 1993 Verlag Paul Parey, Berlin und Hamburg.
Anschriften: Seelbuschring 9–17, D-1000 Berlin 42; Spitalerstr. 12, D-2000 Hamburg 1

ISBN 3-489-63624-4 · Printed in Germany

Satz: PLS-PareyLaserSatz, D-1000 Berlin 42
Schrift: 10p Bookman, Satzsystem Apple Macintosh/Ilfx
Lithographie: Carl Schütte & C. Behling GmbH & Co., D-1000 Berlin 42
Druck: Saladruck GmbH & Co. KG, D-1000 Berlin 36
Papier: Luxosilk pro, 115 g/m², chlorfrei gebleicht, hergestellt in der Papierfabrik Scheufelen
Bindung: Lüderitz & Bauer Buchgewerbe GmbH, D-1000 Berlin 61

Geleitwort

Mit der vorliegenden Arbeit vermitteln die Verfasser einen umfassenden Überblick über vorliegende Erkenntnisse und ihre speziellen Erfahrungen bei der Vermehrung und Anzucht von Freilandorchideen, der bisher in der deutschen Literatur fehlte und auf den sowohl Orchideenfreunde wie -experten seit langem gewartet haben. Sie gehen – im Gegensatz zu sonstigen diesbezüglichen Veröffentlichungen – bei den vielen behandelten Gattungen und Arten im Detail auf deren Vorkommen, ihre Standortansprüche, ihre Vermehrungsmöglichkeit und Kultivierbarkeit ein, wobei aufgrund eigener Erfahrungen Aussagen über Aussaatergebnisse, verlangte Substrat- und Standortbeschaffenheit sowie Schwierigkeitsgrad der Inkulturnahme gemacht werden.

Diese Erfahrungsberichte beweisen, daß die Behauptung, Freilandorchideen seien nicht kultivierbar – von wenigen Ausnahmen abgesehen –, nicht länger aufrecht erhalten werden kann. Solche Ausnahmen sind in erster Linie durch starke Pilzabhängigkeit der betreffenden Orchideen (Mykotrophie) bedingt. In diesen Fällen wird von den Verfassern ausdrücklich davon abgeraten, im Handel u. U. angebotene Pflanzen zu erwerben, weil sie mit Sicherheit in der Natur ausgegraben wurden und bei Kulturversuchen auch versagen würden.

Das Werk basiert auf langjährigen Untersuchungen und Versuchen und zeigt aussichtsreiche Wege zur gärtnerischen Vermehrung vieler unserer einheimischen und teils auch ausländischer Orchideen und damit auch zu einem aktiven Naturschutz, denn Vermehrung und Wiederansiedlung aussterbender Arten sind zweifellos bessere und wirksamere Maßnahmen gegen das weitere Zurückgehen wertvoller Pflanzenbestände als alleinige Überwachung. Zudem ermöglicht das Angebot gärtnerisch vermehrter Orchideen den rechtmäßigen Erwerb und verhindert das sträfliche Ausgraben in der Natur weitgehend. Tatsächlich bringen gärtnerisch angezogene Orchideen in aller Regel bessere Anwachserfolge als Wildpflanzen, weil ihr Wurzelsystem voll erhalten bleibt und diese Pflanzen eine größere Anpassungsfähigkeit besitzen.

Bemerkenswert sind die teils jahrzehntelangen Erfahrungen der Verfasser mit den einzelnen Orchideenarten, ihre ausgezeichneten Kenntnisse auch außereuropäischer Orchideen, ihre genaue Beobachtung von Entwicklung und Ansprüchen und nicht zuletzt ihre wertvollen Hinweise auf eine jeweils geeignete Begleitflora. Auch sind ihre Angaben über vegetative Vermehrungsmöglichkeiten hochinteressant und die Empfehlungen zur Herstellung von Kleinbiotopen im Garten wichtig, um der gärtnerisch vorgezogenen Pflanze dort einen geeigneten Lebensraum zu sichern. Hier sehe ich u. a. wertvolle Anhaltspunkte und Hinweise für die Schaffung bzw. Erhaltung und Verbesserung von großräumigen, natürlichen Biotopen zur Wiederansiedlung bzw. Kräftigung noch vorhandener Bestände. Neben der gärtnerischen Vermehrung wird diesem Arbeitsgebiet in Zukunft besondere Beachtung zu schenken sein.

Ein anderer Punkt wird in vorliegender Arbeit nur gestreift, nämlich die Tatsache, daß es möglich ist, mit Hilfe sog. Mykorrhizapilze Orchideenkeimung und -entwicklung in entscheidender Weise zu fördern und auf lange Sicht möglicherweise auch die bisher nicht kultivierbaren, stark mykotrophen Orchideen zu vermehren. Es gibt allerdings bisher auch noch wenig praktische Erfahrungen mit dem Einsatz solcher Pilze.

Insgesamt gesehen stellt die Arbeit einen wertvollen Beitrag zur Kenntnis und Kultur unserer Freilandorchideen dar und kann jedem, der sich hiermit beschäftigt, empfohlen werden.

Freising,
im Frühjahr 1992   Prof. Dr.sc. Franz Penningsfeld

Vorwort

Dieses Buch ist keine Aufforderung zur Selbstbedienung in der Natur! Wir fordern vielmehr alle Leser dazu auf, die bestehenden Naturschutzgesetze strengstens zu beachten. Dennoch ist zu erwarten, daß das Erscheinen dieses Werkes Diskussionen auslösen wird.

Nachdem jahrelang versucht worden ist, die Beschäftigung mit Erdorchideen zu tabuisieren, scheint sich jetzt aber auch in Deutschland die Erkenntnis durchzusetzen, daß den einheimischen Orchideen durch Kartierung und anschließende Einzäunung allein nicht zu helfen ist. Deshalb haben wir uns entschlossen, den heutigen Wissensstand der Kultur- und Vermehrungsmethoden zu dokumentieren und in den »Orchideen im Garten« einer breiteren Öffentlichkeit vorzulegen.

Unser vorrangiges Interesse ist es, die These von der Nichtkultivierbarkeit der Freilandorchideen zu widerlegen und durch die Vermittlung von Kenntnissen über die allgemeinen Lebensbedingungen der Orchideen sowie durch Kulturhinweise einen wesentlichen Beitrag zum Naturschutz zu leisten. Denn Mißerfolge bei der Kultur von Erdorchideen sind nicht zwangsläufig der Beweis für deren Nichtkultivierbarkeit, wohl aber dafür, daß der Kultivateur die Kultur noch nicht beherrscht.

Die für die Einhaltung der Naturschutzbestimmungen zuständigen Behörden haben die Kultur- und Vermehrungsmethoden der Verfasser überprüft. Es sind keine Beanstandungen vorgekommen. Aufgrund der nachgewiesenen Vermehrungsrate wurden behördlich kontingentierte Mengen von Freilandorchideen zum Verkauf und Export freigegeben. Nicht zuletzt dieser Umstand und auch das Zureden vieler befreundeter Orchideenliebhaber haben uns zur Veröffentlichung dieses ohnehin lange überfälligen Buches veranlaßt.

Wir möchten uns hiermit bei all denjenigen bedanken, die in irgendeiner Weise zu dieser Veröffentlichung beigetragen haben. Unser besonderer Dank gilt Herrn Dr. C. Lange, der uns während des gesamten Entstehungsprozesses dieses Buches zur Seite gestanden hat, und von dem wir auch einige hervorragende Farbabbildungen erhalten haben. Für die Bereitstellung von Gewächshausfläche für Kulturversuche bedanken wir uns bei dem ehemaligen Direktor der Lehr- und Versuchsanstalt für Gartenbau der Landwirtschaftskammer Schleswig-Holstein, Herrn K.-H. Bünger (†), Herrn D. Prazler und bei Herrn O. Römer, dem jetzigen Direktor der Lehr- und Versuchsanstalt. Ferner gilt unser Dank Herrn Dr. W. Lorenzen, Herrn O. Möller und Herrn Dr. J. van Waes für fachliche Beratung. Einen Teil des Bildmaterials stellten die Herren K. Ferro, W. Frosch, A. Fries, M. Plöger, K. Polivka, O. Sievert, P. Stein und W. Woijaczek zur Verfügung. Auch dafür sagen wir Dank, ebenso für die Zeichnungen, die von Herrn S. Theden stammen.

Besonders herzlich möchten wir uns bei Herrn Dr. W. Claussen und bei den Mitarbeitern des Verlages für die Hilfestellung bei unserem Erstlingswerk und für die großzügige Ausstattung des Buches bedanken. Mehr als nur Dankbarkeit empfinden wir gegenüber unseren Ehefrauen für ihr Verständnis und vielfältige Unterstützung.

Kiel und Raisdorf,
im Frühjahr 1992   Gerd Kohls · Ulrich Kähler

Inhaltsverzeichnis

1 Einführung

Die Orchideen stellen mit über 25 000 Arten eine der größten Pflanzenfamilien dar. Eine genaue Zahlenangabe ist nicht möglich, denn noch immer werden neue Arten entdeckt.

Das Hauptverbreitungsgebiet der Orchideen liegt in den tropischen Bereichen. Es findet sich jedoch auch in den Zonen mit gemäßigtem Klima eine Vielzahl von Orchideen. Die Arten variieren nicht nur in ihrer Größe von nur wenigen Zentimetern bis zu mehreren Metern, auch die Blütengröße schwankt zwischen Millimetern und Dezimetern. Dennoch ist der Blütenaufbau einheitlich. Typisch für die Orchideenblüte ist das Säulchen, das aus den zusammengewachsenen weiblichen und männlichen Geschlechtsorganen besteht und in dieser Form nur bei den Orchideen vorkommt.

Es wird angenommen, daß die Orchideen vor ca. 60 Mio. Jahren aus den lilienblütigen Pflanzen hervorgegangen sind. Entwicklungsgeschichtlich gesehen, sind sie also eine sehr junge Pflanzenfamilie, was auch in ihrer Bereitschaft, Bastarde zu bilden, zum Ausdruck kommen mag. Zum Zeitpunkt der Abspaltung der Orchideen von den Lilien waren die meisten Flächen, auf denen Pflanzenwuchs möglich ist, bereits durch andere Gewächse mehr oder weniger vollständig besiedelt, so daß die Orchideen auf ökologische Nischen angewiesen waren. Ein typisches Beispiel hierfür ist der epiphytische Wuchs vieler tropischer Orchideen oder die lithophytische Lebensweise auf Felsen. In Europa ist erst durch die Eingriffe des Menschen in die Natur, wie Waldrodung und extensive Weidewirtschaft, eine Vielzahl geeigneter Biotope geschaffen worden, so daß die europäischen Orchideen durchaus als Kulturfolger angesehen werden können. Terrestrische Orchideen haben im Laufe ihrer Entwicklung Lebensräume gefunden, auf denen der Konkurrenzdruck der anderen Pflanzen weniger stark war. Man findet Erdorchideen in der Regel in stickstoffarmen Feucht- und Trockengebieten oder in Wäldern. Während durch den Mangel an Stickstoff ein Überhandnehmen der Begleitflora unterbunden wird, lassen die Lichtverhältnisse der Waldstandorte selbst auf stickstoffreichen Böden keinen üppigen Pflanzenwuchs zu. Hier gedeihen solche Orchideen, die weitgehend auf das Sonnenlicht verzichten können, weil sie nicht oder nur wenig Kohlendioxid (CO_2) mit Hilfe des Blattgrüns (Chlorophyll) assimilieren. Sie beziehen die lebensnotwendigen Stoffe durch ihre symbiotische Lebensweise von verschiedenen Bodenpilzen. Andere Arten, wie z. B. *Orchis mascula* (Männliches Knabenkraut), können den Waldstandort deshalb besiedeln, weil ihre Hauptvegetationszeit in den Vorfrühling fällt, in eine Zeit, zu der die Bäume unbelaubt sind und das zur CO_2-Assimilation (Photosynthese) erforderliche Licht noch den Waldboden erreicht.

Verblüffend ist in diesem Zusammenhang die Tatsache, daß viele wildwachsende Orchideen bei ihrer Standortwahl keineswegs festgelegt sind. So kommt *Epipactis palustris* (Sumpfstendelwurz), wie schon der Name sagt, in erster Linie in Feuchtgebieten vor. Man findet sie jedoch auch in typischen Trockenbereichen. Ähnliches gilt für *Dactylorhiza majalis* (Breitblättriges Knabenkraut). Auch die für Trockenrassen typische *Gymnadenia conopsea* (Mückenhändelwurz) kann durchaus Sumpfgebiete besiedeln.

Auch der Grad der Pilzabhängigkeit (Mykotrophie) kann bei der gleichen Orchideenart standortbedingt recht unterschiedlich sein. Es gibt fast blattgrünlose Exemplare von *Cephalanthera rubra* (Rotes Waldvögelein) an dunklen Waldstandorten, die stark mykotroph sind. Die gleiche Art gedeiht auch in lichten Kiefernwäldern und auf freien Wiesen, wo ihr hinreichend Licht zur Verfügung steht und die Pilzabhängigkeit deshalb vermutlich nicht so groß ist.

Der pH-Wert des Bodens, dem von vielen Autoren eine sehr wichtige Rolle für das Gedeihen der Orchideen beigemessen wird, scheint nicht immer von so großer Bedeutung zu sein. Wichtiger als die chemischen Eigenschaften des Bodens sind möglicherweise die physikalischen Gegebenheiten. Obwohl viele der heimischen Orchideen in erster Linie auf neutralen bis alkalischen Böden zu finden sind, wachsen typische kalkliebende Arten an manchen Standorten auch in saurem Substrat. Diese Feststellung gilt auch für den umgekehrten Fall und trifft erfahrungsgemäß ebenso für die meisten ausländischen Arten zu.

Man könnte geradezu meinen, daß die Orchideen sich als entwicklungsgeschichtlich gesehen junge Pflanzenfamilie immer noch auf der Suche nach ihrem optimalen Standort befinden. Pflanzen der gleichen Art kommen an den verschiedensten Standorten vor. Oftmals wachsen Orchideen auch an ganz untypisch erscheinenden Orten, wie z. B. auf Schuttablageplätzen, an Straßenrändern und auf Salzwiesen. Eines haben jedoch fast sämtliche Naturstandorte gemeinsam: Es gibt aus verschiedenen Gründen während der Hauptvegetationszeit der Orchideen nur wenig Konkurrenzpflanzen und der Boden weist stets eine sehr luftdurchlässige Struktur auf. Nur an Standorten mit langen Trockenperioden ist der Boden meist etwas dichter.

Ein Idealstandort für Orchideen läßt sich im Garten mit ein wenig Mühe schaffen. Dort sind die Bedingungen oftmals sogar besser als in der freien Natur. Die Mißerfolge bei der Gartenkultur sind mit Sicherheit darauf zurückzuführen, daß bisher der falsche Weg gegangen worden ist. Als Pflanzenmaterial standen lange Zeit in den meisten Fällen nämlich nur der Natur entnommene, vielfach beschädigte und oftmals unsachgemäß gelagerte Pflanzen von den verschiedensten Standorten zur Verfügung. Bis vor wenigen Jahren waren so z. B. Rhizome von *Cypripedium macranthon* (Großblütiger Frauenschuh) aus Indien im Handel, die allesamt keine Überlebenschance hatten. Man war zwar stets bemüht, im Garten die natürlichen Bedingungen oder das, was man dafür hielt, nachzuahmen, genaue Standortinformationen fehlten jedoch. Bedenkt man ferner, wie vielfältig und auch empfindlich die Struktur unserer Böden ist, so wird deutlich, daß die Nachahmung von natürlichen Standortbedingungen, insbesondere auch die Ansiedlung von bestimmten Bodenpilzen, die in der einschlägigen Literatur immer wieder als ausgesprochen wich-

tig herausgestellt wird, nahezu unmöglich ist. Selbst groß angelegte Umpflanzaktionen im Rahmen von Naturschutzmaßnahmen sind in vielen Fällen gescheitert, obwohl der den Orchideen zugedachte neue Standort dem Entnahmeort sehr ähnlich sah.

Wie soll denn dann überhaupt eine optimale Kultur von Orchideen im Garten möglich sein? Die Beantwortung dieser Frage ist gar nicht so schwer, wie vielleicht vermutet wird. Wir haben festgestellt, daß Orchideen auf den verschiedensten Standorten vorkommen, jedoch sehr empfindlich auf jeden Standortwechsel reagieren. Das heißt, die Pflanze ist in der Lage, sich auf verschiedenartige Standortbedingungen einzustellen. Ist sie jedoch einmal eingewöhnt, fällt es ihr ausgesprochen schwer, sich umzugewöhnen. Auch ist sie während dieser Umgewöhnungsphase sehr anfällig für verschiedene Erkrankungen im Wurzelbereich. Eine Umgewöhnung von Naturpflanzen, insbesondere solchen, die auch im erwachsenen Stadium stark mykotroph sind, ist selbst für Fachleute ein schwieriges Unterfangen. Daher muß der Gartenbesitzer nicht nur aus Naturschutzgründen auf Pflanzen aus gärtnerischer Kultur zurückgreifen, die auf standardisiertem Substrat vorkultiviert sind und sich deshalb leichter in die gebotenen Lebensbedingungen eingewöhnen. Bei entsprechender Pflege sind sie dann im Garten sehr vital und ausdauernd.

Welche Rolle der sogenannte Orchideenpilz bei der Kultur von Orchideen im Garten spielt, ist auch heute noch recht umstritten. Während er bei der Keimung und im Jugendstadium vieler Arten vorhanden sein muß, sind viele Erdorchideen im erwachsenen Stadium wahrscheinlich autotroph, d. h. sie ernähren sich völlig pilzunabhängig. Je pilzunabhängiger die Arten wie z. B. *Cypripedium calceolus* (heimischer Frauenschuh) sind, desto leichter lassen sie sich im Garten kultivieren.

SADOVSKY (1965), als Vertreter der Mykorrhiza-Kultur, versuchte, die Orchideenkultur im Garten durch Stärkung des Pilzmyzels zu optimieren. Inwieweit der Orchideenpilz durch den Zusatz von organischem Material gekräftigt wurde, ist nicht bekannt. Den Orchideen jedoch dürfte nach eigenen Erfahrungen die Bodenaufbereitung nach Sadovsky in den allermeisten Fällen eher geschadet haben. Für importierte Rhizome von Frauenschuhorchideen war die Zugabe von organischem

Material jedenfalls meist das Todesurteil, da durch die Zersetzungsprozesse im organischen Material auch die verletzten Rhizome zu faulen anfingen.

Von den Autoren selbst durchgeführte Versuche lassen ebenfalls vermuten, daß viele Orchideen nach einer gewissen Eingewöhnungsphase auf das Vorhandensein von orchideenspezifischen Bodenpilzen weitgehend verzichten können. Diese Feststellung trifft jedoch in erster Linie für die gärtnerische Kultur zu, da der Mensch hier in den Überlebenskampf der Pflanzen helfend eingreift. Am Naturstandort benötigen die meisten Orchideen wenigstens in ihrem Jugendstadium jedoch die symbiotische Beziehung zu bestimmten Bodenpilzen, um sich zu entwickeln und zu ver-mehren und damit das Überleben der Art zu sichern.

In Japan hat die Orchideenkultur eine jahrhundertealte Tradition. Verschiedene Orchideen sind sogar auf uralten Gefäßen abgebildet. In Europa werden Orchideen erst seit etwa 250 Jahren kultiviert. Die ersten Pflanzen kamen um 1730 aus den britischen Kolonien in das Mutterland. Die meisten Pflanzen kamen nur einmal zur Blüte und wurden dann durch ein Zuviel an Wärme und Feuchtigkeit zu Tode gepflegt, da genauere Informationen über die natürlichen Lebensbedingungen der Orchideen noch fehlten. Zunächst war man deshalb weiterhin auf Importpflanzen angewiesen. Als man die vegetative Vermehrung »in den Griff« bekam, wurden die Preise für diese exotischen Gewächse erschwinglich.

KNUDSON (1922) schuf die Grundlagen für die asymbiotische Vermehrung in vitro, wie sie zur Zeit überall angewandt wird. Heute ist die Züchtung und Samenvermehrung tropischer Orchideen unproblematisch. Die Züchter schufen neue Hybriden, von denen die schönsten und wüchsigsten Klone meristemvermehrt wurden. Durch die Meristemvermehrung sind die Preise für Spitzenpflanzen auf ein normales Niveau gesunken und Orchideen sind heute in fast jedem Supermarkt erhältlich. Die Orchideenkultur auf dem Fensterbrett ist auch für den Laien möglich geworden.

Viele der im Garten kultivierbaren Orchideen stehen ihren tropischen Verwandten an Schönheit und Anmut nicht nach. Der gewerbliche Gartenbau hat sich leider bisher nur am Rande mit terrestrischen Orchideen für den Garten beschäftigt, weil diese schönen Pflanzen lange Jahre hindurch als nicht oder nur als ausgesprochen schwer kultivierbar galten. Inzwischen hat man sich jedoch aufgrund des wachsenden Interesses für die Natur viel intensiver mit der Freilandkultur einzelner Orchideenarten auseinandergesetzt und beachtenswerte Fortschritte erzielt. Verschiedene Züchter beschäftigen sich bereits mit der Selektion, Hybridisierung und Polyploidisierung von Freilandorchideen. Da etliche der heimischen Orchideenarten bereits vom Aussterben bedroht sind (vgl. Rote Listen), könnte ihr Überleben auf Dauer möglicherweise auch durch Inkulturnahme und gärtnerische Vermehrung gewährleistet werden.

2 Mythos, Aberglaube und Unwissenheit

Die Orchideen spielen öfter als jede andere Pflanzenfamilie in der Phantasie- und Sagenwelt eine Rolle. Die botanischen Namen etlicher Gattungen lassen sich aus der griechischen Mythologie ableiten, so z. B. *Calypso*, benannt nach einer Tochter des Atlas, *Cypripedium*, benannt nach dem Schuh der Venus von Cypern, *Pleione*, benannt nach der Mutter der sieben Plejaden. Die auffallende Blütenform und -farbe vieler tropischer Orchideen haben dazu geführt, daß die Bewohner der Ursprungsländer dieser Pflanzen sich selbst und ihre Wohnstätten mit Orchideen schmücken. Auch ihr Gebrauch als Brautgeschenk und Opfergabe ist im asiatischen Raum weit verbreitet. Die Orchideenblüten werden von manchen Völkern mit Göttern und Dämonen in Verbindung gebracht.

Auch in Europa deuten die volkstümlichen Namen der einheimischen Arten auf religiöse, mythologische oder abergläubische Bezüge hin, z. B. Marienschuh, Herrgottspantoffel, Herrgottshändele, Gottesfinger und Totenköpfe. Die außergewöhnlich gefärbten Blüten und die recht seltsam geformten Knollen regen auch heutzutage noch die Phantasie des Betrachters an.

Nach einer Volkssage soll *Ophrys fuciflora* an der Stelle entstanden sein, an der der Dichter NIKODEMUS FRISCHLIN (1547–1590) bei seiner Flucht aus Burg Hohenstein in Württemberg zu Tode kam. Weiter schreibt F. FÜLLER (1969) zu diesem Thema: »In welch hohem Ansehen aber diese schöne Orchidee bei unseren Vorfahren stand, geht daraus hervor, daß ein Botaniker der ersten Hälfte des 19. Jahrhunderts, Prof. HOCHSTETTER, ihr den poetischen Namen 'Unsterblichkeitsblume' gab. Er schreibt dazu: *Als ich einmal die Blume näher betrachtete, erblickte ich ein Bild, das meiner Seele gar wohl tat – das Bild der Unsterblichkeit – nämlich ein gar hübsches Täubchen über dem Totenkopf auffliegen. Das Säulchen, woran der Staubbeutel befestigt ist, hat genau die Gestalt des Vorderleibes einer Taube mit Schnabel und Augen (die Pollenfächer). Die beiden kleinen inneren Blütenblätter sind die Flügel, die drei äußeren bilden einen schönen ausgebreiteten Schwanz, wie bei einer Pfautaube. Ich nenne daher diese Blume 'Unsterblichkeitsblume'.*«

Wie bereits erwähnt, haben nicht nur die Blüten, sondern auch die unterirdischen Speicherorgane der Orchideen die Phantasie der Betrachter beflügelt. Da die Wurzelknollen einiger Gattungen fingerförmig gespalten sind, wie es auch der Gattungsname *Dactylorhiza* (= Fingerwurz) aussagt, glaubte man früher vielerorts, daß die entsprechenden Pflanzen aus von Scharfrichtern abgeschlagenen Händen von Missetätern hervorgewachsen seien.

Den paarweise angeordneten Knollen der Gattung Orchis (griechisch: Hoden) wird eine aphrodisierende Wirkung zugeschrieben, was wohl in erster Linie auf die Ähnlichkeit mit der Form des Hodens zurückzuführen ist, denn eine stimulierende Wirkung konnte bis heute nicht nachgewiesen werden. Aus diesem Aberglauben heraus entstanden volkstümliche Bezeichnungen wie Geilwurz, Heiratskraut, Storchkraut für verschiedene *Orchis-*, *Ophrys-* und *Platanthera*-Arten. Auch heute noch werden in manchen Gegenden Orchideenknollen als Aphrodisiakum gegessen oder am Körper getragen. In der Türkei werden heute noch große Mengen von Orchideenknollen für die Salepgewinnung gerodet. Salep wird dort als Zusatz bei der Speiseeisbereitung verwendet. Während die pharmazeutische Verwendung des Saleps in Deutschland kaum noch von Bedeutung ist, bietet jeder besser sortierte türkische Lebensmittelhändler in Deutschland Salep an. Es scheint ein wesentlicher Bestandteil der türkischen Küche zu sein. Obwohl das Ausmaß der Nachstellungen im Zusammenhang mit dem geschilderten oder anderen mythischen oder pharmazeutischen Zwecken eine heute kaum vorstellbare Größenordnung (um 1890 wurden jährlich Knollen von ca. 2 500 kg Trockengewicht allein aus der Türkei importiert) angenommen hatte, wurde durch diesen Raub-bau der Orchideenbestand Europas kaum gefähr-det (SUNDERMANN, 1975). Die Annahme mancher Naturschützer, daß in erster Linie Liebhaberei und skrupelloses ökonomisches Interesse im Zusammenhang mit der illegalen Entnahme von Wildpflanzen entscheidend für den Rückgang der Orchideenflora in Europa verantwortlich sei-en, erscheint deshalb nicht als begründet. Viel-mehr spielt die Zerstörung der Lebensräume unse-rer Flora durch intensive landwirtschaftliche Nut-zung, Entwässerung, Flußbegradigungen, Bau-tätigkeit und Tourismus eine wesentlich bedeu-tendere Rolle.

3 Naturschutz und Artenschutzrecht

In den meisten Ländern der Welt sind die Orchideen geschützt, d. h., sie dürfen weder vom Wuchsort entfernt noch gepflückt werden. Das Washingtoner Artenschutzabkommen, CITES (Convention on the International Trade with Endangered Species), regelt seit 1987 den Handel mit seltenen Tieren und Pflanzen. Der Handel mit aus der Natur entnommenen Pflanzen ist in der Bundesrepublik bei Strafandrohung verboten. Pflanzen, die nachweislich künstlich vermehrt worden sind, dürfen jedoch gehandelt werden. Trotz dieser strengen Bestimmungen kommt leider immer noch ein Teil aus der Natur entnommener Wildpflanzen aus dem Ausland auf den Markt der kapitalkräftigen Industrieländer, wo ein wachsendes Interesse an Naturformen die Preise in die Höhe treibt.

Andererseits hat die weit verbreitete These von der Nichtkultivierbarkeit der Erdorchideen verhindert, daß sich der Erwerbsgartenbau mit der Kultur und der Vermehrung dieser Pflanzen beschäftigt. Viele Gartenbesitzer zahlen stattliche Preise für seltene Stauden und würden sicherlich auch Gartenorchideen kaufen, wenn sie erhältlich wären. Hier kann die gärtnerische Kultur einen wesentlichen Beitrag zum Naturschutz leisten, indem sie den Nachstellungsdruck auf unsere gefährdeten Wildpopulationen mindert.

Am Beispiel anderer seltener Naturpflanzen, die heute millionenfach vermehrt werden, läßt sich belegen, daß durch die gärtnerische Kultur illegale Einfuhren gestoppt werden können. Viele epiphytische Orchideen, Kakteen und andere seltene Pflanzen, die vor noch gar nicht langer Zeit nur als Importe auf den deutschen Markt kamen, werden heute in Spezialgärtnereien vermehrt. Niemand käme auf die Idee, eine lange und strapaziöse Reise zu unternehmen, um eine *Saintpaulia*, das Usambaraveilchen, am Naturstandort in den Usambarabergen in Afrika auszugraben, wird sie doch in jedem Blumengeschäft

zu einem geringen Preis angeboten. Auch der kommerzielle Import dieser Pflanzen wäre heute nicht mehr lohnend, nachdem die moderne Labortechnik Einzug in den Gartenbau gehalten hat.

Exotische Mitbringsel, seien es nun Pflanzen oder Tiere, haben schon manchen Urlauber bei seiner Rückkehr in Schwierigkeiten gebracht. Besonders ist die Unterbindung des gewerbsmäßigen Schmuggels gefordert. Kleinere Verstöße gegen das Washingtoner Artenschutzgesetz werden sich wohl leider nie völlig unterbinden lassen. Lebende Mitbringsel, Pflanze oder Tier, sind in den meisten Fällen wegen der unsachgemäßen Kultur oder Unterbringung zum Sterben verurteilt.

Abgesehen von nicht genutzten Mooren und Ödland, siedeln sich die heimischen Orchideen vorzugsweise auf solchen Flächen an, die vom Menschen nur extensiv genutzt werden. Durch einmalige, späte Mahd wurde z. B. die Begleitvegetation kurzgehalten und eine Verbuschung verhindert, gleichzeitig konnten die Samen der Orchideen noch ausreifen. Durch die heute üblichen intensiven Methoden der Heugewinnung und Beweidung gelangen große Mengen stark stickstoffhaltiger Dünger in den Boden. Das verschafft einigen Gräsern, die den Stickstoff besser nutzen können, einen großen Wachstumsvorsprung. Das Gras wird also früher und mehrfach gemäht. Die Orchideen verschwinden jedoch.

Die Notwendigkeit ständiger Produktionssteigerung zwingt den nach konventionellen Methoden wirtschaftenden Landwirt heute noch zur Intensivierung. Bei der derzeitigen landwirtschaftlichen Überproduktion in der EG wäre es sicher sinnvoll, größere Flächen zumeist »schlechter« Böden aus der Nutzung ganz herauszunehmen oder der traditionellen extensiven Nutzung zuzuführen. Übrigens: Auch die Unkrautvernichtungsmittel (Herbizide) tragen erheblich zum Rückgang der Orchideen bei. Es hat sich gezeigt, daß Orchideen besonders empfindlich auf diese reagieren. Artenschutz ohne gleichzeitigen Biotopschutz ist also nicht möglich.

Doch nicht nur die Art und Weise der Bewirtschaftung von Nutzflächen fördert den Rückgang der Orchideen, auch der mancherorts praktizierte Naturschutz war oftmals daran beteiligt. In vielen Naturschutzgebieten ist ein starker Rückgang der Orchideen zu verzeichnen, weil dort selbst pflegerische Eingriffe des Menschen untersagt sind. In der Nähe Alfelds wurde ein Standort des Frauenschuhs durch zunehmende Verbuschung fast völlig zerstört, weil eine Ausdünnung des Buschwaldes verhindert wurde. Mit der wohlmeinenden Unterschutzstellung endet meist auch die oft sehr lange Zeit praktizierte extensive Schafbeweidung von Trockenhängen. Der Herbstdrehwurz, *Spiranthes spiralis*, ist aber auf Schafbeweidung angewiesen, sie kann mit der sonst aufkommenden Vegetation nicht konkurrieren und muß weichen. Sinnvoller Naturschutz, wie er inzwischen vermehrt praktiziert wird, ist meist auf das persönliche Engagement einzelner oder kleiner Gruppen zurückzuführen. Pflegerische Maßnahmen, wie Freischneiden oder Mähen der oft steilen Hänge, erfordern landwirtschaftliche Kenntnisse und einen hohen Arbeitseinsatz. Es ist zu begrüßen, daß zwischenzeitlich langsam ein Wandel eingetreten ist und engagierte Naturschützer sogar finanzielle Unterstützung durch die zuständigen Behörden erhalten.

Schuld am Rückgang der heimischen Orchideenflora trifft aber auch die oftmals praktizierte Rücksichtslosigkeit bei der Ausweisung von Bauland. Wochenendhäuser werden vorzugsweise in Hanglage mit Südwestexposition errichtet. Viele Kommunen erteilen Baugenehmigung, weil sie sich eine Stärkung ihrer Finanzkraft erhoffen und weil an den steilen Hängen ohnehin »nichts wächst«. Wachsende Wohungsnot steigert noch die Bereitschaft zu solchem Handeln.

Auch bei der Planung und dem Bau von Straßen und Bahnanlagen wird kaum Rücksicht auf die Natur genommen. Zum Beispiel wurden beim Bau der Nord-Süd-Trasse der Bundesbahn durch das Weser-Leine-Gebiet ganze Berge abgetragen, Wälder kahlgeschlagen, kurzum, ein von Orchideen und anderen seltenen Pflanzen- und Tierarten reich besiedeltes Gebiet wurde erheblich geschädigt. Selbst die Errichtung von Ersatzbiotopen kann die Schädigungen nicht wett

machen. Warnungen und Aufrufe engagierter Mitbürger finden kaum Gehör, und zu starkes Engagement kann sogar zur Strafverfolgung führen. Das demonstrative Ausgraben einiger Orchideen, um sie vor der Planierraupe zu retten, brachte einer couragierten Naturschützerin eine Geldstrafe ein.

Zusammenfassend läßt sich feststellen, daß selbst ein vermehrtes Engagement von Naturkennern und -liebhabern den Rückgang unserer heimischen Orchideen kaum noch aufhalten kann. Es ist deshalb zu befürchten, daß in den nächsten Jahrzehnten die einheimischen Orchideen in vielen Gebieten Deutschlands aussterben werden.

Die verschiedenen Artenschutzbestimmungen sind selbst für Juristen häufig schwer durchschaubar. Internationales Recht, EG-Recht, Bundesrecht und Länderrecht sind zu berücksichtigen.

Von besonderer Bedeutung für den Liebhaber von Freilandorchideen sind:
a) Internationales Recht:
   Übereinkommen über den internationalen Handel mit gefährdeten Arten freilebender Tiere und Pflanzen (Washingtoner Artenschutzabkommen, WA, 1973),
b) EG-Recht:
   Verordnung (EWG) Nr. 3626/82 DES RATES vom 3. Dezember 1982 zur Anwendung des Übereinkommens über den internationalen Handel mit gefährdeten Arten freilebender Tiere und Pflanzen in der Gemeinschaft sowie die Verordnungen EG-VO 3418/83, EG-VO 1831/85, EG-VO 1540/87, EG-VO 3143/87,
c) Bundesrecht:
   Bundesnaturschutzgesetz (BNatSchG) ab 1. 1. 1987 mit der Bundesartenschutzverordnung (BArtSchV) ab 1. 1. 1986 und der Novellierung ab 1. 8. 1989.

Danach zählen alle Orchideen zu den besonders geschützten Arten. Alle Freilandorchideen werden in den Anhängen WA II und C I aufgelistet und unterliegen damit besonderen Reglementierungen.

BNatSchG § 20 f (Schutzvorschriften für besonders geschützte Tier- und Pflanzenarten):
(1) Es ist verboten,

1. ...
2. wildlebende Pflanzen der besonders geschützten Arten oder ihr Teile oder Entwicklungsformen abzuschneiden, abzupflücken, aus- oder abzureißen, auszugraben, zu beschädigen oder zu vernichten.
3. ...
4. Standorte wildlebender Pflanzen der vom Aussterben bedrohten Arten durch Aufsuchen, Fotografieren, oder Filmen der Pflanzen oder ähnliche Handlungen zu beeinträchtigen oder zu zerstören.

(2) Es ist ferner verboten, Tiere oder Pflanzen der besonders geschützten Arten

1. in Besitz zu nehmen, zu erwerben, die tatsächliche Gewalt über sie auszuüben oder sie be- oder zu verarbeiten (Besitzverbote),
2. zu verkaufen, zum Verkauf vorrätig zu halten, anzubieten oder zu befördern oder zu kommerziellen Zwecken zur Schau zu stellen (Vermarktungsverbote), sofern sich inhaltsgleiche Vermarktungsverbote nicht bereits aus Artikel 6 Abs. 1 oder 2 der Verordnung Nr. 3626/82 ergeben,
3. zu anderen als den in Nummer 2 genannten Zwecken in den Verkehr zu bringen, zu befördern oder zur Schau zu stellen (sonstige Verkehrsverbote).

Ausnahmen regelt BNatSchG § 20 g:

(1) Von den Besitz-, Vermarktungs- und sonstigen Verkehrsverboten sind, soweit sich aus Satz 2, Absatz 2 oder einer Rechtsverordnung nach § 26 Abs. 2 nichts anderes ergibt, ausgenommen

1. ...
2. Pflanzen, die im Geltungsbereich dieses Gesetzes durch Anbau gewonnen worden sind.
   Durch die Umkehr der Beweislast ist der Besitzer zum Nachweis der Rechtmäßigkeit des Besitzes verpflichtet.

BNatSchG § 22:

(1) Wer

1. lebende Tiere oder Pflanzen der besonders geschützen Arten, ihre Entwicklungsformen oder im wesentlichen vollständig erhaltene tote Tiere oder Pflanzen der besonders geschützten Arten oder
2. ohne weiteres erkennbare Teile von Tieren oder Pflanzen der vom Aussterben bedrohten Arten oder der in Anhang C Teil 1 der Verordnung

(EWG) Nr. 3626/82 aufgeführten Arten oder ohne weiteres erkennbar aus ihnen gewonnene Erzeugnisse besitzt oder die tatsächliche Gewalt darüber ausübt, kann sich gegenüber den nach Landesrecht zuständigen Behörden auf eine Berechtigung hierzu nur berufen, wenn er auf Verlangen diese Berechtigung nachweist oder nachweist, daß er oder ein Dritter die Tiere oder Pflanzen vor dem 31. August 1980 in Besitz hatte.

Der artenschutzrechtliche Nachweis ist durch die CITES-Bescheinigung (Formular Nr. 262, siehe Muster) zu erbringen. Der Formularsatz besteht aus drei verschiedenfarbigen Blättern. Nur das hellblaue Blatt (Blatt 1) ist der artenschutzrechtliche Nachweis des legalen Besitzes.

Fotokopien des Formulares besitzen keine rechtliche Relevanz. Für die Ausstellung der Bescheinigung werden von den zuständigen Landesbehörden z. T. nicht unerhebliche Gebühren verlangt, die in Einzelfällen den Preis der Pflanze sogar übersteigen!

Verstöße gegen das BNatSchG werden als Ordnungswidrigkeit mit empfindlichen Bußgeldern geahndet.

BNatSchG § 30: (1) Ordnungswidrig handelt, wer vorsätzlich oder fahrlässig

1. ...
2. entgegen § 20 f Abs. 1 Nr. 2 wildlebende Pflanzen einer besonders geschützten Art oder ihre Teile oder Entwicklungsformen abschneidet, abpflückt, aus- oder abreißt, ausgräbt, beschädigt oder vernichtet.
3. entgegen § 20 f Abs. 2 Nr. 2 oder Artikel 6 Abs. 1 der Verordnung (EWG) Nr. 3626/82 Tiere oder Pflanzen einer besonders geschützten Art verkauft, sie zum Verkauf vorrätig hält, anbietet oder befördert oder sie zu kommerziellen Zwecken zur Schau stellt,
4. entgegen § 21 Abs. 1 Tiere oder Pflanzen einer der Verordnung (EWG) 3626/82 unterliegenden Art ohne die vorgeschriebenen Dokumente aus einem Drittland einführt...

BNatSchG § 30: (3) Die Ordnungswidrigkeit kann in den Fällen

1. der Absätze 1 und 2 Nr. 1 Buchstabe c und e, Nr. 4 bis 6 mit einer Geldbuße bis zu hunderttausend Deutsche Mark,
2. des Absatzes 2 Nr. 1 Buchstabe a, b, d, f, Nr. 2,

3, 7 bis 11 mit einer Geldbuße bis zu zwanzigtausend Deutsche Mark geahndet werden.

Besonders schwere Verstöße werden als Straftatbestand geahndet. BNatSchG § 30 a Strafvorschriften:

(1) Mit Freiheitsstrafe bis zu drei Jahren oder mit Geldstrafe wird bestraft, wer eine in § 30 Abs. 1 bezeichnete vorsätzliche Handlung gewerbs- oder gewohnheitsmäßig begeht.

(2) Mit Freiheitsstrafe bis zu fünf Jahren oder mit Geldstrafe wird bestraft, wer eine in § 30 Abs. 1 bezeichnete vorsätzliche Handlung begeht, die sich auf Tiere oder Pflanzen einer vom Aussterben bedrohten Art bezieht.

(3) Wer in den Fällen des Absatzes 2 die Tat gewerbs- oder gewohnheitsmäßig begeht, wird mit Freiheitsstrafe von drei Monaten bis zu fünf Jahren bestraft.

(4) Handelt der Täter fahrlässig, so ist die Strafe Freiheitsstrafe bis zu sechs Monaten oder Geldstrafe bis zu einhundertachtzig Tagessätzen.

Ferner droht nach § 30 Absatz b der Verlust der Pflanzen.

Wichtig erscheint nochmals zu betonen, daß die aufgeführten Bestimmungen nicht nur für die Freilandorchideen, sondern auch für die meisten tropischen Orchideen, weitere geschützte Pflanzengattungen, viele Tierarten und auch einige Produkte aus diesen gilt. Nur die gewissenhafte Einhaltung der gesetzlichen Bestimmungen, auch wenn diese oftmals unverständlich und überzogen erscheinen, rechtfertigt die Glaubwürdigkeit des Orchideenliebhabers.

4 Vorkommen und Verbreitung der Erdorchideen

Neben der bereits angesprochenen Artenvielfalt und der relativ jungen Entwicklungsgeschichte gibt es in der Familie der Orchideen noch eine weitere Auffälligkeit, nämlich ihre nahezu weltweite Verbreitung.

Das ursprüngliche Verbreitungsgebiet scheint im asiatischen Raum gelegen zu haben. Sichere Beweise, wie z. B. Fossilien, konnten für diese These bisher noch nicht erbracht werden. Diese ersten, vermutlich ausschließlich terrestrischen Orchideenarten, haben sich in der Folgezeit weltweit verbreitet und auch ihr Ursprungsbiotop, den Boden, verlassen. Ein großer Teil ist, wie bereits erwähnt, auf Bäume und Felsen ausgewichen. Die Orchideen haben im Laufe der Jahrmillionen Gebiete mit den verschiedensten klimatischen Bedingungen erobert und sind inzwischen, mit Ausnahme der Polregionen, die ohnehin kaum Pflanzenwuchs aufweisen, auf nahezu allen möglichen Standorten anzutreffen. Selbst in den Randgebieten der Polregionen kommen Orchideen vor. Zum Beispiel findet man in Grönland, Alaska oder im Norden Sibiriens, aber auch an der Südspitze Chiles und Argentiniens, noch eine relativ vielfältige Orchideenflora.

Den überwiegenden Teil aller heute bekannten Orchideengattungen und -arten findet man jedoch in den Tropen und Suptropen Amerikas, Asiens und Afrikas. Aber auch das abgelegene Australien wird von einer großen Zahl verschiedener Orchideenarten besiedelt. In diesen wärmeren Gebieten leben die Pflanzen vornehmlich als Epiphyten oder als Lithophythen. Die Epiphythen sind übrigens keine Schmarotzer, die dem Baum schaden, sie nutzen den Baum lediglich als Lebensraum, um näher an das Sonnenlicht zu gelangen. In kälteren Gegenden, hierzu zählen auch die höheren Lagen der Tropen und Subtropen, gibt es nur noch Orchideen mit terrestrischer Lebensweise. Dadurch, daß die Wurzeln und Speicherorgane der Pflanzen von einer Erdschicht bedeckt sind, ist ein besserer Schutz vor Frost und Austrocknen gewährleistet.

Einige Arten leben sowohl epiphytisch und lithophytisch als auch terrestrisch, beispielsweise einige *Pleione*-Arten, die vom Himalaya bis Taiwan in den Subtropen und in den klimatisch gemäßigten Zonen Asiens vorkommen.

Die Freilandkultur von Orchideen ist in unseren Breiten auf terrestrisch lebende Orchideen beschränkt. Sie stellen zwar den kleinsten Teil aller Orchideen dar, stehen jedoch ihren tropischen Verwandten an Schönheit und Kulturwürdigkeit nicht nach. Zu den terrestrischen Orchideen gehören alle Orchideen, deren Wurzelstöcke oder Knollen im Erdboden verankert sind. Die *Pleione*-Arten nehmen hierbei eine Sonderstellung ein, sie werden als Erdorchideen kultiviert und ihnen deshalb auch zugerechnet.

Wo kommen die Erdorchideen in der Natur vor? Man findet sie in allen fünf Kontinenten, vorwiegend in den gemäßigten und kühlen Zonen Europas, Asiens und Amerikas, desgleichen in den gemäßigten bis subtropischen Zonen Afrikas und Australiens. Die Erdorchideen besiedeln Wälder, Steppen, Trockenrasen, Ödland, Buschland, Moore, Sümpfe, aber auch extreme Standorte wie Hochmoore, Tundren und Hochgebirge. Um dem Titel dieses Buches, »Orchideen im Garten«, gerecht zu werden, haben bei der Besprechung der Arten diejenigen Orchideen Vorrang, die eine hinreichende Winterhärte aufweisen. Bedingt winterharte Pflanzen, die Winterschutz benötigen oder ins Alpinenhaus gehören, werden als solche gekennzeichnet. Die meisten der frostresistenten Arten stammen aus Europa, Nordamerika und dem nördlichen Asien. Innerhalb Europas liegt das Hautpverbreitungsgebiet im mediterranen Bereich.

Nicht nur die Temperatur, sondern auch die Bodenbeschaffenheit und die Niederschlagsmenge im Zyklus der Jahreszeiten sind für das Gedeihen der Orchideen ausgesprochen wichtig. Viele attraktive Gartenorchideen aus Amerika und Asien bereiten in der Kultur Schwierigkeiten, weil unsere Winter nicht kalt und nicht lang genug sind. *Cypripedium* sind z. B. in Sibirien von Oktober bis April eingefroren und oft von einer starken Schneedecke geschützt, während sie in China im Winter einer Trockenperiode ausgesetzt sind. Unsere Winter hingegen sind niederschlagsreich und von wechselnden Frost- und Tauperioden gekennzeichnet. In unseren Hochgebirgen gibt es bekanntlich viele Orchideen, sie profitieren ebenfalls von den ausgeprägten Wintern.

Naturstandorte von Orchideen können also sehr unterschiedlich und vielfältig sein, je nach geographischer Lage und den damit verbundenen klimatischen Gegebenheiten. Doch nicht nur durch das Klima, auch durch Bodenstruktur und -beschaffenheit werden die natürlichen Standortbedingungen der Erdorchideen charakterisiert. Entscheidend für das Vorkommen einer Pflanze scheint jedoch die Wechselwirkung zwischen Bodenverhältnissen und Klima zu sein. Es wird

also kaum möglich sein, im Garten alle Bedingungen der Naturstandorte nachzuahmen. Daß es dennoch möglich ist, selbst Pflanzen aus dem fernen Himalaya über Jahre hinweg erfolgreich zu kultivieren, zur Blüte zu bringen und zu vermehren, verdanken wir in erster Linie der Anpassungsfähigkeit der Orchideen, die bereits mehrfach angesprochen worden ist. Außerdem ist es uns im Garten möglich, durch relativ einfach anzubringende Frost- bzw. Regenschutzmaßnahmen und die Auflockerung des Bodens mit künstlich hergestellten Substanzen, die in der freien Natur nicht vorkommen, wie z. B. Styropor, Blähton oder Perlite viele Orchideen aus fernen Ländern zu pflegen oder auch zu vermehren. Grundvoraussetzung für dieses Vorhaben ist jedoch, daß Pflanzenmaterial aus gärtnerischer Kultur zur Verfügung steht. Das heißt, es muß sich um Pflanzen handeln, die auf die veränderten Standortbedingungen im Garten vorbereitet worden sind.

5 Aufbau der Orchidee

5.1 Sproß

Bei den Orchideen unterscheidet man prinzipiell zwischen monopodialem und sympodialem Sproßsystem.

Das monopodiale Sproßsystem (Monopodium) ist dadurch charakterisiert, daß der Sproß durch eine fortwährende Verlängerung an der Spitze der Hauptachse entsteht, die sich verzweigen kann. Diese Wuchsform findet sich nur bei relativ wenigen Gattungen, die z. T. aber einen großen Wert als Schnittblumen haben, wie *Vanda* und vor allem *Phalaenopsis*. Die Arten dieser Gruppe besitzen keine Pseudobulben (Sproßverdickungen) als Speicherorgane und haben somit auch meist keine ausgeprägte Ruhezeit. Sie sind in der Regel immergrün und speichern Wasser und Nährstoffe im Stamm und in den meist stark verdickten Blättern. Monopodial wachsende Orchideen sind witterungsbedingt bei uns leider nicht im Garten zu kultivieren.

Sämtliche Freilandorchideen fallen durch ihr sympodiales Sproßsystem auf. Das Wachstum des Hauptsprosses ist meist auf eine Vegetationsperiode begrenzt und die Seitentriebe werden stärker gefördert als die Hauptachse. Zu Beginn jeder Vegetationsperiode bildet sich der vorwiegend horizontal wachsende Sproß, der die Laubblätter entwickelt und mit einer Blüte oder einem Blütenstand abschließt. Noch in der gleichen oder der nächsten Vegetationsperiode treibt eine neue Seitenknospe aus. Die Gesamtheit der horizontalen Teilabschnitte ergibt eine Scheinachse, das Sympodium. Das ist besonders gut bei *Cypripedium formosanum* (Formosa-Frauenschuh) zu beobachten, dessen Triebe 10 cm weit auseinander stehen.

Die in unserem Klima im Freiland kultivierbaren Orchideen sind in der Regel laubabwerfend, d. h., sie benötigen eine Ruhezeit. Das kann einerseits die Winterruhe sein, wie beim Frauenschuh, oder auch eine Sommerruhe, wie sie viele

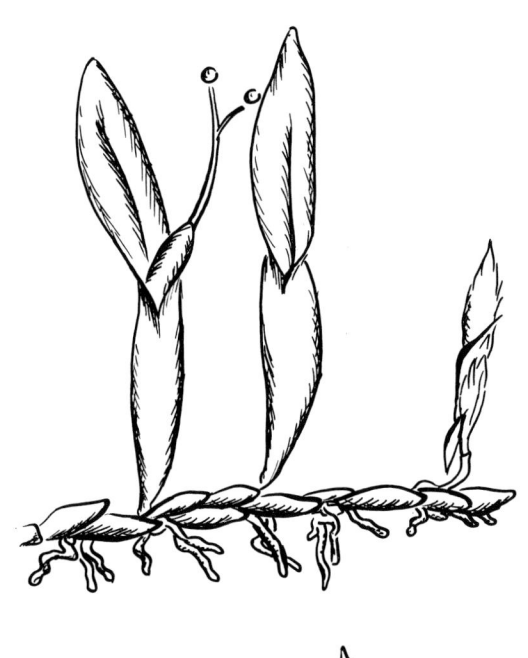

Abb. 1:   Sämtliche für die Gartenkultur geeigneten Orchideen weisen sympodiale Wuchsform auf (oben). Monopodialer Wuchs findet sich vorrangig bei tropischen Orchideen (unten).

aus dem Mittelmeergebiet stammende *Orchis*- und *Ophrys*-Arten halten, die unmittelbar nach der Blüte einziehen. Mit dem Beginn der neuen Vegetationsperiode sprießen ein oder mehrere Neutriebe neben dem alten verdorrten Trieb aus der Erde. Mit dem Erscheinen des Neutriebes beginnt die neue Vegetationsperiode. Das kann bei den Arten, die Sommerruhe halten und noch dem Rhythmus ihrer mediterranen Heimat folgen, der Herbst sein, weil es dann nämlich im Mittelmeerraum zu regnen beginnt. Diese Orchideen, wie z. B. alle *Ophrys*-Arten, *Himantoglossum* und *Aceras*, haben Winterblätter, die in strengen Wintern schweren Schaden nehmen können. Bei anderen Arten erscheint der Neutrieb erst im Frühjahr, z. B. bei *Cypripedium* und *Orchis militaris*. Die Blätter sind mit Ausnahme einiger Saprophyten grün und schmal- bis breit-lanzettlich oder eiförmig mit oftmals mattglänzender Oberfläche. Es ist das typische parallelnervige Laub der Einkeimblättler (Monocotyledoneae). Am auffälligen Aussehen der Blätter erkennt der Fachmann die Orchidee und oftmals auch die Art.

5.2 Wurzel und Speicherorgane

Erdorchideen besitzen keine Luft- oder Haftwurzeln wie ihre epiphytischen Verwandten. Ihr Wurzel-

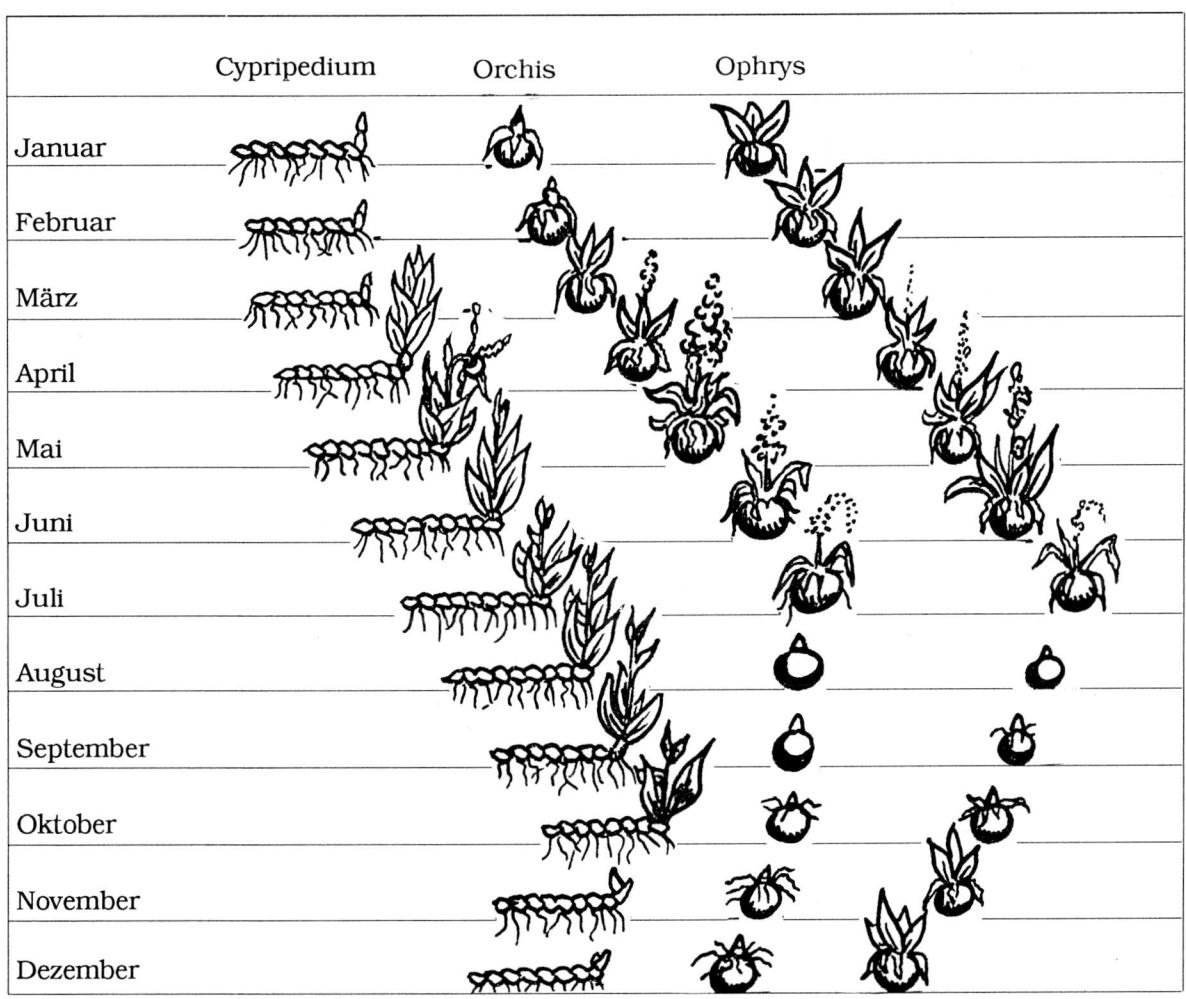

Abb. 2: Diese Grafik zeigt den unterschiedlichen Wachstumszyklus verschiedener Erdorchideen

system befindet sich unter der Erde. Auch verzweigt es sich normalerweise nicht wie bei den tropischen Orchideen. Das heißt, daß die Wurzel bei Beschädigung der Wurzelspitze nicht weiterwächst, was besonders bei *Pleione* zu beachten ist. Zum Teil weisen die Wurzeln oder Sproßachsen Verdickungen auf, die der Nährstoff- und Wasserspeicherung dienen. Diese als Pseudobulben (verdickte Stengelteile), Knollen (verdickte Wurzelteile) oder Rhizome (unterirdische Sproßachsen) bezeichneten Speicherorgane der Erdorchideen liegen im Gegensatz zu den Speicherorganen der epiphytischen Orchideen ebenfalls unter der Erdoberfläche. Eine Ausnahme macht hier die Gattung *Pleione*: Die Pseudobulben der meisten Arten sind grün und tragen zur CO_2-Assimilation bei. Die Bulben von *Pleione yunnanensis* wachsen jedoch meistens in der Erde, sie sind oftmals weißlich bis rosa gefärbt. Pflanzt man andere *Pleione*-Arten versehentlich zu tief, verlieren sie ebenfalls ihre charakteristische Grünfärbung.

Die europäischen Orchideen bilden, mit wenigen Ausnahmen, ihre Wurzeln nicht wie *Pleione* unterhalb der Speicherorgane, sondern oberhalb. Zum Zeitpunkt der Blüte sind bei knollentragenden Orchideen stets zwei Knollen an der *Orchis*-Pflanze zu erkennen. Eine ist dunkler gefärbt, fühlt sich weicher an und ist oft schon – aber nicht immer – geschrumpft, sie trägt den jeweiligen Blütentrieb. Die andere Knolle ist heller gefärbt und fest, aus ihr wird der nächstjährige Trieb sprießen. Zieht man beide Knollen vorsichtig auseinander, löst sich stets die neue Knolle von der blühenden Pflanze. Die griechische Bezeichnung für Hoden = Orchis, stand Pate für die gesamte Gattung und ohne jeden Zweifel weist die Anordnung der Knollen eine starke Ähnlichkeit mit den männlichen Keimdrüsen auf.

Bei der Gattung *Dactylorhiza*, deren Vertreter bis vor gar nicht langer Zeit der Gattung *Orchis* zugerechnet wurden, findet sich eine ähnliche Anordnung der Speicherorgane.

Auch hier findet man eine im Vorjahr gebildete Knolle, die den Blütentrieb trägt sowie eine neue, die nach dem Absterben der alten Knolle das Weiterbestehen der Pflanze garantiert. Im Gegensatz zu den kugelförmigen Speicherorganen der Gattung *Orchis*, die in ähnlicher Form auch bei *Ophrys* vorkommen, sind die Knollen der *Dactylorhiza*, wie schon der Name sagt, fingerförmig gespalten und laufen in Wurzelspitzen aus. Diese

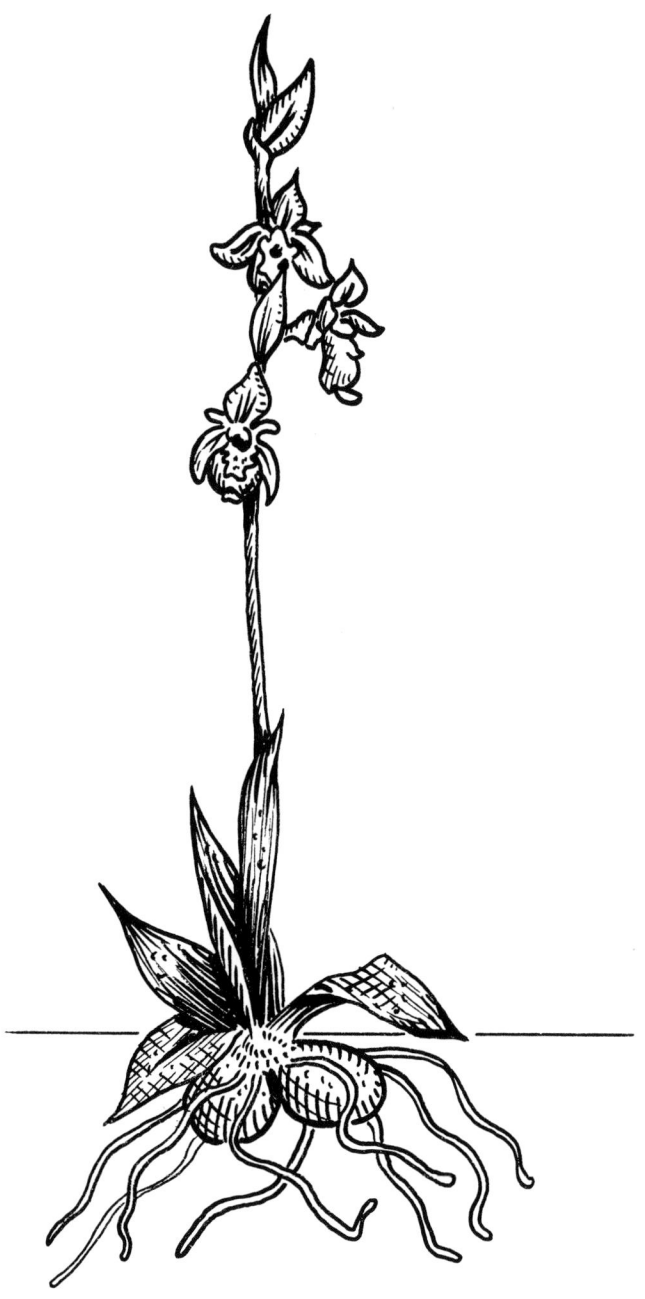

Abb. 3:   Die Gattung *Ophrys* hat ihr Hauptverbreitungsgebiet im mediterranen Raum. Die Knollen sind denen der *Orchis*-Arten sehr ähnlich, jedoch meist etwas kleiner

Knollenform finden wir auch bei den nahe verwandten Gattungen *Nigritella, Coeloglossum,* und *Gymnadenia.*

Die knollentragende Gattung *Liparis* nimmt

hier eine Sonderstellung ein. Bei den für das Freiland geeigneten Arten dieser Gattung sind nicht nur eine, sondern mehrere Vorjahresknollen vorhanden, die kettenförmig angeordnet sind. Mehrere Vorjahresknollen bilden mit den Internodien eine schräg nach oben gerichtete, im Neutrieb endende Kette von Pseudobulben. Der Neutrieb wird stets seitlich der Letztjahresknolle angelegt. Er muß jedoch an Höhe gewinnen, um nicht von der Begleitvegetation unterdrückt zu werden.

Typische Vertreter der Rhizomorchideen sind sämtliche *Cypripedium*- und *Epipactis*-Arten. Das Rhizom ist eine unterirdische Sproßachse (sie unterscheidet sich von einer Wurzel durch den Besitz von schuppenartigen Niederblättern und durch ihre Gliederung), die Speicherfunktion hat und von der die Wurzeln abgehen. Es ist oftmals stark verzweigt und läßt so ganze Horste von Pflanzen entstehen. Die Neutriebe für das nächste Jahr werden bereits beim diesjährigen Austrieb angelegt. Für den Fall, daß der Haupttrieb beschädigt wird, ist deshalb in den meisten Fällen ein Ersatztrieb vorhanden, um das Überleben der Pflanze zu gewährleisten. *Cypripedium* hat sogar grundsätzlich mehrere Ersatztriebe. Das Rhizom verlängert sich gewöhnlich alljährlich um einige Zentimeter. Der Längenzuwachs eines Rhizoms ist jedoch von Art zu Art recht unterschiedlich, und er kann bei einigen Arten bis zu 15 cm betragen, was von Gartenbesitzern oft als lästig empfunden wird. Die älteren Teile eines Rhizoms sterben im Laufe der Jahre ab. Auch bei den Rhizomorchideen gibt es Besonderheiten, wie z. B. die Ausläuferbildung bei der Gattung *Goodyera* oder die korallenartige Form des Wurzelstocks der *Corallorhiza*.

Viele Arten weisen auch Formen auf, die zwischen runder und fingerförmiger Knolle oder zwischen Knolle und Rhizom liegen. An anderer Stelle wird im Zusammenhang mit der vegetativen Vermehrung auf dieses Thema zurückgekommen.

5.3 Blüte

Auf die weitläufige Verwandtschaft der Orchideen mit den Liliengewächsen wurde bereits hingewiesen. Die Bauweise der Blüten ähnelt sich stark. Sowohl Orchideen als auch Lilien-

gewächse besitzen fünf dreizählige Blütenblattkreise. Im äußeren Kreis stehen die drei Kelchblätter, auch Sepalen genannt, dann folgen die drei Kronblätter, Petalen genannt, es folgen ferner der äußere und der innere Staubblätterkreis (mit je drei Stamina) sowie in der Mitte der Blüte der Fruchtblätterkreis (3 Karpelle). Der Fruchtknoten ist unterständig (bei Liliengewächsen oberständig). Während sich jedoch bei den radiären (polysymmetrischen) Lilienblüten alle Teile der Blütenhülle, des Perigons ähneln, ist die Orchideenblüte monosymmetrisch (zygomorph) aufgebaut, weist also nur eine einzige Symmetrieachse auf, die die Blüte in zwei spiegelbildlich gleichen Hälften teilt, eine rechte und eine linke.

Das mittlere (obere) Kronblatt ist meist anders gestaltet und häufig vergrößert und auffallend gefärbt. Durch eine Drehung der Blüte um 180 Grad kommt dieses Kronblatt, die Lippe, auch Labellum genannt, bei vielen Arten nach unten und damit in eine günstigere Landeposition für anfliegende Insekten. Das Labellum spielt deshalb eine große Rolle bei der Anlockung von Bestäubern.

Bei vielen Arten ist ein Sporn als Nektarbehälter vorhanden. Durch die Formgebung des Sporns und seine Länge sind ganz bestimmte Insekten für die Bestäubung der jeweiligen Orchidee prädestiniert. Am Vorhandensein eines Sporns, seiner Stellung und Länge werden viele Orchideenarten unterschieden.

Neben den sechs Blütenhüllblättern besitzen Lilienblüten auch sechs fertile Staubblätter (Stamen). Bei den Orchideen ist ihre Anzahl auf ein oder zwei reduziert, die übrigen, die Staminodien, sind steril. Auffallend und einzigartig ist an der Familie der Orchideen, daß hier die männlichen und die weiblichen Geschlechtsorgane (Stamina und Karpelle) zur Säule, dem Gynostemium, zusammengewachsen sind.

Eine weitere Besonderheit ist das Rostellum (ein umgewandelter Narbenlappen, der das Staubgefäß von der fertilen Narbenfläche trennt), das vermutlich die Aufgabe hat, Selbstbestäubung zu verhindern.

Bei den Orchideen kann man nicht von Blüten-»staub« reden wie bei den Liliengewächsen. Die Pollen sind vielmehr meist zu Paketen (Pollinien) zusammengefaßt, die auf einem Stiel sitzen können. Diese Pollenpakete sind in den Staubbeuteln (Antheren) in der Säule in besonders

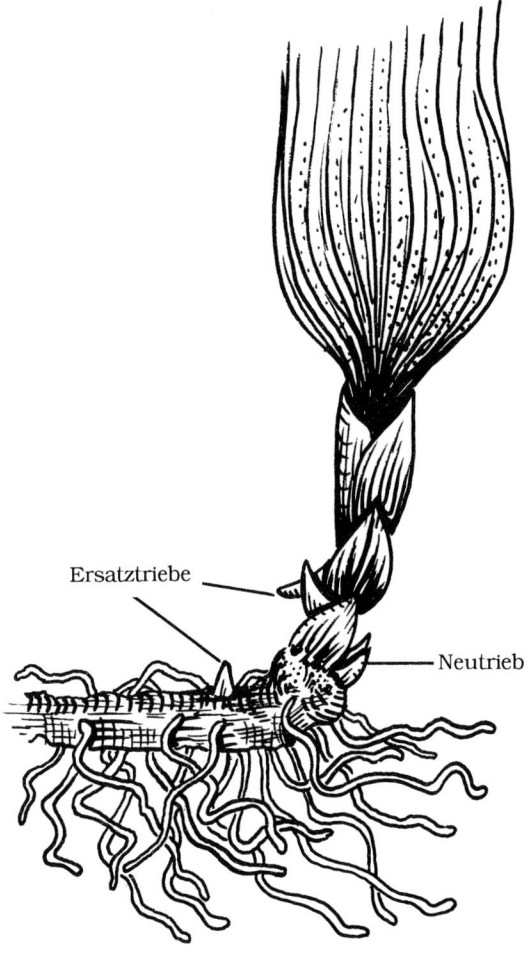

Abb. 4:   Die unterirdische Sproßachse (Rhizom) von *Cypripedium* dient hauptsächlich der Nährstoffspeicherung; sie kann sich vielfach verzweigen und etliche Neutriebe hervorbringen

dafür vorgesehenen Kammern untergebracht. Ihre Anzahl ist bei den einzelnen Gattungen und Arten unterschiedlich und dient vielfach auch zu deren Unterscheidung. Oft ist das Stielchen der Pollinien mit einer Klebescheibe, der Caudicula versehen, mit deren Hilfe die Pollenpakete (Pollinarium = Pollinium + Stielchen + Klebescheibe) am Körper der bestäubenden Insekten haften bleiben, und aus den Antherenfächern herausgezogen werden können. Der aufmerksame Beobachter kann sowohl im Garten als auch am Wildstandort Insekten beobachten, deren Kopf oder auch Hinterleib mit solchen Pollenpaketen gespickt sind und die somit zur Vermehrung der Orchideen beitragen.

Im typischen Fall sind die Blütenstände (Infloreszenzen) der Orchideen Trauben mit mehreren, meist zweizeilig (distich) stehenden Blüten. Durch spiralisches Wachstum der Blütenstandsachse ist die distiche Anordnung der Blüten jedoch manchmal verdeckt, so daß der Blütenstand mehrzeilig (polystich) oder sogar schraubig zu sein scheint. Die Einzelblüten stehen in den Achseln von Tragblättern (Brakteen).

Ist der Blütenstand stark gestaucht, so kann aus der Traube eine »Scheindolde«, eine Doldentraube, entstehen. Infloreszenzen mit fast sitzenden Blüten, werden als Ähren bezeichnet. Dagegen kommen Rispen bei Orchideen nicht vor, obwohl dieser Begriff nicht selten im Zusammenhang mit Orchideen-Infloreszenzen verwendet wird. Rispen besitzen jedoch im Gegensatz zu Trauben terminale (endständige) Blüten. Terminale Blüten kommen an den Blütenständen der Orchideen jedoch nicht vor.

6 Bestäubung, Samenbildung und Keimung

Bei der Bestäubung von Orchideen geht es, wie überall im Pflanzenreich, darum, daß durch die Übertragung der Pollinien auf die Narbe eine Befruchtung der Samenanlagen sichergestellt wird, die einige Zeit nach der Bestäubung stattfindet. Um diese Pollenübertragung zu gewährleisten, haben die Orchideen im Laufe der Evolution von Art zu Art recht unterschiedliche, jedoch meist sehr spezialisierte Verfahren entwickelt. Der Normalfall ist die Fremdbestäubung, bei der Pollinien einer Pflanze auf die Narbe einer anderen übertragen werden. Bei vielen Orchideen ist auch Selbstbestäubung zu beobachten. Dazu kommt es oftmals dann, wenn die Blüte kurz vor dem Verwelken noch nicht durch ein Insekt bestäubt worden ist. Bei der Gattung *Ophrys*, insbesondere bei *Ophrys apifera*, ist dann zu beobchten, daß die gestielten Pollenpakete auf den Antherenfächern hinausgleiten und zu ihrem eigentlichen Bestimmungsort, der Narbe, »hingeschaukelt« werden. Von der klebrigen Narbenoberfläche können sie sich dann nicht wieder lösen.

Die Pollinien der Orchideen sind im allgemeinen zu schwer, um vom Wind verbreitet zu werden. Die Orchideen locken deshalb Insekten an, denen sie tatsächlich etwas bieten, oder ihnen nur etwas vortäuschen. Letztere Methode haben viele *Ophrys*-Arten perfektioniert. Sie produzieren Duftstoffe, die noch in extremer Verdünnung bestimmte männliche Insekten anlocken. Das Labellum dieser Orchideen dient nicht nur als Landeplatz für die Insekten, sondern es ähnelt durch Form, Färbung und oft auch Behaarung so sehr den weiblichen Insekten derselben Art, daß die Männchen versuchen, mit den Lippen der *Ophrys* zu kopulieren. Bei dieser Pseudokopula haften sich die Pollinien, je nach Art, an den Kopf oder an den Hinterleib des Insekts. Wendet sich das Insekt nach erfolglosem Bemühen schließlich einer anderen Blüte zu, sorgt es dort für die Bestäubung. Besonders gut ist dieser Vorgang bei der heimischen Fliegenragwurz, *Ophrys insectifera*, zu beobachten, die einer Grabwespe, *Gorytes mystaceus*, einen vermeintlichen Geschlechtspartner vorgaukelt. Viele Orchideenarten sind so hochgradig auf bestimmte Bestäuber spezialisiert, daß hier der Begriff »Co-Evolution« angebracht erscheint. Der Rückgang vieler Orchideenarten könnte u. a. durch das Aussterben des spezifischen Bestäubers erklärt werden.

Der Nektar einiger Arten der Gattung *Epipactis* soll für Insekten narkotisierend wirkende Stoffe enthalten. Auffällig ist aber in jedem Fall ein selbst von Laien als merkwürdig empfundenes und von den sonstigen Gewohnheiten abweichendes Verhalten der Insekten, nachdem sie solche Blüten angeflogen haben.

Cypripedium sichern ihre Bestäubung durch die Konstruktion der Lippe als Kesselfalle, wie sie, allerdings zu einem anderen Zweck, auch bei einigen fleischfressenden Pflanzen vorkommt. Insekten, die vom Rand des Schuhs abgleiten und in die Kesselfalle rutschen, können nur auf einem ganz bestimmten Weg, der an der Narbe und an einem Staubgefäß vorbeiführt, ihre Freiheit wiedergewinnen. Diesen Weg muß sich das Insekt schwer erkämpfen und es dauert oftmals einige Zeit, bis das Insekt die Blüte wieder verlasen hat. Es nimmt dann Pollinarien mit, die es beim Verlassen der nächsten Blüten auf der Narbe plaziert.

Benötigt man für eine gezielte generative Vermehrung Samenmaterial, so ist die zufällige Bestäubung durch Insekten auszuschließen. Bereits vor dem Öffnen der Blüten wird der Blütenstand durch ein Stück Gazeschlauch oder ein Stück Nylonstrumpf geschützt. Zur Bestäubung überträgt man mittels eines spitzen Holzspans die Pollenpakete der selektierten Vaterpflanze auf die Narbe der Mutterpflanze. Anschließend wird der Gazeschutz wieder angebracht. Erforderlich sind allemal ein scharfes Auge und eine ruhige Hand. Bei *Anacamptis pyramidalis* ist die künstliche Bestäubung ausgesprochen schwierig durchzuführen.

Durch die künstliche Bestäubung »pfuscht« man zwar der Natur ins Handwerk, aber nur so lassen sich bestimmte Zuchtziele erreichen. Vorrangiges Ziel bei den Freilandorchideen ist die Schaffung leicht zu kultivierender, attraktiver Artbastarde und Sorten.

Nach vollzogener Befruchtung reifen die Samen der hier beschriebenen, laubabwerfenden Orchideen in 1 bis 5 Monaten aus. Denn anders als den tropischen Orchideen steht ihnen nur eine kurze Vegetationsperiode zur Verfügung. Ist der Samen ausgereift, platzen die Fruchtkapseln, die mehrere tausend Samenkörner enthalten, seitlich auf und die staubfeinen Samen können herausfallen oder werden herausgeweht. Orchideensamen enthalten im Gegensatz zu anderen Pflanzensamen so gut wie kein Endosperm (Nährgewebe), sie sind aber von einer netzartigen Samenschale, der Testa, umgeben, die sehr viel widerstandsfähiger gegenüber einer Zersetzung durch Pilze und Bakterien ist als diejenige von tropischen Orchideen. Die Testa soll den Embryo schützen und eine vorzeitige Keimung verhindern. Die Samen müssen erst vom Regen in tiefere Erdschichten gespült werden, bevor sie keimen.

Trotz der großen Samenmengen, die eine Pflanze produzieren kann, kommt es in der Natur lediglich bei einem kleinen Prozentsatz zur Keimung. Aufgrund des fehlenden Nährgewebes sind die Orchideen in ihrer ersten Entwicklungsphase, die mit der Ausbildung des ersten grünen, assimilierenden Laubblattes nach etwa 10 Mo-naten endet, auf die Symbiose mit bestimmten Bodenpilzen angewiesen, die sie in dieser Phase mit Nährstoffen versorgen. Es ist nicht sicher, ob es sich dabei um spezifische Orchideenpilze handelt. Wahrscheinlicher ist, daß eine Vielzahl von Bodenpilzen zu dieser Hilfestellung fähig ist. Die Bodenpilze dringen bis zu einer gewissen Tiefe in das Protokorm (Keimknöllchen) ein und werden dann in den Zellen des Keimlings »verdaut«. Bei den dabei ablaufenden chemischen Vorgängen entstehen mit großer Wahrscheinlichkeit fungizid wirkende Stoffe, die verhindern, daß der eigentlich »willkommene« Bodenpilz den gesamten Keimling durchwuchert. Auch andere aggressive Bodenpilze, die überall vorhanden sind, werden davon abgehalten, den winzigen birnen- oder rübenförmigen Keimling zu schädigen oder zu zerstören. Der Vorteil dieser pilzabhängigen Keimung hat das Nährgewebe überflüssig werden lassen, so daß die Samen bei zunehmender Zahl immer kleiner werden konnten, wodurch wiederum die Ausbreitung der Art besser gewährleistet wurde.

Über die Entwicklungszeit der Orchideen von der Aussaat bis zur blühenden Pflanze lagen bis vor kurzem keine gesicherten Erkenntnisse vor. Aussaaten von *Ophrys fuciflora* und *Aceras anthropophorum* in Norddeutschland führten nach drei Jahren zur Blüte. Bei einem Auswilderungsversuch mit *Orchis morio* erschienen ebenfalls drei Jahre später die ersten blühenden Jungpflanzen. Die von FUCHS und ZIEGENSPECK (1926, 1927) genannten Entwicklungszeiten von bis zu 15 Jahren wie auch ihre Darstellungen der Keimung können nicht bestätigt werden.

7 Vermehrung der Freilandorchideen

7.1 Anzucht aus Samen (generative Vermehrung)

Aussaat im Freiland

Bei Aussaat im Freiland ist es wichtig, den Boden vor dem Aussäen aufzureißen, z. B. mit einer groben Harke, damit der Samen in die tiefer liegende mineralische Schicht gelangen kann, weil nur dort die Keimung stattfindet. Man sät zweckmäßigerweise im Wurzelbereich der Mutterpflanze aus. Zunächst werden die obersten Wurzeln behutsam freigelegt, dann streut man den Samen darauf und deckt die Wurzeln wieder mit Erde ab. Diese Methode ist bei allen hier beschriebenen Erdorchideen praktikabel, bringt aber oft nur unbefriedigende Ergebnisse.

Symbiotische Aussaat

Bei der symbiotischen Aussaat macht man sich den Pilz direkt zunutze. Der Wurzelpilz wird aus der Mutterpflanze isoliert und in vitro in Nährlösung weiterkultiviert. Sodann wird ein natürliches Substrat, das Humusanteile enthalten und gut luftdurchlässig sein muß, sterilisiert und anschließend mit dem isolierten Orchideenpilz infiziert. Ist das Substrat von dem eingebrachten Wurzelpilz durchwachsen, werden die oberflächlich desinfizierten Samen auf das infizierte Substrat ausgebracht. Dieses Verfahren bringt zwar größere Erfolge als die Aussaat im Freiland, ist aber so umständlich und damit zeitaufwendig, daß es heutzutage kaum noch praktiziert wird.

Asymbiotische Aussaat

Die dritte Methode der generativen Vermehrung ist die ergiebigste und wird heute bei der Vermehrung tropischer Orchideen weltweit angewandt. Bei dieser, asymbiotisch genannten, Methode wird der Symbiosepartner durch Nährlösungen ersetzt. Die sonst vom Pilz gelieferten Nährstoffe werden dem Keimling in einer Nährlösung in Reinform zur Verfügung gestellt. Die Orchideen-

Tab. 1: Zusammensetzung des Nährbodens L 78 für die asymbiotische Vermehrung von *Pleione* (W. LORENZEN, unveröffentlicht)

870 mg	KNO_3
340 mg	$Ca(NO_3)_2$ x 4 H_2O
240 mg	KH_2PO_4
215 mg	$Mg(NO_3)_2$ x 6 H_2O
130 mg	$CaSO_4$ x 2 H_2O
30 mg	Fetrilon (Eisenchelat)
5 mg	$MnSO_4$ x 7 H_2O
5 mg	NaCl
1 mg	NAA (Naphthylessigsäure, Na-Salz)
1 mg	Biotin
5 mg	Vitamin B1 (Thiamin)
1 ml	der Spurenelementlösung a*
500 mg	Trypton
500 mg	Malzextrakt
80 g	Banane (grün)
20 g	Rohrzucker (Saccharose)
10 g	Agar
1 l	dest. Wasser
	pH-Wert 5,5–5,9 (evtl. einstellen mit KOH oder Citronensäure)

*Zusammensetzung der Spurenelement-Stammlösungen a + b in mg/l destilliertes Wasser (nach HELLER 1953)

a)			
Zinksulfat	$ZnSO_4$ x 7 H_2O	1000
Borsäure	H_3BO_3	1000
Mangansulfat	$MnSO_4$ x 4 H_2O	100
Kupfersulfat	$CuSO_4$ x 5 H_2O	30
Aluminiumchlorid	$AlCl_3$	30
Nickelchlorid	$NiCl_2$ x 6 H_2O	30
Kaliumjodid	KJ	10
b) Eisenchlorid	$FeCl_3$ x 6 H_2O	1000

Die Stammlösungen a und b werden getrennt in je 1 Liter dest. Wasser aufgelöst. Lösung a ist bei kühler und dunkler Aufbewahrung unbegrenzt haltbar. Eisenlösungen erst kurz vor Gebrauch ansetzen. Anstelle von Eisenchlorid oder -citrat wird heute Eisenchelat (z. B. Fetrilon, 20–25 mg je Liter Nährmedium) verwendet, da es besser vor Ausfällung geschützt ist.

Tab. 2: Zusammensetzung des Nährbodens L88 für die asymbiotische Vermehrung von *Cypripedium* (W. Lorenzen, unveröffentlicht)

1000 mg	KNO$_3$
400 mg	Ca(NO$_3$)$_2$ x 4 H$_2$O
200 mg	KH$_2$PO$_4$
200 mg	MgSO$_4$ x 7 H$_2$O
20 mg	NaCl
25 mg	Fetrilon
4 mg	MnSO$_4$ x H$_2$O
500 mg	Trypton
500 mg	Hefeextrakt
1 mg	Naphthylessigsäure
1 mg	Kinetin
1 mg	Biotin
10 mg	Nikotinsäure
5 mg	Pantothensäure
5 mg	Thiamin
50 mg	Glutamin
20 mg	Inositol
1 ml	der Spurenelement-lösung a nach Heller (Zusammensetzung s. Tab. 1)
9,75 g	Kartoffel-Glucose-Agar
10,50 g	Saccharose
6,0 g	Agar, gelöst in 1 l Wasser bei 95–100 °C; pH-Wert einstellen mit Zitronensäure oder Weinsäure auf pH 5,5–6,0

samen werden oberflächlich desinfiziert und unter sterilen Bedingungen auf ein ebenfalls steriles Nährmedium in einer Flasche ausgesät. Im Handel sind fertige Nährmedien in Pulverform erhältlich, die bei vielen Arten, wie z. B. *Dactylorhiza*, zufriedenstellende Ergebnisse liefern, bei vielen anderen Arten jedoch versagen.

Die asymbiotische Aussaat gewinnt zunehmende Bedeutung für die Vermehrung von Erdorchideen. Die Entwicklung neuer Nährböden und neue Erkenntnisse über die notwendigen Licht- und Temperaturanforderungen ermöglichen heute im großen Stil die Anzucht selbst so schwieriger Gattungen wie *Cypripedium*.

Die Aussaat terrestrischer Orchideen wird genauso vorgenommen wie die tropischer Orchideen (Lucke, 1986). Allerdings sind bei der Aussaat von Erdorchideen drei Dinge zu beachten:

– Erdorchideen sind Dunkelkeimer,
– ihre Samen benötigen eine Keimungsinduktion durch niedrige Temperaturen,
– Desinfektion der Samen mit z. B. Chlorbleichlauge ist unumgänglich.

Als Desinfektionslösung wird handelsübliche 15%ige Chlorbleichlauge im Verhältnis 1 : 20 mit Wasser verdünnt. Während der zwanzigminütigen Desinfektionszeit wird der Samen oberflächlich desinfiziert. Die Verwendung der Vakuumfritte nach Lucke ist empfehlenswert, aber nicht notwendig, da die Desinfektionszeit nicht verkürzt werden darf. Die Chlorbleichlauge sorgt nämlich nicht nur für die Desinfektion, sondern sie greift auch noch die keimhemmende Testa an und sorgt so dafür, daß der Embryo mit den wachstumsauslösenden Stoffen des Nährmediums in Berührung kommt.

Beispiel – asymbiotische Vermehrung von *Pleione*:

Die Aussaatgefäße werden wie für die Aussaat tropischer Orchideen vorbereitet und sterilisiert (Lucke, 1986). Als Aussaatmedium ist SBL-C zu empfehlen (Lucke, 1972). Die Saat wird nach zwanzigminütiger Desinfektion unter sterilen Bedingungen ausgesät, z. B. im Wasserdampf. Die Aussaatgläser werden bei Zimmertemperatur dunkel gelagert. Die Keimung erfolgt nach 4 bis 8 Wochen. Danach werden die Aussaatgefäße hell gestellt, ohne jedoch direktes Sonnenlicht zu erhalten. Ein Nordfenster ist ebenso geeignet wie Kunstlicht. Nach weiteren 6 bis 8 Wochen werden die Sämlinge steril umpikiert auf ein nährstoffreicheres Medium. Hierzu eignet sich besonders gut der Nährboden L78 (siehe Tabelle 1) von Dr. W. Lorenzen, Flensburg.

Die Aussaat erfolgt normalerweise im Spätherbst. Umpikiert werden die Sämlinge somit im frühen Vorfrühling. Mit zunehmender Lichtintensität setzt ein rasches Wachstum ein. Bis zum Herbst erreichen die Bulben der wüchsigeren Arten fast Erbsengröße. Die Gläser mit den Sämlingen werden im Kühlschrank frostfrei überwintert. Nach der Ruhezeit werden die Gläser geöffnet und die Bulben in Gemeinschaftstöpfe gesetzt. Sie wachsen meist zügig weiter und einzelne Bulben sind am Ende der übernächsten Vegetationsperiode bereits blühfähig.

Beispiel – asymbiotische Vermehrung von *Cypripedium*:

Die Vorbereitung der Aussaatgefäße und die Aussaat erfolgen wie bereits oben beschrieben.

Als Nährmedium sowohl zur Aussaat als auch zum Umpikieren hat sich der Nährboden L88 nach Dr. W. Lorenzen bestens bewährt (siehe Tabelle 2).

Die beschickten Aussaatgefäße werden für zwei Monate bei völliger Dunkelheit und ca. 2–3 °C aufbewahrt, zweckmäßigerweise im Kühlschrank. Im Anschluß an diese Kühlperiode werden die Gläser weiterhin dunkel, diesmal aber bei Zimmertemperatur, gehalten. Jetzt erfolgt die Keimung relativ rasch. Nach erfolgter Keimung verbleiben die Gläser weitere 3–4 Wochen im Dunkeln. Danach können sie unter Kunstlicht oder vor einem Nordfenster aufgestellt werden. Direktes Sonnenlicht ist zu vermeiden. Regelmäßiges Umsetzen der Sämlinge ist alle 3 Monate angebracht. Ein Jahr nach der Aussaat haben die Sämlinge eine Höhe von ca. 1 cm erreicht und können pikiert werden. Das geschieht am besten gegen Ende der Ruhezeit. Zur Vermeidung von Fäulnisschäden ist ein rein mineralisches Substrat zu empfehlen.

Tab. 3: Zusammensetzung eines Nährbodens für die asymbiotische Vermehrung verschiedener Freilandorchideen nach J. van Waes (1986) (unveröffentlicht)

300	mg	KH_2PO_4
100	mg	$MgSO_4 \times 7\,H_2O$
500	mg	Casein-Hydrolysat
600	mg	myo-Inositol
100	mg	L-Glutamin
2	mg	L-Glycin
5	mg	Nicotinsäure
0,5	mg	Thiamin-HCl
0,5	mg	Pyridoxin-HCl
0,05	mg	Biotin
0,5	mg	Folsäure
25	mg	$MnSO_4 \times 4\,H_2O$
10	mg	H_3BO_3
10	mg	$ZnSO_4 \times 4\,H_2O$
0,25	mg	$Na_2MoO_4 \times 2\,H_2O$
0,025	mg	$CuSO_4 \times 5\,H_2O$
0,025	mg	$CoCl_2 \times 6\,H_2O$
27,8	mg	$FeSO_4 \times 7\,H_2O$
37,2	mg	Na_2–EDTA
20	g	Saccharose
6	g	Agar
1	l	dest. Wasser; pH-Wert = 5,8

Asymbiotische Vermehrung anderer Orchideen

Andere Arten terrestrischer Orchideen erfordern andere Verfahren. *Ophrys*-Saat muß vor erfolgversprechender Aussaat z. B. richtig austrocknen. Dem Experimentieren sind hier keine Grenzen gesetzt. Für alle terrestrischen Orchideen besonders gut geeignet ist ein Nährboden von Dr. J. van Waes (siehe Tabelle 3).

7.2   Vegetative Vermehrung

Meristemkultur

Die Meristemkultur ist eine vegetative Vermehrungsform. Sie hat die Pflanzenzucht revolutioniert und basiert auf der Erkenntnis, daß aus winzigen Teilstücken von Pflanzen bei in vitro-Kultur unbegrenzte Mengen identischer Pflanzen angezogen werden können. Sämtliche Manipulationen müssen unter sterilen Bedingungen durchgeführt werden. Zunächst wird aus einem Neutrieb das Wachstumszentrum herausgeschält und auf einem flüssigen Nährboden kultiviert. Die Nährlösung muß in den ersten Wochen täglich gewechselt werden, damit das Meristem nicht an seinen eigenen Stoffwechselprodukten abstirbt. Die Kulturen werden geschüttelt oder ständig gedreht. Die so entstehende undifferenzierte Zellmasse kann beliebig oft geteilt werden. Sowie die Rotation beendet wird, können sich die Zellklümpchen orientieren und entwickeln auf einem anderen, festen Nährboden Sproß und Wurzel. Die Pflänzchen können wie Sämlinge weiterkultiviert werden.

Die Meristemkultur erfordert einige Erfahrung in den sterilen Arbeitstechniken, die man sich am besten bei asymbiotischen Aussaaten aneignen kann. Auch die erforderliche Ausrüstung wird manchen Interessierten abschrecken. Die Aussaat von leicht keimenden Arten wie *Pleione* und *Dactylorhiza* ist in jeder Küche zu bewerkstelligen und führt die Behauptung ad absurdum, daß Erdorchideen nicht »künstlich« zu vermehren seien.

Vermehrung durch Teilung

Da bisher aus den verschiedensten Gründen eine gezielte gärtnerische Kultur und Vermehrung der Erdorchideen nur in einem äußerst unzureichenden Umfang betrieben wurde, war der Erwerb dieser Pflanzen immer recht kostspielig. Wegen dieses relativ hohen Preises sind die meisten Liebhaber darauf bedacht, die von ihnen zu teuer erworbenen Pflanzen so schnell und effektiv wie möglich zu vermehren. In der Regel sind diese Orchideen aber durch den Transport und durch das Umpflanzen so geschwächt, daß der Versuch einer sofortigen Teilung scheitert und oft zum Absterben der Neuerwerbung führt. Der Laie sollte nur eingewöhnte, starke Pflanzen teilen, die in der Gartenkultur gut gedeihen. Versuche, Erdorchideen zu vermehren, deren Kultur man nicht beherrscht, sind noch weniger erfolgversprechend.

Teilung von Rhizomorchideen

In die Gruppe der Rhizomorchideen fallen vor allem die *Epipactis*- und *Cypripedium*-Arten, die dazu neigen, mehr oder weniger lange Ausläufer zu bilden. Ähnlich wie bei anderen Stauden auch, kann man aus Teilstücken des Rhizoms neue Pflanzen gewinnen. Hierzu werden die Rhizome in Stücke geteilt, von denen jedes wenigstens einen Triebansatz aufweisen muß. Auch dürfen die Teilstücke nicht zu klein geraten. Ein 2 cm bis 3 cm langes Rhizomstück sollte dem Neutrieb als Nahrungsspeicher belassen werden. Der Schnitt wird mit einem scharfen, sauberen Messer durchgeführt, um Infektionen zu vermeiden. Die Schnittstelle wird mit Holzkohle eingepudert, die man einige Minuten antrocknen läßt. Danach werden die Rhizomteile gepflanzt und kräftig angegossen, um die Wurzeln gut einzuschlämmen.

Der richtige Zeitpunkt ist bei den einzelnen Arten recht unterschiedlich. Arten, die früh anfangen, neue Wurzeln zu bilden, wie z. B. *Cypripedium reginae*, können bereits unmittelbar nach der Blüte geteilt werden. Andere *Cypripedium*-Arten beginnen erst im letzten Quartal ihrer Vegetationsperiode mit der Wurzelneubildung und sind dementsprechend später zu teilen. Der späte Herbst und das zeitige Frühjahr, also zwei Zeitpunkte, zu denen die Orchideen sich schon oder noch in der Ruhepause befinden, eignen sich besonders zum Umpflanzen und Teilen von Rhizomorchideen, weil dann keine Laubtriebe vorhanden sind, die beschädigt werden könnten.

In der ausgesprochenen Vermehrungskultur, bei der kein Wert auf Blüten, sondern auf optimalen Zuwachs gelegt wird, kann man durch Kürzen der Laubtriebe auf zwei Blätter verstärkte Neutriebbildung erreichen. Frauenschuhtriebe besitzen stets mehrere Augen, von denen aber meist nur eines austreibt. Auf die Beschädigung reagiert die Pflanze mit dem Austreiben eines oder mehrerer Reserveaugen.

Bei älteren Pflanzengruppen läßt die Vitalität nach und der eigentlich zu erwartende Zuwachs bleibt aus. Solche Stöcke sollten spätestens alle 10 Jahre geteilt werden. Dabei lockert man das Substrat auf oder tauscht es teilweise aus.

Teilung von knollentragenden Orchideen

In der freien Natur ist wiederholt beobachtet worden, daß im Boden lebende Insekten und Weichtiere die unterirdischen Teile der Orchideenpflanzen schädigen. Die Tiere gehen dabei zielstrebig vor und fressen meist nur die neuen Knollen, während die alten Knollen verschmäht werden. Um ihren Fortbestand zu sichern, bilden die Pflanzen noch in derselben Vegetationsperiode neue Speicherorgane, gewissermaßen Ersatzknollen.

Diesen natürlichen Mechanismus kann man sich bei der Vermehrung von Knollenorchideen zunutze machen. Zunächst entfernt man frühzeitig den Blütenstand, um die Pflanze nicht durch etwaigen Samenansatz zu schwächen. Zur eigentlichen Blütezeit nimmt man die neue Knolle ab. Zieht man beide Knollen vorsichtig waagerecht auseinander, löst sich stets die neue Knolle von der alten Pflanze. Die alte Pflanze wird so gezwungen, eine weitere neue Knolle anzulegen. Oft bilden sich dann gleich zwei oder drei neue Knollen, die jedoch erst im nächsten Jahr austreiben. Diese Vermehrungsmethode hat sich bei einigen *Dactylorhiza*-Arten als sehr ergiebig erwiesen. Während einer Vegetationsperiode lassen sich so bis zu viermal neue Knollen ernten, die jedoch von Mal zu Mal kleiner werden. Die letzten zu erntenden Knollen sind dann nicht mehr handförmig geteilt, sondern rübenförmig, wie im Jugendstadium der Pflanze. Dennoch läßt sich der Pflanzenbestand innerhalb einer Vegetationsperiode mehr als vervierfachen. Wichtig ist dabei, daß die Pflanzen möglichst kühl und schattig kultiviert werden.

Unter optimalen Kulturbedingungen verdoppeln sich viele *Dactylorhiza*-Arten ohnehin alljährlich.

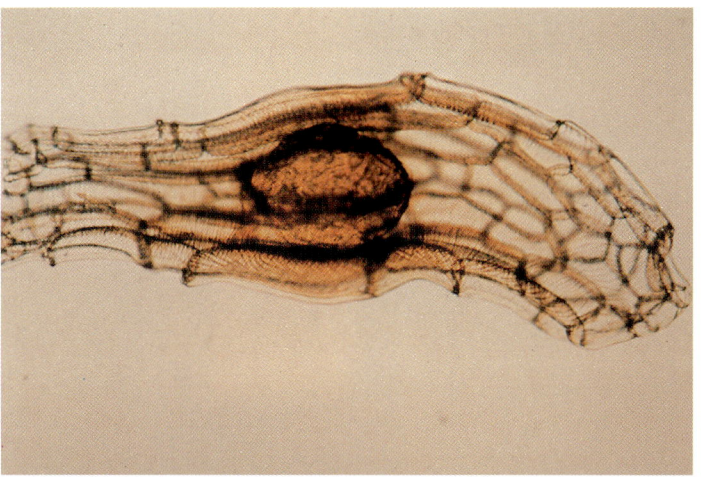
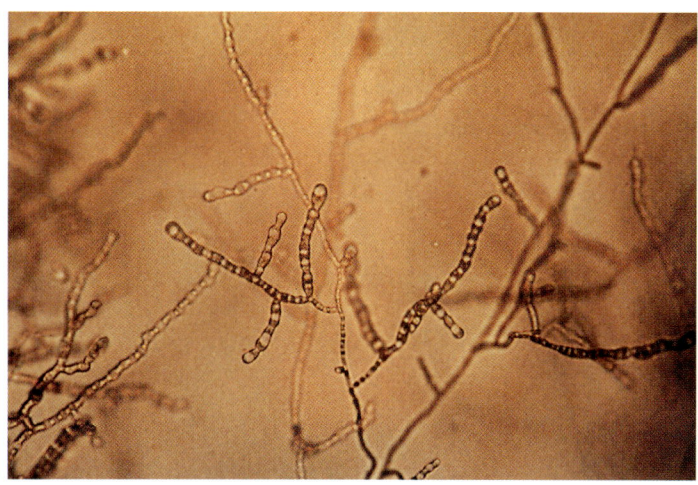

Abb. 1 (o. links): Samen einer Erdorchidee, in der Mitte ist der Embryo zu sehen, umgeben von der Samenhülle (Testa)

Abb. 2 (o. rechts): Mykorrhizapilze sind bei der Keimung unter natürlichen Bedingungen als Partner für die Orchidee unerläßlich

Abb. 3 (M. oben): Auf künstlichem Nährboden gekeimte Erdorchidee im Reagenzglas

Abb. 4 (M. unten): Schon einmal pikierte Sämlinge von *Cypripedium* (Frauenschuh) auf künstlichem Nährboden im Glas

Abb. 5 (u. links): Sämlingsflasche mit gut entwickelten *Orchis morio*-Sämlingen

Abb. 6 (u. rechts): Im Reagenzglas weiterentwickelter Sämling einer knollentragenden Erdorchidee (*Orchis morio*)

Obere Reihe, Abb. 7: Orchideensämlinge nach der Herausnahme aus dem sterilen Aussaatgefäß. Die Pflanzen werden nun in unsteriles Substrat pikiert, in dem sie sich bis zur Blühstärke weiterentwickeln

Abb. 8: Dreijährige Sämlinge von *Cypripedium acaule* (Stengelloser Frauenschuh) mit alten Wurzeln (braun) und sich neu entwickelnden Wurzeln (weiß)

Mittlere Reihe, Abb. 9: Vegetative Vermehrung bei *Orchis purpurea*; nachdem die Adventivknolle abgetrennt wurde, bildeten sich drei weitere Knollen

Abb. 10: Halbwüchsige Sämlinge von *Orchis militaris*

Untere Reihe, Abb. 11: Gute vegetative Vermehrung von *Cypripedium calceolus* (heimischer Frauenschuh); die Pflanze wurde in einem 12 cm großen Kunststofftopf kultiviert, dreizehn gut entwickelte Teilstücke konnten entnommen werden

Abb. 12: Aufpikierte Sämlinge von *Orchis morio* in einem Kunststofftopf

Abb. 13: Aus den Gemeinschaftstöpfen einzeln getopfte Sämlinge zur Weiterkultur bis zur blühfähigen Pflanze

Vermehrung durch Bulbillen

Bulbillen (Brutzwiebeln) gehen aus Achselknospen hervor und können nach dem Abfallen von der Mutterpflanze sofort weiterwachsen. Sie entwickeln sich bei der Gattung *Pleione* im Lauf der Vegetationsperiode an der Spitze der letztjährigen Bulbe in unterschiedlicher Anzahl, abhängig von der Art. Üblich sind drei bis fünf Bulbillen. *Pleione humilis* bildet sogar 50 und mehr winzige Bulbillen aus, die entsprechend schwierig weiterzukultivieren sind. Die herbstblühenden Arten vermehren sich nicht durch Bulbillen. Bulbillen werden wie blühfähige Bulben weiterbehandelt und kultiviert. Sie sind allerdings etwas empfindlicher und verlangen ein etwas feineres Substrat. Sie benötigen meist zwei bis drei Jahre bis zur Blüte. Die Größe der Bulbillen kann dadurch gesteigert werden, daß man die Bulben relativ tief setzt, so daß die Bulbillen Wurzeln bilden können, mit denen sie das Substrat erreichen. Dann zehren sie nicht nur von der alten Knolle, sondern ernähren sich zum Teil selbst. In diesem Fall reagieren sie auch positiv auf Düngung. Bei einigen besonders wüchsigen Klonen kann man so gelegentlich blühfähige Bulbillen erzielen. Die Vermehrung durch Bulbillen ist sehr ergiebig und erlaubt es, selektierte Klone schnell vegetativ zu vermehren.

8 Allgemeine Voraussetzungen für die Freilandorchideenkultur

Wie bei allen anderen Pflanzen ist auch bei den Orchideen ein optimales Wachstum nur dann möglich, wenn die Umweltfaktoren Wasser, Licht, Temperatur und Substrat- bzw. Bodenbeschaffenheit in einem ausgewogenen Verhältnis zueinander stehen. Mit Bodenbeschaffenheit sind hier sowohl dessen physikalische Eigenschaften, wie z. B. Korngrößenzusammensetzung und Erwärmbarkeit, als auch seine chemische Zusammensetzung gemeint. Abgesehen von Extremstandorten sind Orchideenböden sehr nährstoffreich, aber arm an Stickstoff. Erdorchideen besiedeln in der freien Natur oftmals ökologische Nischen, in denen ein Gedeihen der Pflanzen nur deshalb möglich ist, weil die Wachstumsfaktoren in einem ganz bestimmten Verhältnis zueinander stehen. Bei der Gartenkultur ist eine ähnlich präzise Abstimmung der einzelnen Faktoren nicht möglich und auch nicht nötig, da hier durch gezielte Eingriffe des Menschen, z. B. Gießen und Jäten, die Pflanzen unter denkbar ungünstigen Bedingungen am Leben erhalten werden können. In einem künstlich geschaffenen Biotop, das in der freien Natur das Aufkommen eines Orchideenbewuchses gar nicht erlaubt hätte, können durch regelmäßiges Gießen Pflanzen aus Feuchtbiotopen gedeihen. In der reinen Vermehrungskultur nutzt man diese Anpassungsfähigkeit bei der Kieskultur, wo es darauf ankommt, die Pflanzen mehrfach ohne Beschädigung aus dem Substrat nehmen zu können. Ohne menschliches Dazutun würden z. B. feuchtigkeitsliebende Pflanzen in solch extrem wasserdurchlässigem Substrat vertrocknen.

Es ist also bei der Freilandkultur nicht unbedingt nötig, daß die einzelnen wachstumsbestimmenden Faktoren in optimaler Menge vorliegen, sondern daß sie sich in einem einigermaßen ausgewogenen Verhältnis zueinander befinden. Bei einem sehr sonnigen Standort oder sehr wasserdurchlässigem Boden ist also mehr zu gießen als bei schattigem Standort und bei einem stärker wasserspeichernden Boden.

8.1 Wasser, Licht und Temperatur

Das Wasser ist ein sehr wesentlicher Wachstumsfaktor, ohne dessen Vorhandensein Pflanzenwachstum jeglicher Art unmöglich wäre. Da viele Erdorchideen kalkliebend sind, ist Leitungswasser mit seinem vielfach hohen Kalkanteil sehr gut geeignet zum Gießen vieler Kulturen, z. B. *Orchis, Ophrys, Himantoglossum*. Ein hoher Chlorgehalt des Gießwassers wirkt sich schädigend auf die Blätter aus, die Wurzeln scheinen nicht geschädigt zu werden. Bei kalkliebenden Arten ist der Boden regelmäßig aufzukalken. Acidophile Orchideen, wie einige *Dactylorhiza*-Arten, vertragen saureres Wasser, wie es heute vielfach als »saurer Regen« vom Himmel fällt.

Zur Zeit ihres oberirdischen Wachstums benötigen die Erdorchideen eine kontinuierliche Bodenfeuchte. Ein Austrocknen des Substrates während dieser Zeit würde zum Vertrocknen des Triebes führen. Solch vorzeitiges Einziehen kann man in extrem heißen Frühjahren beobachten. Während der Ruhezeit, die bei den knollentragenden Orchideen nach dem Abblühen und Ausreifen der Samen beginnt, kann ein zu feuchter Standort leicht zu Fäulnis führen. Selbst Orchideen, die in der Natur ausschließlich in Feuchtbiotopen gedeihen, bevorzugen in der Ruhezeit einen weniger feuchten Stand. In der Kultur werden alle *Orchis*- und *Ophrys*-Arten während des Wachstums nur mäßig feucht gehalten. Während der Ruheperiode sind sie trocken zu halten; das ist allerdings nur bei der Containerkultur möglich. Bei der Freilandkultur ist es daher unumgänglich, eine gute Drainschicht in den Boden einzubringen, wie sie sich auch bei vielen anderen empfindlichen Zwiebel- und Knollengewächsen bewährt hat.

Bei Beginn ihres Neuaustriebes, also im Herbst oder im Frühjahr, haben die Freilandorchideen ein erhöhtes Lichtbedürfnis. Mit fortschreitendem Blattwachstum und mit der Entwicklung der Blütenstände verlangen sie in zunehmendem Maße nach Beschattung. In der Natur ergibt sich der Wechsel von ungehinderter Sonneneinstrahlung zu leichter Beschattung durch das jahreszeitlich bedingte Aufkommen der Begleitflora. Orchideen von Waldstandorten treiben zu einem Zeitpunkt aus, da die Bäume noch unbelaubt sind. Lichtmangel während der Austriebsphase führt nicht gleich zum Absterben der Pflanze, unterdrückt aber die Entfaltung der Blüten. Im weiteren Verlauf unterbleibt die Ausbildung von Blütenansätzen.

Bei Beginn des Neuaustriebes reagieren Erdorchideen durchaus positiv auf die Bodenerwärmung. Im weiteren Verlauf des Wachstums bevorzugen sie wieder etwas kühlere Bodentemperaturen, wohl auch deshalb, weil dadurch die Verdunstung der Bodenfeuchtigkeit eingeschränkt wird. Selbst auf Trockenrasenstandorten sorgt die im Verlauf der Jahreszeit aufkommende Begleitflora für eine wirksame Wärmeisolierung. Der Zeitpunkt des Neuaustriebs kann durch Luft- und Bodentemperatur beeinflußt werden. In milden Wintern treiben z. B. asiatische *Cypripedium* vorzeitig aus und ihre ungeschützten Triebspitzen erfrieren beim nächsten Frosteinbruch. Dies ist besonders dann der Fall, wenn vorher Gieß- oder Regenwasser in die Triebknospe eingedrungen ist. Hier ist die Abdeckung der Horste mit einer Noppen-Isolierfolie von Vorteil. Einerseits wirkt sie ausgleichend bei Temperaturschwankungen, andererseits hält sie ein Zuviel an Regen- und Schmelzwasser ab und schließlich sammeln sich unter der lichtdurchlässigen Folie wesentlich weniger Bodenschädlinge als unter der von SADOVSKY (1965) empfohlenen alten Fußmatte. Im geschlossenen Frühbeetkasten ist auch eine Abdeckung mit trockenem Buchenlaub möglich; so können Temperaturschwankungen unterbunden und unerwünschte Nässe abgehalten werden.

Winterharte Erdorchideen können bei der Containerkultur Schaden nehmen, wenn die Behälter nicht in den Boden eingesenkt worden sind, da in diesem Fall der Frost von allen Seiten ungehindert eindringen kann. An ihren Naturstandorten sind die Erdorchideen oft viel tieferen Temperaturen ausgesetzt, als sie bei uns herrschen. Allerdings sind sie stets durch eine mehr

oder weniger dicke Schneeschicht geschützt, die erst im Frühjahr, unmittelbar vor dem Austrieb, schmilzt. Orchideen aus dem Hochgebirge leiden bei uns im Flachland sehr unter den Kahlfrösten. Frostbedingte Ausfälle sind bei der Freilandkultur von Orchideen selten, wenn man die Pflanzstelle durch Noppen-Isolierfolie schützt. Kann man bepflanzte Container nicht in den Boden einsenken, sollte man sie kühl, aber frostfrei überwintern. Handelt es sich um Pflanzen, die Winterblätter ausbilden, müssen sie selbstverständlich hell stehen.

Dem Faktor Temperatur ist also große Bedeutung beizumessen. Die Kenntnis von der Temperaturabhängigkeit des Wachstums ermöglicht es auch, der Natur ins »Handwerk zu pfuschen«. Einige Arten, die normalerweise im Frühjahr blühen, können durch gezielte Manipulation im Herbst zu einer zweiten Blüte gebracht werden. Bringt man z. B. *Orchis morio* unmittelbar nach dem Einziehen des Laubes für einige Wochen im Kühlschrank unter, erscheint bereits im Juli der Neutrieb mit einer zweiten Blüte, während er im Normalfall erst im September erscheint und dann im darauf folgenden Frühjahr blüht. Durch diese Kältebehandlung werden zwei Vegetationsperioden pro Jahr möglich, dadurch verdoppelt sich auch die Vermehrungsrate bei der vegetativen Vermehrung.

8.2 Bodenansprüche und Substratmischungen

Bei den hier dargestellten Kulturmethoden wird auf die symbiotische Beziehung der Erdorchideen zu bestimmten Bodenpilzen keine Rücksicht genommen, sei es, weil die Orchideen im erwachsenen Stadium ohnehin autotroph, d. h. pilzunabhängig, leben, oder sei es, daß Bodenpilze ohnehin überall vorhanden sind. Eine besondere Pflege der Bodenpilze würde einen hohen Humusanteil im Boden erfordern, das wäre jedoch der Orchideenkultur abträglich. Empfehlenswert ist ein stickstoffarmes Substrat mit hohem mineralischen Anteil. Zur besseren Wasserspeicherung kann dem Pflanzstoff etwas frisches Torfmoos (*Sphagnum*) beigemischt werden. Der pH-Wert sollte sich im neutralen bis leicht alkalischen Bereich bewegen. Zu saure Böden werden mit Dolomit- bzw. Muschelkalk aufgekalkt. Auch die

Anreicherung mit zerkleinertem Kalksandstein, wie er beim Bauen verwendet wird, wirkt sich ausgesprochen vorteilhaft aus und trägt zusätzlich zur Auflockerung des Bodens bei.

Grundbestandteil unseres erprobten Kultursubstrats ist ungewaschener, lehmhaltiger Kies, in dem viele Freilandorchideen ohne weitere Zusätze bereits hervorragend gedeihen. Überhaupt wird der Zusammensetzung des Substrates zu viel Bedeutung beigemessen. Auch ein nicht gerade frisch gedüngter Gartenboden mit hohem Kalkanteil stellt für die meisten Arten ein durchaus geeignetes Substrat dar. Kulturversuche in Containern mit verschiedenen Substraten haben gezeigt, daß die Erdorchideen in gärtnerischer Kultur viel unempfindlicher auf die unterschiedlichen Erdmischungen reagieren als auf die Art des Bodens am Naturstandort. So zeigten z. B. verschiedene *Orchis*- und *Ophrys*-Arten in einem Gemisch aus Rinde, Meranti, Perlite und gebrochenem Blähton sehr gutes Wachstum. Auch ein Gemisch aus lehmiger Gartenerde, Kies und Styropor hat sich für diese Arten als geeignet erwiesen. Ausgezeichnete Erfolge brachte ein Gemisch aus nährstoffarmer Gartenerde und Seesand zu gleichen Teilen. Die Beimischung von Seesand hat sich bei vielen Arten als sehr wachstumsfördernd erwiesen. Die Beimischung von normalem Sand brachte nicht den gleichen Effekt. Eine Mischung von Seesand, abgelagertem Torf und *Sphagnum* liefert gute Ergebnisse bei feuchtigkeitsliebenden Orchideen wie z. B. *Dactylorhiza*.

Viel wichtiger als die Zusammensetzung der Erdmischung ist das Vorhandensein einer Drainschicht. Sie kann aus Styroporflocken, Blähtonkügelchen oder zerkleinertem Kalkstein bestehen. Bei Beetpflanzung im Freien reicht eine Drainschicht aus grobem Kies aus.

Schließlich muß der Kultivateur noch sein Gießverhalten auf das Substrat einstellen. Lockere, durchlässige Substrate sind entsprechend häufiger zu gießen als Substrate mit hohem Feinerdeanteil oder solche, die einen hohen *Sphagnum*-Anteil aufweisen.

Die in Tabelle 4 vorgestellten Substrate sind in der gärtnerischen Praxis erprobt. Es sind Standardmischungen, die für bestimmte Arten noch modifiziert werden müssen. Darauf wird in den folgenden Abschnitten gesondert hingewiesen.

Tab. 4: Zusammensetzung bewährter Grundsubstrate für verschiedene Orchideen-Gattungen

Kalkliebende *Cypripedium*-Arten

Substratmischung:		
	lehmiger Kies	50%
	Gartenerde	20%
	Kalk	5%
	Sphagnum	5%
	Styroporflocken/Blähton/ Kiefernborke und zerkleinerter Kalkstein	20%
Drainage:	zerkleinerter Kalkstein gemischt mit grobem Kies	

Kalkmeidende *Cypripedium*-Arten

Substratmischung:		
	lehmiger Kies	50%
	Gartenerde, ungedüngt	20%
	Sphagnum	10%
	Styroporflocken/Blähton/ Kiefernborke	20%
Drainage:	grober Kies	

***Orchis*- und *Ophrys*-Arten**

Substratmischung:		
	lehmiger Kies	80%
	Gartenerde, ungedüngt	10%
	Kalk	5%
	Sphagnum	5%
Drainage:	zerkleinerter Kalksandstein gemischt mit grobem Kies oder Styroporflocken gemischt mit zerkleinertem Kalksandstein	

***Dactylorhiza*-Arten**

Substratmischung:		
	lehmiger Kies	50%
	Gartenerde, ungedüngt	30%
	abgelagerter Torf	20%
Drainage:	grober Kies, evtl. mit Kalk versetzt	

***Epipactis*-Arten**	siehe *Cypripedium*

Pleione-Arten

Substratmischung:		
	lebendes Sphagnum, Kiefernborke, Meranti Holzkohle mit Styroporflocken gemischt	60%
	Torf	20%
	grober Kies	20%
Drainage:	Styroporflocken, Pflanzgefäß bis zur Hälfte damit füllen	

8.3 Düngung

Bei der Containerkultur entfällt die Düngung, da die Pflanzen alljährlich neu getopft werden. Durch die Bodenerneuerung sind stets ausreichend Nährstoffe verfügbar.

Bei Freilandpflanzungen können handelsübliche Orchideendünger in starker Verdünnung zum Einsatz kommen, etwa 1/4 der angegebenen Konzentration. Vielfach wirkt auch der Einsatz einer Spurenelementelösung Wunder. Stark stickstoffbetonte Dünger sind nur bei den als starke Zehrer bekannten *Calanthe* und *Pleione* einzusetzen.

Wachstumsfördernde Zusatzstoffe, wie sie bei der Kultur tropischer Orchideen verwendet werden, können auch bei der Kultur terrestrischer Orchideen mit Erfolg eingesetzt werden. Als günstigster Zeitpunkt für die Düngung ist die Blütezeit anzusehen. Terrestrische Orchideen reagieren jedoch wesentlich empfindlicher auf Düngergaben als ihre tropischen Verwandten. Auch organische Dünger schaden oft mehr als sie nützen.

8.4 Pflanzenschutz

Pilzkrankheiten treten bei den hier beschriebenen Orchideen in der Regel nur bei unsachgemäßer Pflege auf. Dies ist besonders dann der Fall, wenn das Substrat zu sehr verfestigt ist und damit zu wenig Luft an die Wurzeln der Pflanzen gelangt. Außerdem kann Pilzbefall an den oberirdischen Teilen der Pflanze auftreten, wenn nicht für genügend Luftumwälzung im Frühbeetkasten oder Treibhaus gesorgt wird. Besonders anfällig sind dem Boden aufliegende Blätter von *Ophrys*-Arten. Im Falle einer Pilzinfektion müssen die befallenen Pflanzenteile mit einem scharfen Messer entfernt und die Pflanzen anschließend mit einem handelsüblichen Fungizid behandelt werden. Bei geringem Befall reicht auch das Bepudern mit Holzkohlestaub. Durch veränderte Kulturbedingungen sollte dann jedoch die eigentliche Ursache des Pilzbefalls beseitigt werden, denn der Einsatz chemischer Mittel bekämpft nur die Symptome, nicht aber die Ursache.

Viruskrankheiten treten bei terrestrischen Orchideen nur sehr selten auf. Leider gibt es bisher keine geeigneten chemischen Mittel zur Bekämpfung des Befalls. Außerdem treten die äußerlich sichtbaren Anzeichen der Erkrankung erst zu einem Zeitpunkt auf, zu dem meist schon sämtliche Teile der Pflanze befallen sind. Von Viruskrankheiten befallene Pflanzen müssen vernichtet, am besten verbrannt werden, um einer Ausbreitung vorzubeugen.

Tierische Schädlinge richten den größten Schaden unter den Freilandorchideen an. Blattläuse befallen vor allem Pflanzen, die unter falschen Kulturbedingungen gehalten werden. Einige Gattungen wie *Epipactis* sind allerdings besonders anfällig für Blattlausbefall. Saugende Insekten können auch Pilz- und Viruskrankheiten übertragen. Die Schadinsekten müssen also nicht nur wegen der Primär-, sondern auch wegen der Sekundärschädigung der Pflanzen bekämpft werden. Bei leichtem Befall lassen sich die Blattläuse absammeln oder zerdrücken. Bei stärkerem Befall ist der Einsatz chemischer Mittel nicht zu umgehen. Nicht alle im Handel erhältlichen Mittel werden von den Erdorchideen gleich gut vertragen. Am besten pflanzenverträglich scheinen diejenigen Mittel zu sein, die für die Anwendung bei Zimmerpflanzen empfohlen werden.

Schnecken können innerhalb kürzester Zeit großen Schaden unter den Freilandorchideen anrichten. Freilandkultur von *Calypso bulbosa* ist fast unmöglich, weil diese Art offenbar einen der besten Schneckenköder darstellt, der in seiner Wirkung nur noch von Bier übertroffen wird. Die sicherste Methode zur Schneckenbekämpfung ist denn auch das Aufstellen von zur Hälfte mit Bier gefüllten Schalen, in denen die Schnecken ertrinken. Das Auslegen von Schneckenkorn ist nicht anzuraten, da es zur Vergiftung von Tieren führen kann, die Schnecken fressen. Am besten ist es, den eifrigen Schneckenjägern, Igel und Erdkröte, Unterschlupf im Garten zu geben.

Schließlich sei noch die Amsel erwähnt, die zwar kein direktes Interesse an den Orchideen hat, aber bei ihrer Nahrungssuche den Orchideenbiotopen Schaden zufügt. Dieser Vogel, der bis vor wenigen Jahrzehnten in Wäldern lebte, hat die Scheu des Waldvogels abgelegt, so daß er für manchen Gartenfreund zur Plage werden kann. Handelsübliche Vogelnetze können hier Abhilfe schaffen.

9 Anlage von Biotopen im Garten

Will man Orchideen im Garten erfolgreich kultivieren, lohnt sich die Mühe, für die Pflanzen geeignete Biotope anzulegen. In jedem der im folgenden dargestellten Biotope gedeihen nur ganz bestimmte Erdorchideen. Um Orchideen mit unterschiedlichen Kulturansprüchen nebeneinander kultivieren zu können, ist es unumgänglich, verschiedene Biotope herzurichten. Hanggrundstücke sind sehr gut geeignet, solche Biotope zu kombinieren. Im Idealfall kann ein Quellhang einen guten Übergang vom Trockenrasen zur Feuchtwiese darstellen. Die Feuchtwiese wiederum geht in ein Sumpfbeet über, das mit einem Teich in Verbindung steht. Natürlich befindet sich der Trockenrasen an der höchsten und der Teich an der tiefsten Stelle einer solchen Anlage.

Die Begleitflora muß auf das Biotop abgestellt sein. Bei der Besprechung der einzelnen Biotope werden geeignete Orchideen und die dazugehörige Begleitflora vorgestellt. Die Listen der Gattungen und Arten der Begleitflora erheben keinen Anspruch auf Vollständigkeit. Es sind dort nur solche Pflanzen aufgeführt, die sich besonders gut mit den Erdorchideen vertragen oder auch solche, die einen guten Kontrast mit ihnen bilden. Obwohl es kaum Begleitpflanzen gibt, die den Orchideen schaden, ist es doch angebracht, stark wuchernde Stauden oder Gehölze nicht in die Nähe von Freilandorchideen zu pflanzen, da die Orchideen im Konkurrenzkampf stets die Unterlegenen sein werden. Bei der Auswahl der Begleitflora ist außerdem zu beachten, daß die Orchideen eine relativ kurze Vegetationsperiode haben und die Pflanzen nach der Blütezeit nicht besonders attraktiv sind. Die durch die kurze Vegetationsperiode im Garten entstandenen Lücken müssen durch andere geeignete Pflanzen kaschiert werden, damit der ästhetische Gesamteindruck des Gartens nicht gestört wird.

Erfreulicherweise sind viele Gartenliebhaber dazu übergegangen, einen Teil ihres Gartens naturbelassen zu »kultivieren«. Solch eine kultivierte Wildnis stellt eine ökologische Nische dar, in der viele Wildpflanzen ein Refugium finden. Deshalb versuchen auch viele Naturfreunde in solche Biotope Orchideen einzubringen. Diese Anpflanzungen sind aber nur selten von Erfolg gekrönt, weil die Erdorchideen doch einen höheren Pflegeaufwand benötigen, als er ihnen in solchen Biotopen zuteil werden kann. Oft siedeln sich jedoch geeignete Orchideen von allein an, wenn man der Natur lange genug ihren Lauf läßt.

9.1 Moorbeet

Die Anzahl der für dieses ausgesprochen bodensaure Biotop geeigneten Orchideen ist leider sehr beschränkt. Neben einigen *Dactylorhiza*-Arten *Calapogon tuberosus* und wenigen *Liparis*-Arten handelt es sich um die besonders attraktive *Disa uniflora*, die leider nicht winterhart ist. Die Freilandkultur der großblütigen und farbenprächtigen *Disa* ist nur im Container möglich, der frostfrei überwintert werde muß. Da jedoch auch ein Teil der Begleitpflanzen nur bedingt winterhart ist, lohnt sich der Aufwand schon. Zum Beispiel stammen Karnivoren, fleischfressende Pflanzen, oft aus wärmeren Klimaten und überstehen unsere Winter ohne geeignete Schutzmaßnahmen nicht. Beschränkt man sich auf heimische Orchideen und Moorpflanzen, sind solche Maßnahmen natürlich nicht erforderlich.

Zur Anlage eines Moorbeetes eignen sich besonders Maurerbottiche, wie sie im Fachhandel recht preiswert in verschiedenen Größen angeboten werden. Beabsichtigt man frostfreie Überwinterung eines solchen Gesamtbiotops, sollten wegen des Gewichts nicht zu große Behälter gewählt werden. Solche Bottiche lassen sich leicht an jedem beliebigen Standort einsenken. Es ist durchaus möglich und manchmal besonders reizvoll, diese Behälter in einen Trockenhügel oder

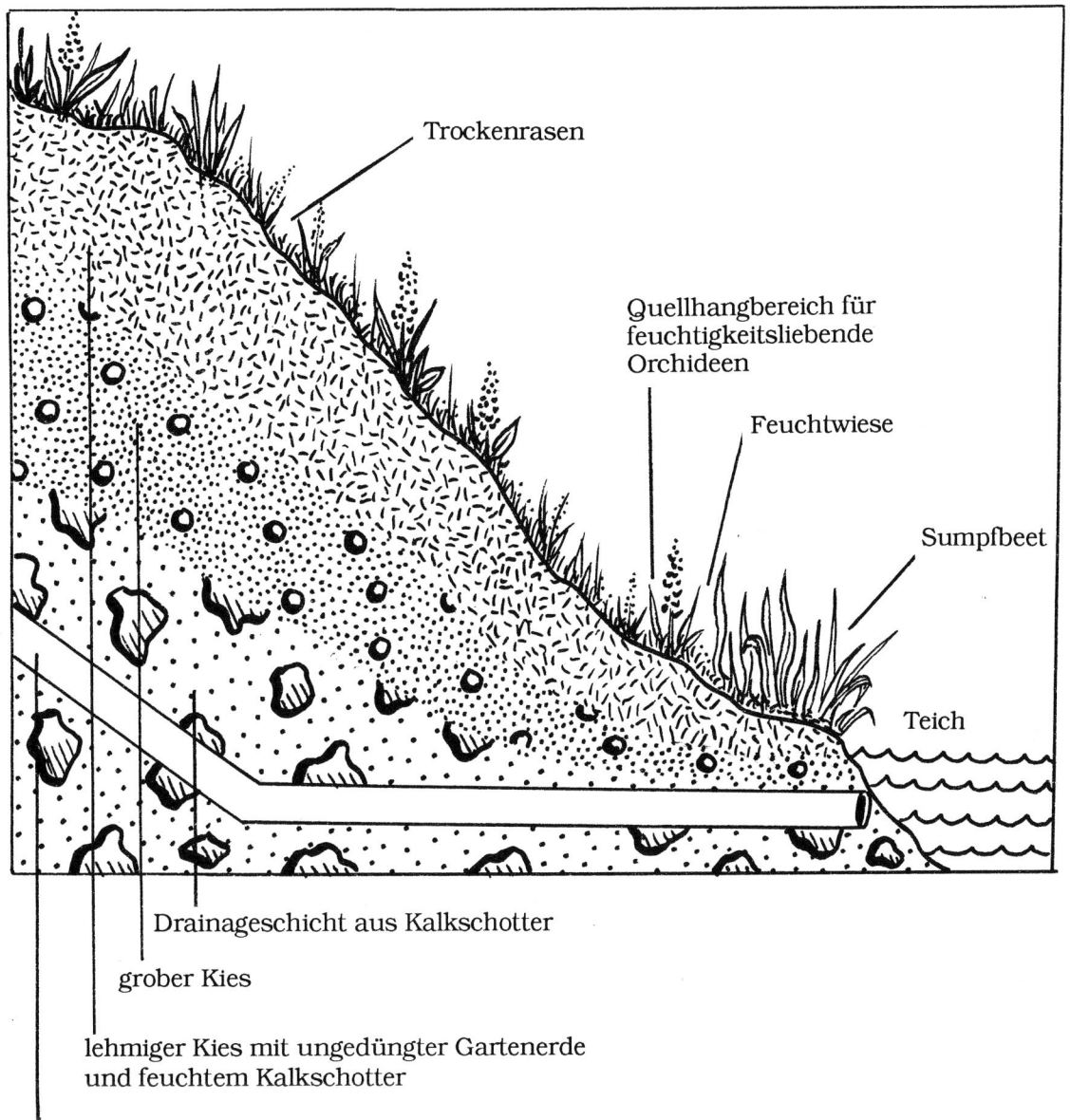

Abb. 5:   Es ist möglich, bei geeigneten Geländegegebenheiten, Trockenrasen, Quellhang, Feuchtwiese, Sumpfbeet und Gartenteich zu kombinieren, mit etwas Phantasie lassen sich auch andere Kombinationsmöglichkeiten schaffen

ein Steinbeet einzubauen. Aus Teichfolie kann man ebenfalls Moorbeete bauen, die sich besonders harmonisch in Teichanlagen integrieren lassen. Dabei ist jedoch zu beachten, daß das Wasser des Gartenteiches nicht in Verbindung mit dem Moorbeet steht, da es sonst leicht zu einer Überdüngung oder Verunreinigung kommen kann. Außerdem ist zu beachten, daß bei starken Regenfällen keine Nährstoffe aus dem Gartenboden in die Moorbeete hineingeschwemmt werden. Moorbeete verlangen volle Sonne.

Nach den nötigen Vorarbeiten, Ausheben der

Grube, Verlegen der Folie, Versenken des Bottichs, wird das zukünftige Moorbeet mit saurem Hochmoortorf aufgefüllt. Die oberste Schicht wird mit lebendem Torfmoos angereichert. Anschließend wird das Substrat so lange gewässert, bis der Wasserstand die Oberfläche des Substrats erreicht hat. Es empfiehlt sich, den Torf schon vor dem Einfüllen anzufeuchten, da er sonst aufschwimmt und sich nur langsam mit Wasser vollsaugt. Es ist von großem Vorteil, Regenwasser zu verwenden. Leitungswasser sollte nur bei geringen Härtegraden verwendet werden. Um ein besseres Wachstum des in die oberste Schicht eingearbeiteten Torfmooses zu erreichen, wird der Bottich für die Dauer von 4 bis 8 Wochen mit einer transparenten Folie verschlossen. Nur so kann die zum Anwachsen des Torfmooses notwendige Luftfeuchtigkeit erreicht werden. Danach erst sollte man mit dem Auspflanzen von Orchideen und Begleitflora beginnen. Auch im Sommer muß das Moorbeet ständig feucht gehalten werden. Regenwasser ist auch dabei der Vorzug zu geben.

Das für die Anlage eines Moorbeetes benötigte *Sphagnum* steht unter Naturschutz und darf somit nicht der Natur entnommen werden. Es ist aber auf Gärtnerbörsen erhältlich und vermehrt sich bei der oben angegebenen Kulturmethode rasch.

Alle in Tabelle 5 angegebenen Arten sind in Stauden-Gärtnereien bzw. Baumschulen erhältlich, keinesfalls sind sie der Natur zu entnehmen.

9.2   Sumpfbeet

Auch bei der Anlage eines Sumpfbeetes spielt die Standortwahl eine wichtige Rolle. Es verlangt ebenfalls einen sonnigen Ort. Anders als das Moorbeet sollte das Sumpfbeet stets an der tiefsten Stelle des Gartens liegen. Bei starken Regenfällen besteht dort jedoch die Gefahr der Eutrophierung, Überdüngung, durch eingeschwemmte Nährstoffe aus dem Gartenboden. Übermäßige Düngung in der Umgebung des Sumpfbeetes sollte deshalb unterbleiben.

Das Sumpfbeet wird angelegt wie das Moorbeet. Neben der Verwendung von Teichfolie und Bottichen kann die wasserundurchlässige Schicht auch aus ungebrannten Lehmziegeln bzw. Tonplatten hergestellt werden. Die Verlegung ist

Tab. 5.   Begleitflora im Moorbeet

Wissenschaftlicher Pflanzenname	Deutscher Pflanzenname
Stauden	
*Dionaea muscipula**	Venusfliegenfalle
Drosera anglica	Langblättriger Sonnentau
*Drosera binata**	Sonnentau
*Drosera capensis**	Sonnentau
Drosera intermedia	Sonnentau
Drosera rotundifolia	Sonnentau
Drosera-Hybriden*	Sonnentau
Eriophorum angustifolium	Schmalblättriges Wollgras
Eriophorum latifolium	Breitblättriges Wollgras
Eriophorum scheuchzeri	Scheuzers Wollgras
Eriophorum vaginatum	Scheidiges Wollgras
Gentiana pneumonanthe	Lungenenzian
Menyanthes trifoliata	Fieberklee
Narthecium ossifragum	Beinbrech
Pinguicula alpina	Fettkraut
Pinguicula grandiflora	Großblütiges Fettkraut
Pinguicula vulgaris	Gemeines Fettkraut
Pinguicula-Hybriden	Fettkraut
Potentilla palustris	Sumpfblutauge
Rhynchospora alba	Weißer Schnabelried
*Sarracenia flava**	Schlauchpflanze
*Sarracenia purpurea**	Schlauchpflanze
*Sarracenia rubra**	Schlauchpflanze
Sarracenia-Hybriden*	Schlauchpflanze
Kleingehölze	
Empetrum nigrum	Krähenbeere
Erica tetralix	Moorheide
Ledum palustre	Sumpfporst
Myrica gale	Gagelstrauch
Vaccinium oxycoccos	Moosbeere
Vaccinium uliginosum	Rauschbeere

*Evtl. nicht ganz winterhart (frostfrei überwintern oder Schutz durch Noppenfolie geben).

nicht ganz unproblematisch und sollte dem Fachmann überlassen werden.

Als unterste Schicht des Substrats wird eine etwa 20 cm hohe Lage aus Kalksteinschotter oder grobem Kies eingebracht. Der Kalk wirkt vorbeugend gegen eine übermäßige Versauerung des Sumpfbeetes und positiv auf das Wachstum der meisten Sumpfbeetorchideen. Das eigentliche Substrat ist eine Mischung aus gleichen Teilen von lehmigem Kies und ungedüngter Gartenerde, die man mit 5% gut abgelagertem Torf

Obere Reihe, Abb. 14: Ein künstliches Moor, welches zuerst mit der typischen Moorflora bepflanzt werden muß, bevor Orchideen sich wohlfühlen

Mittlere Reihe, Abb. 16: Teil einer Orchideenanlage, im Vordergrund ein Moorbeet, im Hintergrund Trockenhügel mit Kalkgestein, geeignet zur Bepflanzung mit Orchideen, Zwiebelpflanzen und auch für alpine Pflanzen

Untere Reihe, Abb. 18: Ausschnitt aus einer Kalktrockenwiese mit Orchideen und artenreicher Begleitvegetation

Abb. 15: Ungewöhnlich wüchsiger Bestand der Gattung *Dactylorhiza* aus verschiedenen Arten und Hybriden am Ufer eines Gartenteichs

Abb. 17: Im Torfmoor blühende *Calopogon tuberosus*

Abb. 19: Mehrere *Dactylorhiza*-Arten im Übergangsbereich Steingarten zum Gartenteich mit mäßig feuchten Bodenverhältnissen

Obere Reihe, Abb. 20: Trockenrasen-Ausschnitt mit verschiedenen Orchideenarten

Abb. 21: Pflanzenschatz des Trockenrasens ist die Hummelragwurz (*Ophrys fuciflora*)

Mittlere Reihe, Abb. 22: Kleinstareal mit verschiedenen Knabenkräutern (*Dactylorhiza*) und Sumpfwurz (*Epipactis palustris*), integriert in eine kleine Steingartenanlage mit Miniaturteich im Garten der Verfasser

Abb. 23: Ein weiterer Einblick in den künstlichen Trockenrasen mit Helmknabenkraut, Waldhyazinthe und Ragwurz

Untere Reihe, Abb. 24: Das Purpurknabenkraut (*Orchis purpurea*) im schattigen Waldbeet ist in wenigen Jahren durch vegetative Vermehrung zu einem mehrblütigen Horst geworden

Abb. 25: Ausschnitt aus einer Frauenschuh-Anlage, in halbschattiger Lage mit vielen Begleitpflanzen

Abb. 26: Einer der schönsten Frauenschuh-Arten ist der Königsfrauenschuh (*Cypripedium reginae*), hier innerhalb einer Rhododendronpflanzung

Tab. 6: Begleitpflanzen im Sumpfbeet

Wissenschaftlicher Pflanzenname	Deutscher Pflanzenname
Stauden	
Calla palustris	Sumpfcalla
Caltha palustris	Sumpfdotterblume
Iris pseudacorus	Sumpfschwertlilie
Iris sibirica	Sibirische Schwertlilie
Lysimachia nummularia	Pfennigkraut
Myosotis palustris	Sumpfvergißmeinnicht
Potentilla erecta	Blutwurz
Primula farinosa	Mehlprimel
Ranunculus lingua	Zungen-Hahnenfuß
Sagittaria sagittifolia	Pfeilkraut
Valeriana dioica	Kleiner Baldrian

anreichert. Die Zugabe von feinem Kalkschotter wirkt sich günstig auf das Wachstum mancher Orchideen aus. Die Begleitflora reagiert jedoch oft empfindlich auf den Kalkgehalt. Die meisten Sumpfbeetorchideen vertragen auch ein leicht angesäuertes Substrat. In einem kalkbetonten Sumpfbeet lassen sich *Herminium monorchis*, *Orchis palustris*, viele *Dactylorhiza*- und einige *Epipactis*-Arten problemlos nebeneinander kultivieren. Im Gegensatz zum Moorbeet ist es nicht erforderlich, daß das Sumpfbeet ständig geflutet ist. Ähnlich wie in natürlichen Sümpfen kann der Wasserspiegel im Hochsommer durchaus einmal etwas absinken.

Während bei der Auswahl der Begleitflora für das Moorbeet auch bei uns nicht heimische Pflanzen einbezogen worden sind, kann man sich beim Sumpfbeet auf die recht artenreiche und ästhetisch ansprechende heimische Flora beschränken. Durch die vorrangige Bepflanzung mit heimischen Sumpfpflanzen und durch die Verbindung des Sumpfbeetes mit einem Gartenteich kann ein solches Biotop auch vielen bedrohten Tierarten, insbesondere Amphibien und Insekten, ausreichend Unterschlupf und Nahrung bieten. Alle in Tabelle 6 genannten Arten sind in Gärtnereien erhältlich.

Die ins Sumpfbiotop gehörenden Gehölze sind in der Regel sehr wüchsig und damit als Begleitpflanzen für Orchideen weitgehend ungeeignet. Diese Sträucher und Gehölze können nur in sehr großen Anlagen gepflanzt werden, wo sie die Orchideen nicht verdrängen. Die für das Moor-

beet angegebenen Sträucher gedeihen zum Teil auch im Sumpfbeet.

9.3   Feuchtwiese

Auch eine künstlich angelegte Feuchtwiese sollte sich an einer möglichst tief gelegenen und sonnigen Stelle des Gartens befinden. In vielen Gärten ist ohnehin eine ständig feuchtere Stelle vorhanden. Ein solcher Standort ist dann zwar meist gut geeignet für die Anlage einer Feuchtwiese, doch ohne entsprechende Vorbereitung des Bodens, was gegebenenfalls einen völligen Bodenaustausch bedeuten kann, ist eine erfolgreiche Orchideenkultur nur in den seltensten Fällen möglich.

Die oberste Bodenschicht wird bis zu einer Tiefe von 40 bis 50 cm abgetragen. Die so entstandene Mulde wird mit Teichfolie oder ungebrannten Lehmziegeln wasserundurchlässig gemacht. Falls es sich um eine ohnehin dauerfeuchte Stelle handelt, ist diese Maßnahme nicht unbedingt erforderlich. Um eine kontinuierliche Wasserversorgung zu gewährleisten, kann man auch Drainagerohre, die vielleicht in höheren Teilen des Gartens verlegt sind, hier enden lassen. Auch der Überlauf einer Regenwassersammelanlage sollte hierhin führen. Solche Rohrleitungen sollten selbstverständlich vor Einbringen des Substrates verlegt werden.

Das Substrat entspricht in seiner Zusammensetzung dem des Sumpfbeetes (vergleiche dort). Auch hier sollte zuunterst eine Schicht Kalkschotter kommen. Nach dem Einbringen der Erdmischung wird eine Feuchtwiesen-Samenmischung eingesät. Sollte eine solche Samenmischung im Fachhandel nicht erhältlich sein, besorgt man sich aus der Landwirtschaft Heu, das von einer natürlichen Feuchtwiese geerntet wurde. Aus dem Heu werden die Samenstände herausgesucht und zwischen den Fingern zerbröselt. Die so gewonnene Samenmischung wird wie Grassamen ausgesät, leicht eingeharkt und kräftig gewässert. Danach werden die Erdorchideen und Begleitstauden gepflanzt. In einem solchen Biotop gedeihen viele *Dactylorhiza*-Arten vorzüglich. Da eine Feuchtwiese jedoch, nachdem das Laub der Orchideen eingezogen ist, regelmäßig gemäht werden muß, und die Arten teilweise recht unterschiedliche Vegetationsperioden haben, sollten nur solche Pflanzen zusammen kultiviert werden, die die Mahd zum gleichen Zeitpunkt vertragen. Es ist ausgesprochen wichtig, die Orchideen und auch die Begleitflora so zu kombinieren, daß es möglich ist, einerseits die Orchideen durch ständiges Kurzhalten der Feuchtwiese vor dem Erdrücken durch andere Pflanzen zu bewahren und andererseits die Begleitflora durch vorzeitiges Mähen nicht in ihrem Bestand zu gefährden.

Die Zusammensetzung des Pflanzenbestandes auf einer Feuchtwiese wird nicht nur im Garten, sondern auch in der extensiv betriebenen Landwirtschaft durch den Zeitpunkt und den Zyklus der Mahd reguliert. Eine künstlich angelegte Feuchtwiese sollte, wenn es ihre Größe erlaubt, nicht mit dem Rasenmäher gemäht werden. Das geeignete Werkzeug, um eine nicht zu große Feuchtwiese kurzzuhalten, ist eine Rasenschere, mit deren Hilfe ganz gezielt die Ausbreitung von Pflanzen mit starkem Wachstum reguliert werden kann. Feuchtwiesen werden nicht gedüngt. Einspülung von Dünger aus anderen Bereichen des Gartens ist nicht von Vorteil.

Alle in Tabelle 7 genannten Arten sind in Gärtnereien erhältlich.

9.4   Trockenrasen

Dieses Biotop gehört an die sonnigste und wärmste Stelle des Gartens, was im Idealfall ein Südwesthang ist. Handelt es sich um flaches Gelände, läßt sich ein Trockenrasenbiotop bei etwas aufwendiger Vorarbeit dennoch realisieren. In diesem Fall ist eine extra starke Drainschicht vonnöten.

Zunächst wird die evtl. vorhandene Grasnarbe abgetragen. Anschließend wird eine mindestens 40 cm starke Drainschicht aufgefüllt. Bei wenig wasserdurchlässigem Untergrund sollten zusätzlich Drainagerohre verlegt werden, die in einem Feuchtbiotop enden könnten. Die Drainageschicht kann aus Material wie Kalkschotter, Bauschutt, Blähton oder Styropor bestehen, sollte aber immer 50% Kalkanteil aufweisen. Darauf kommt eine ca. 10 cm starke Schicht aus grobem Kies, und dann erst wird das eigentliche Kultursubstrat 15 cm stark aufgetragen. Diese Erdmischung besteht vorwiegend aus grobem Kies, der mit 10% ungedüngter Gartenerde und zerkleinertem Kalkstein versetzt worden ist. Liegt

Tab. 7:   Begleitflora der Feuchtwiese

Wissenschaftlicher Name	Deutscher Name
Stauden	
Anemone narcissiflora	Berghähnlein
Arnica montana	Bergwohlverleih
Astrantia major	Große Sterndolde
Campanula glomerata	Knäuelglockenblume
Campanula patula	Wiesenglockenblume
Colchicum autumnale	Herbstzeitlose
Gentiana asclepiadea	Schwalbenwurzenzian
Geranium pratense	Wiesenstorchschnabel
Lychnis flos-cuculi	Kuckuckslichtnelke
Mentha longifolia	Roßminze
Origanum vulgare	Wilder Dost
Polygonium bistorta	Wiesenknöterich
Primula elatior	Hohe Schlüsselblume
Primula veris	Echte Schlüsselblume
Trollius europaeus	Trollblume
Veronica austriaca	Großer Ehrenpreis

der pH-Wert des verwendeten Kieses im sauren Bereich, sollte zusätzlich kohlensaurer Kalk in das Gemisch eingearbeitet werden.

Auf diese Erdmischung wird eine Trockenwiesen-Blumenmischung, wie sie im Handel erhältlich ist, ausgesät. Notfalls kann auch auf ganz normale Zierrasensaat zurückgegriffen werden, die allerdings wesentlich dichter als vorgeschrieben ausgesät werden muß, weil die Mischung nur geringe Anteile von Trockenrasengräsern enthält. Die überwiegend feuchtigkeitsliebenden Gräser der Mischung kommen in dem künstlichen Biotop nur schlecht zur Keimung oder verdorren später. Die Saat wird, wie üblich, leicht eingeharkt. Danach wird die Pflanzung der Orchideen und der Begleitstauden vorgenommen. Nach Abschluß der Pflanzmaßnahmen wird das Erdreich mit einer Schaufel leicht angeklopft und anschließend gewässert. Später ist eine zusätzliche Bewässerung nur noch bei lang andauernden Trockenperioden erforderlich.

In diesem Trockenrasen lassen sich viele Orchis- und Ophrys-Arten kultivieren. Auch Gymnadenia und Epipactis atrorubens fühlen sich hier wohl. Ebenso werden viele Insekten in das Biotop einwandern. Um ihnen nicht die Mahlzeit zu verderben, sollte man sich bei der Auswahl der Begleitflora auf heimische Arten beschränken (diese sind in Gärtnereien erhältlich). Nach Ende der Vegetationsperiode der Orchideen ist auch hier regelmäßig zu mähen.

9.5 Trockenhügel

Der Trockenhügel verlangt ebenfalls nach einem sehr sonnigen und warmen Platz im Garten. In der Anlage ist er etwas einfacher als der Trocken-

Tab. 8: Begleitflora des Trockenrasens und Trockenhügels

Wissenschaftlicher Pflanzenname	Deutscher Pflanzenname
Stauden	
Adonis vernalis	Adonisröschen
Allium carinatum	Gekielter Lauch
Anthericum liliago	Traubige Graslilie
Anthericum ramosum	Ästige Graslilie
Fragaria viridis	Hügelerdbeere
Gentiana cruciata	Kreuzenzian
Gentiana germanica	Deutscher Enzian
Gentiana verna	Frühlingsenzian
Linum perenne	Staudenlein
Muscari comosum	Traubenhyazinthe
Paradisia liliastrum	Paradieslilie
Pulsatilla vulgaris	Küchenschelle
Sanguisorba minor	Pimpernell
Gräser	
Carex baldensis	Monte-Baldo-Segge
Carex caryophyllea	Frühlingssegge
Festuca ovina	Schafschwingel
Luzula campestris	Hainsimse
Stipa pennata	Federgras
Gehölze	
Daphne cneorum	Rosmarinseidelbast
Genista sagittalis	Flügelginster
Helianthemum nummularium	Sonnenröschen
Juniperus communis	Gemeiner Wacholder
Prunus spinosa	Schlehe

Außer den in Tabelle 8 genannten Arten sind diverse *Saxifraga*-, *Sedum*- und *Sempervivum*-Arten gut geeignet. Außerdem eignen sich etliche Wildformen von Blumenzwiebelgewächsen wie *Crocus*, *Narcissus* und *Tulipa*.

rasen. Der Untergrund braucht nicht abgetragen zu werden, auch eine eventuell vorhandene Grasnarbe kann belassen werden. Am vorgesehenen Standort wird je nach Bedarf ein großer Kern aus Bauschutt oder anderen nicht oder nur schwer vorrottenden Materialien aufgeschüttet. Dieser Unterbau kann sich ähnlich zusammensetzen wie beim Trockenrasen beschrieben, sollte aber in jedem Fall einen hohen Kalkanteil aufweisen. Um das Absacken des eigentlichen Pflanzensubstrats zu verhindern, wird der Kern mit einer 10 cm starken Lage aus grobem Kies abgedeckt, der die größeren Hohlräume des Unterbaus schließt. Darauf wird die Erdmischung ausgebracht, und zwar in gleicher Zusammensetzung wie beim Trockenrasen beschrieben.

Die optische Wirkung des Trockenhügels kann durch große Felsstücke aus Kalk gesteigert werden. Die Fugen und Risse in diesen Felsen eignen sich sehr gut für die Bepflanzung mit *Saxifraga* und *Sempervivum*. Alle für den Trockenrasen geeigneten Orchideen gedeihen auch auf dem Trockenhügel. Der Trockenhügel hat sogar noch den Vorteil, daß die Blütezeit verlängert werden kann, indem auch Erdorchideen auf die sonnenabgewandte Seite des Hügels gepflanzt werden.

Die Auswahl an Begleitpflanzen für den Trockenrasen kann auch für den Trockenhügel gelten. Aus ästhetischen Gründen sollten hier aber nicht nur einheimische Arten verwendet werden. Winterharte Kakteen, Agaven, Lewisien, *Sedum*, *Yucca* und viele Alpine aus anderen Kontinenten passen gut als Begleitflora zu den Orchideen des Trockenhügels.

9.6 Waldbeet

Das Waldbeet verlangt nach einer schattigen Stelle im Garten, die nur wenig direkten Sonnenschein erhält. Falls eine solche Stelle im Garten nicht vorhanden ist, kann durch Pflanzung von Laubgehölzen für entsprechende Beschattung gesorgt werden. Gleichzeitig werden eine Steigerung der Luftfeuchtigkeit und eine Senkung der Bodentemperatur erzielt. Es empfiehlt sich, die schattenspendenden Gehölze ein Jahr zuvor anzupflanzen. Die Gehölze sind so zu beschneiden, daß die Erdorchideen ungehindert Licht von oben bekommen und nicht im Dauerschatten der Kronen verkümmern. Der wandernde Schlagschatten der Gehölze ist dagegen erwünscht. Bei der Wahl des Ortes ist zu bedenken, daß die Schatten in den verschiedenen Jahreszeiten unterschiedlich fallen.

Für die Anlage des Waldbiotops wird zunächst eine ca. 40 cm tiefe Grube ausgehoben, auf die eine 20 cm hohe Drainschicht kommt. Da nicht alle Waldorchideen kalkliebend sind, wird die Drainschicht der einen Hälfte aus Kalkstein gebildet, die der anderen Hälfte dagegen aus grobem Kies und Styropor. Die Erdmischung besteht aus lehmigem Kies mit einer geringen Beimengung von ungedüngter Gartenerde. Um

Tab. 9:   Begleitflora im Waldbeet

Wissenschaftlicher Pflanzenname	Deutscher Pflanzenname
Stauden	
Anemone nemorosa	Buschwindröschen
Anemone sylvestris	Großes Windröschen
Arisaema spec.*	Feuerkolben
Arisarum	Mäuseschwänzchen
Arum spec.*	Aronstab
Astrantia major	Große Sterndolde
Cyclamen spec.*	Alpenveilchen
Erythronium dens-canis	Hundszahn
Erythronium-Hybriden	Hundszahn
Geranium sanguineum	Blutstorchschnabel
Helleborus niger	Christrose
Helleborus-Hybriden	Christrose
Hepatica nobilis	Leberblümchen
Lathyrus sylvestris	Waldplatterbse
Lilium martagon	Türkenbundlilie
Maianthemum bifolium	Schattenblümchen
Paris quadrifolia	Einbeere
Polygonatum odoratum	Salomonssiegel
Pulmonaria officinalis	Lungenkraut
Trillium spec.	Waldlilie

* Nicht alle Arten sind völlig winterhart, Schutz durch Noppenisolierfolie ist angebracht.

ein besseres Wasserspeicherungsvermögen bei gleichzeitig guter Drainage zu erreichen, setzt man dem Substrat zu 10% eine Mischung von Styroporflocken, Kiefernborke und gut abgelagertem Torf zu. In die Erdmischung der kalkbetonten Hälfte des Waldbeets wird noch zerkleinerter Kalk gegeben. Nach der Pflanzung wird das Beet einmalig gewässert und danach mit einer Mulchschicht aus Rindenstücken abgedeckt. Das so angelegte Waldbeet bedarf in den nächsten Jahren kaum weiterer Pflege. Das im Herbst anfallende Laub wird nicht entfernt und trägt zur Bildung einer dünnen Humusschicht und zur Düngung der Freilandorchideen bei. In diesem Biotop gedeihen verschiedene Orchideengattungen und -arten nebeneinander. Das Waldbeet mit seinem nährstoffarmen und durchlässigen Substrat ist der beste Standort für Cypripedium mit Ausnahme von Cypripedium candidum.

Aus ökologischen Gesichtspunkten sollte die Begleitflora des Waldbeetes vorrangig aus einheimischen Gewächsen bestehen. Da jedoch ästhetische Gesichtspunkte bei der Gartengestaltung eine erhebliche Rolle spielen und auch etliche Freilandorchideen nicht heimisch sind, enthält die Liste auch einige nicht heimische Gewächse, die sich aber gut zusammen mit den Orchideen kultivieren lassen. Bei der Auswahl der Bäume und Sträucher sollte man aber nur auf einheimische Arten zurückgreifen, da auf ihnen meist wesentlich mehr Insektenarten vorkommen als auf ausländischen Arten. Entsprechend mehr Nahrung bieten sie den Vögeln. Die einheimische Eiche beherbergt z. B. etwa 300 Insektenarten, während eingeführte Arten wie die Platane oder die Roßkastanie nur vier Insektenarten einen geeigneten Lebensraum bieten. (BUND, 1986). Die in Tabelle 9 genannten Arten sind in Gärtnereien erhältlich.

Außer den in Tabelle 9 genannten Arten sind viele kleinwüchsige Farnarten, die halbschattigen Stand lieben, gut geeignet. Auch Daphne mezereum (Seidelbast) sollte nicht fehlen.

10 Kultur in Gefäßen, im Frühbeetkasten und Alpinenhaus

Die Container- oder Gefäßkultur der Erdorchideen bringt in vieler Hinsicht Vorteile. Einerseits erleichtert sie die Pflege der Pflanzen, andererseits lohnt es nicht, größere Biotope anzulegen, wenn nur wenige Pflanzen kultiviert werden sollen, und schließlich sind die Pflanzen mobil, daß heißt, sie können zum Fotografieren und für Ausstellungen von ihrem eigentlichen Standort entfernt werden, ohne Schaden zu nehmen.

Alle Behältnisse sind unabhängig von ihrem Material, sei es nun Plastik, Styropor, Eternit oder Ton, gleich gut zu verwenden. Dabei sind allerdings die unterschiedlichen Eigenschaften der verschiedenen Materialien zu berücksichtigen. Ein Tongefäß trocknet z. B. schneller aus als eines aus Plastik, und ein Styroporgefäß isoliert besser gegen Kälte als eines aus Eternit. Ferner ist die Größe des Behältnisses den Bedürfnissen der Pflanzen anzupassen. Rhizomorchideen benötigen wesentlich mehr Wurzelraum als knollentragende Orchideen. So verlangen *Cypripedium* Kulturgefäße mit einem Mindestdurchmesser von 16 cm. In einem Container von 14 cm Durchmesser können etwa 6 *Serapias* kultiviert werden, aber nur eine *Barlia longibracteata*. Es lassen sich auch durchaus verschiedene Arten und Gattungen in einem Gefäß gemeinsam kultivieren, vorausgesetzt, daß sie die gleichen Substratansprüche haben und daß Blüte- und Ruhezeit identisch sind. In handelsüblichen Balkonkästen lassen sich z. B. problemlos verschiedene Arten nebeneinander pflegen. Auch zur Jungpflanzenaufzucht lassen sie sich sehr gut verwenden. Bei der Containerkultur werden die Orchideen meist in Gruppen gepflanzt, um den optischen Eindruck zu steigern, doch auch Einzelpflanzungen in größeren Blumentöpfen, die leicht auf die unterschiedlichen Bedürfnisse der Pflanzen abzustimmen sind, bringen gute Erfolge.

Bei der Kultur in Containern ist unbedingt darauf zu achten, daß die Orchideen nicht unter Staunässe leiden. Eine gute Drainage ist wichtig. Die Erdmischungen entsprechen denen der größeren Biotope. Nur bei feuchtigkeitsliebenden Orchideen wie *Epipactis palustris* und einigen *Dactylorhiza*-Arten kann auf die Drainschicht verzichtet werden.

Selbstgebaute und handelsübliche Frühbeete sind gleich gut geeignet. Sie eignen sich zur Jungpflanzenaufzucht und zur Pflege etwas heikler Arten. Zwar bieten Frühbeetfenster wie auch Gewächshäuser nicht unbedingt einen erfreulichen Anblick im Garten, aber ihre Vorteile sind, gerade im Winter, unübersehbar. Da bieten sie Schutz vor Regen und Frost. Wichtig ist bei der Kultur von Freilandorchideen im Frühbeetkasten die rechtzeitige Entfernung der Fenster im Frühjahr, um ein vorzeitiges Austreiben der Pflanzen zu vermeiden.

Die Substratwahl und auch die Lage des Frühbeetkastens richten sich nach den Anforderungen der zu pflegenden Arten. Beides ist bei der Beschreibung der entsprechenden Biotope nachzulesen.

Das Alpinenhaus dient, wie der Name schon sagt, der Pflege empfindlicher hochalpiner Polsterpflanzen. Es ist mit sehr guten Lüftungs- und Schattiereinrichtungen ausgestattet, die auch für die Kultur der Erdorchideen von Nutzen sind. Das Alpinenhaus erweitert das Sortiment der bei uns kultivierbaren Erdorchideen beträchtlich. Alle mediterranen Arten, die bei uns nicht völlig winterhart sind, fühlen sich hier wohl.

Die Orchideen werden in das auf die Pflanztische aufgebrachte Substrat ausgepflanzt. Wichtig ist, daß sie nach dem Einziehen des Laubes auch ihre Ruheperiode bekommen. Knollentragende Orchideen pflanzt man zweckmäßigerweise an gut drainierte, etwas höher gelegene Stellen, während *Cypripedium* und andere Rhizomorchideen, die keine Bodentrockenheit vertragen, in etwas tiefer gelegene Senken gepflanzt werden.

11 Herkunft, Vermehrung, Verwendung und Pflege der Freilandorchideen

11.1 Die Gattung *Cypripedium* – Frauenschuh

Die Gattung *Cypripedium* enthält eine Reihe von außerordentlich schönen Arten, die sehr gut für die Freilandkultur geeignet sind. Die Frauenschuh-Orchideen gehören deshalb zu den begehrtesten Freilandorchideen überhaupt. Fast alle der nahezu 40 heute bekannten Arten kommen in den nördlichen Zonen der Erdkugel mit gemäßigtem Klima vor. Die Zuordnung einiger Mitglieder der Gattung zu bestimmten Arten ist noch nicht ausreichend geklärt.

Man vermutet, daß das Entstehungszentrum der Gattung im zentralasiatischen Hochland, dem Himalaya, Tibet und den westlichen Gebieten Chinas liegt. Es kommen allein 17 Arten in den eben genannten Gebieten und weitere 9 im ostasiatischen Raum vor, so daß mithin rund 26 Species im gesamten asiatischen Raum zu finden sind. Weitere 9–10 Arten entfallen auf das Verbreitungsgebiet Nordamerika und Kanada. Eine Art ist fast schon im tropischen Gebiet beheimatet; es handelt sich dabei um *Cypripedium irapeanum*, das von Süd-Mexiko bis Honduras vorkommt. In Mitteleuropa ist nur eine Art beheimatet, nämlich *Cypripedium calceolus*.

Alle *Cypripedium*-Arten besitzen ein Rhizom mit sympodialer Verzweigung, so daß es zu einer Horstbildung kommen kann. Nur die unterirdischen Pflanzenteile sind mehrjährig, die oberirdischen Teile sterben nach jeder Vegetationsperiode ab. Die größere Anzahl der Species bildet mehrere stengelumfassende Laubblätter aus, während einige Arten nur zwei gegenständige Laubblätter bilden (z. B. *Cypripedium acaule, Cypripedium guttatum*).

Die Blütenstände sind bei der überwiegenden Anzahl der Arten 1–2 (3) blütig. Nur einige wenige Arten bilden an einem Trieb noch mehr Blüten, so z. B. *Cypripedium californicum* und *Cypripedium irapeanum*. Die Blütezeit sämtlicher hier beschriebener Pflanzen beginnt im späten Frühjahr.

Die *Cypripedium* besiedeln die vielfältigsten Standorte. Der größte Teil der Arten muß jedoch zu den Waldpflanzen gerechnet werden, während nur einige Vertreter dieser Gattung im Gebirge zu Hause sind und dort meistens Wiesen und alpine Matten besiedeln. Es gibt aber auch Arten, die in feuchten Wiesen und in Sumpfgebieten ihren Standort haben. Diese unterschiedlichen Standortbedingungen müssen auch bei der Kultur berücksichtigt werden.

Es hat sich durch jahrelangen Umgang mit den Pflanzen herausgestellt, daß einige Arten recht einfach in Kultur zu nehmen, andere dagegen sehr schwierig sind oder sogar total versagen, wenn ihnen keine geeigneten Bedingungen geschaffen werden. Deshalb werden im folgenden die *Cypripedium*-Arten in drei Schwierigkeitsgruppen eingeteilt, und zwar in leicht, schwieriger und schwer kultivierbar. Bei Pflanzen, die in die letzten beiden Kategorien gehören, wird im Rahmen der Artbeschreibung auf die besonderen Schwierigkeiten hingewiesen. Diese Angaben basieren auf einer fast 20jährigen Erfahrung im Umgang mit den Pflanzen. Ein wichtiger Hinweis sei hier noch gegeben: Es ist notwendig, alle Rhizome, die man erhält, sehr sorgfältig abzuwaschen und von anhaftenden Substratresten zu säubern, da sich sonst sehr leicht Fäulnisherde bilden. Weiterhin ist es unbedingt erforderlich, alle beschädigten Rhizomteile sorgfältig zu entfernen und die verbleibenden Stücke gegebenenfalls mit Holzkohle, der eventuell ein Pilzmittel in Pulverform zugesetzt werden kann, zu behandeln. Nun noch einige Worte zum Winterschutz. In der Regel brauchen *Cypripedium*-Arten bis auf sehr wenige Ausnahmen keinen Schutz vor Frost. Vielmehr sind Schutzmaßnahmen erforderlich, die ein verfrühtes Auftauen des Bodens verhindern. Dies ist hauptsächlich bei den Arten erfor-

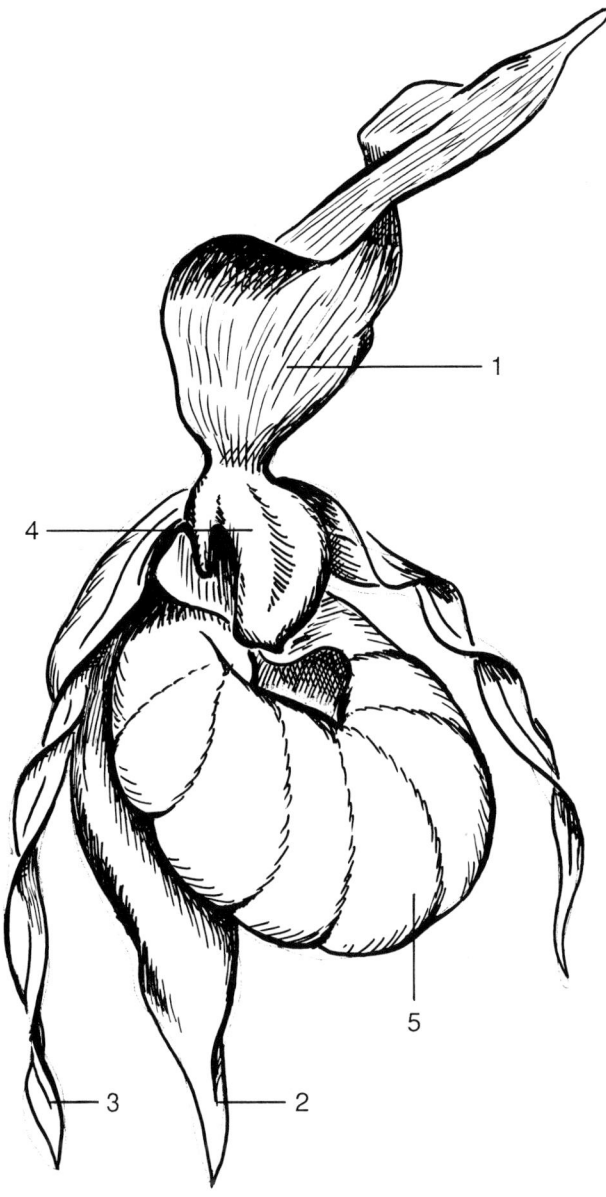

derlich, die aus sehr kalten Gegenden oder aus dem Gebirge stammen. An ihren Heimatstandorten frieren die Pflanzen im Herbst ein. Dieser Zustand bleibt erhalten bis zum Einsetzen des Frühlings. Unsere mitteleuropäischen Winter sind nicht konstant genug und werden immer wieder durch Tauperioden unterbrochen, die oftmals noch mit Regen einhergehen. Um ein vorzeitiges Austreiben, das u. U. zum Verlust der Pflanze führen könnte, erfolgreich zu verhindern, empfehlen wir folgende Maßnahmen: Wir lassen die Rhizome einfrieren und decken dann möglichst trockenes Laub oder Kiefernnadeln über die Pflanzenstelle. Über das ganze werden zur zusätzlichen Isolierung dann noch eine Noppenfolie oder Stryroporplatten gelegt. Da es im Herbst oft schon sehr regnerisch ist, kann der Standort von empfindlichen Arten schon ab Oktober mit einem Regenschutz versehen werden. Bei Arten, die lediglich Frostschutz benötigen, kommen die gleichen Maßnahmen, die in Verbindung mit Tauwetterschutz beschrieben werden, zur Anwendung. Man beginnt jedoch mit der Abdeckung bereits vor Einsetzen der Frostperiode. Es ist ratsam, die Schutzvorrichtungen regelmäßig zu kontrollieren, da sich im »trockenen Stübchen« eine ganze Reihe von ungebetenen Gästen aufhalten, die unseren Pflanzen besonders beim Austrieb im Frühjahr sehr gefährlich werden können.

Abb. 6:   Charakteristisch für die Frauenschuhblüte sind die schuhförmig ausgebildete Lippe und die durch das Staminodium verdeckten Staubgefäße und die Narbe

1 = Sepalum (Fahne)

2 = verwachsene, paarige Sepalen

3 = Petalen

4 = Säulchen

5 = Lippe (Schuh)

Beschreibung der Arten in alphabetischer Reihenfolge

Cypripedium acaule, Stengelloser Frauenschuh

Beschreibung
Pflanze 20–45 cm hoch; Blätter 2, stiellos (Name!), gegenständig, breitelliptisch bis eiförmig, hellgrün; Blütenstand einblütig; Blütendurchmesser bis 10 cm, Sepalen und Petalen gelblichgrün bis grünlichbraun, Labellum (Schuh) rosa, geschlitzt. Blütezeit: April bis Juli.

Vorkommen und Verbreitung

Areal: Nordosten der USA und Kanadas, südl. bis Carolina.

Biotop: trockene Nadelwälder auf Moränen, Dünen und Moore; es existieren zwei ökologische Rassen, die eine wächst in Sümpfen auf *Sphagnum*-Polstern, die andere bevorzugt als Standort lichte Wälder auf sandigem Boden.

Kulturhinweise

Der Stengellose Frauenschuh ist eine der am schwierigsten zu kultivierenden Orchideen. Nur ganz erfahrenen Liebhabern ist die Freilandkultur bisher über einen längeren Zeitraum gelungen. Es hat verschiedene Gründe, daß Auspflanzungsversuche im Garten versagen. Zum einen sind die komplizierten Feuchtigkeitsansprüche, zum anderen die Standortbedingungen am Kulturversagen schuld.

Cypripedium acaule liebt zu Beginn der Wachstumsperiode viel Feuchtigkeit, möchte aber nach der Blüte wieder trockener stehen. Darauf deuten schon die relativ dicken, fleischigen Wurzeln hin. Außerdem vertragen die Pflanzen kein Wasser auf dem Laub. Es läuft wie in einem Trichter zur Stengelbasis und bleibt, durch die feine Behaarung der Blätter begünstigt, dort stehen und verursacht Fäulnis, die in der Regel zum Verlust der Pflanze führt. Pflanzen, die in der Natur auf Moränen oder Dünen vorkommen, verlangen sandiges Substrat, das aber sehr leicht austrocknet. Pflanzen von Sumpfstandorten sind nicht kultivierbar. Da es den Rhizomen aber nicht anzusehen ist, aus welchem Biotop sie stammen, ist der Import von der Natur entnommenen Pflanzen völlig zu Recht untersagt worden. Berücksichtigt man alle die aufgezählten Faktoren und Ansprüche, kommt man schnell zu dem Schluß, daß die Freilandkultur so gut wie unmöglich ist oder zumindest einen großen Aufwand erfordert. Die Gefäßkultur dagegen ist möglich und erfolgreich, wenn Balkonkästen aus Kunststoff verwendet werden. Das Substrat sollte aus grobkörnigem Sand, der nur geringe Lehmanteile enthält, bestehen. Die Rhizome werden, ohne daß sie sich berühren, flach in die mit Sand gefüllten Kästen gelegt und nur mit einer etwa 3–4 cm starken Substratschicht bedeckt. Ein so vorbereiteter Balkonkasten wird abschließend mit einer dünnen Schicht aus trockenen Kiefernnadeln abgedeckt. Wenn die Rhizome zu treiben beginnen, wird regelmäßig und reichlich gegossen, bis die Pflanzen blühen. Danach wird das Substrat nur noch leicht feucht gehalten. Im Winter wird nur so viel gegossen, daß das Substrat nicht völlig austrocknet. Diese Form der Kultur scheint die einzige Möglichkeit zu sein, *Cypripedium acaule* über eine längere Zeit erfolgreich zu halten.

Bemerkungen

Zur Zeit sind noch keine künstlich vermehrten *Cypripedium acaule* im Handel. Um die Kulturschwierigkeiten von *Cypripedium acaule* zu überwinden, wurde es mit *Cypripedium formosanum* gekreuzt. Der Bastard, *Cypripedium »promises«* (WHITLOW, 1988), hat denn auch in der Tat die Wüchsigkeit von *Cypripedium formosanum* geerbt.

Cypripedium arietinum, Widder-Frauenschuh

Beschreibung

Pflanze 10–30 cm hoch, grazil; Blätter 3–5, dunkelgrün; Blütenstand 1blütig; Blütendurchmesser 4 cm, seitliche Sepalen nicht zusammengewachsen, Sepalen und Petalen braun, Labellum (Schuh) sackartig, nach unten geneigt, weiß mit roten Flecken.

Blütezeit: Mai–Juni.

Vorkommen und Verbreitung

Areal: Ostkanada, äußerster Norden der USA.

Biotop: trockene Nadelwälder auf Sandboden, Moore.

Kulturhinweise

Auch dieser Frauenschuh existiert in zwei ökologischen Rassen. Seine Kultur ist sehr schwierig. Im Freiland sollte er im Sumpfbeet, bei halbschattigen bis leicht sonnigen Verhältnissen, seinen Standort haben. Das sehr zarte und zerbrechliche Rhizom setzt man auf kleine Erhöhungen, die aus einem Substrat von sandigem Lehm und zerkleinertem *Sphagnum* bestehen. Das Rhizom sollte mit einer nur etwa 3 cm starken Schicht des Substrats bedeckt sein. Zur zusätzlichen Abdeckung dient eine Lage verrotteter Fichtennadeln. Die Möglichkeit, daß der kleine Hügel von unten Feuchtigkeit erhält, muß gegeben sein. Wesentlich einfacher ist die Kultur im Container. Es wird das

Tafel 5

Abb. 27: Zu Hause in den Rocky Mountains Nordamerikas und Kanadas ist der Bergfrauenschuh (*Cypripedium montanum*); bei uns ist er ein seltener Gast

Abb. 28: Nicht für das Freiland geeignet ist der Perlentragende Frauenschuh (*Cypripedium margaritaceum*), der eine erlesene Rarität darstellt

Abb. 29: In Form und Schönheit kann es unser heimischer Frauenschuh (*Cypripedium calceolus*) mit allen anderen Arten aufnehmen

Abb. 30: Am besten im frostfreien Kalthaus sollte der Kalifornische Frauenschuh (*Cypripedium californicum*) kultiviert werden

Abb. 31: Für die Schalenkultur gut geeignet ist der Behaarte Frauenschuh (*Cypripedium pubescens*)

Abb. 32: Ein naher Verwandter unseres heimischen Frauenschuh ist der nordamerikanische Kleine Frauenschuh (*Cypripedium parviflorum*)

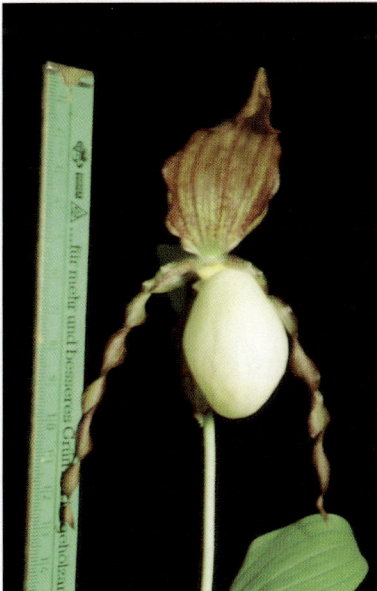

Abb. 33: Sehr schwer zu kultivieren ist der kleine, äußerst schöne Widder-Frauenschuh (*Cypripedium arietinum*)

Abb. 34: Fast tropisch in Form und Größe ist diese Form des *Cypripedium pubescens*

Abb. 35: *Cypripedium kentuckiense* besitzt eine ungewöhnlich große Blüte

Tafel 6

Oben, Abb. 36: Schattenspendende *Rhododendron* bieten hier dem Behaarten Frauenschuh (*Cypripedium pubescens*) und dem Stengellosen Frauenschuh (*Cypripedium acaule*) ein zusagendes Plätzchen

Mitte, Abb. 37: Waldstandort im Garten für Frauenschuh

Unten, Abb. 38: Ein prächtiger Horst unserer heimischen Frauenschuh-Art (*Cypripedium calceolus*), halbschattig gepflanzt. In kalkreichem Boden entwickelt sie sich nicht selten so gut wie hier gezeigt

Oben, Abb. 39: Eine Rarität ist *Cypripedium guttatum* var. *yatabeanum*; nur sehr erfahrene Liebhaber sollten sich mit dieser Art beschäftigen

Unten, Abb. 40: Bei guter Bodenbeschattung liebt der Königsfrauenschuh die Sonne, in deren Licht er seine volle Pracht entfaltet

Abb. 41: Kräftig und klar gefärbt ist der Sibirische Frauenschuh (*Cypripedium macranthum*)

Abb. 42: Sehr selten in Kultur ist der Gerunzelte Frauenschuh (*Cypripedium corrugatum*)

Abb. 43: Der Tibetfrauenschuh ist gedrungen im Wuchs, seine Blüten sind dunkelrot gefärbt

Abb. 44: Einen feuchten Standort und Sonne liebt der weißblühende Frauenschuh (*Cypripedium candidum*)

Abb. 45: Wirklich sehr prächtig sind die Blüten des Prächtigen Frauenschuh (*Cypripedium speciosum*)

Abb. 46: Nicht einfach zu kultivieren ist der Himalaya-Frauenschuh (*Cypripedium himalaicum*)

Abb. 47: W. FROSCH aus Dreieich sind eine Reihe sehr schöner *Cypripedium*-Hybriden gelungen. Diese Pflanzen zeichnen sich nicht nur durch hübsche Färbungen aus, sondern auch durch einfache Kulturhaltung; hier die Hybride 'Ingrid'

Abb. 48: Als ebenfalls sehr gelungen ist die Hybride 'Gisela' zu bezeichnen. Die Eltern sind *Cypripedium parviflorum* und *Cypripedium macranthum*

Abb. 49: Der Gebänderte Frauenschuh (*Cypripedium fasciolatum*) ist eine Rarität, die zukünftig gut vermehrt werden kann

Abb. 50: Die prächtige Blüte des Königsfrauenschuh (*Cypripedium reginae*); kein Liebhaber möchte auf sie verzichten. Die Vermehrung aus Samen macht bei dieser Art keine Schwierigkeiten

Abb. 51: Bis zu sechs Blüten können kräftige Pflanzen des Henry-Frauenschuh (*Cypripedium henryii*) hervorbringen

Abb. 52: Kostbar und selten ist der Herztragende Frauenschuh (*Cypripedium cordigerum*)

Abb. 53: Der Gelbe Frauenschuh (*Cypripedium flavum*) ist im Habitus dem Königsfrauenschuh ähnlich

Abb. 54: Die 'Maria' ist ein Kreuzungsergebnis von *Cypripedium parviflorum* x *Cypripedium speciosum*. Da noch nicht alle Hybriden geblüht haben, bleibt abzuwarten, was sich noch entwickelt; entscheidend wird die Selektion sein

Abb. 55: Unser heimischer Frauenschuh und der Sibirische Frauenschuh sind die Eltern der Hybride 'Carolin'

Abb. 56: C. WHITLOW, ist der Züchter der Hybride 'Promises'; die Eltern sind hier *Cypripedium acaule* und *Cypripedium formosanum*

gleiche Substrat wie bei der Freilandkultur verwendet. Als Abdeckung dient jedoch frisches *Sphagnum*. Der Container wird in einen Untersetzer gestellt, der mit Wasser gefüllt sein soll. Zur Bewässerung darf kein kalkhaltiges Wasser verwendet werden.

Das Pflanzgefäß sollte nicht zu sonnig gestellt werden, da es sich sonst zu leicht erwärmt. Ein tägliches Übersprühen der Pflanzen wirkt sich günstig aus. Auf diese Weise haben die Verfasser *Cypripedium arietinum* bisher fast 10 Jahre lang mit gutem Erfolg kultivieren können.

Bemerkungen

Tauwetterschutz ist bei Freilandkultur angebracht.

Cypripedium calceolus, Marienfrauenschuh

Beschreibung

Pflanze 20–60 cm hoch, kräftig; Blätter 3–5, elliptisch oder eiförmig; Blütenstand 1–3blütig; Blütendurchmesser 10–12 cm, Sepalen und Petalen rotbraun bis dunkelbraun, Petalen gedreht, Labellum (Schuh) gelb.
Blütezeit: Mai–Juni.

Vorkommen und Verbreitung

Areal: Mitteleuropa, Asien.
Biotop: Wälder, Gebüsch, im Halbschatten auf Kalk.

Kulturhinweise

Cypripedium calceolus ist leicht zu kultivieren. Als Standort ist das Waldbeet zu wählen, wo es in kalkhaltigem Boden bei leichtem Schatten gut gedeiht. Als Substrat wird ein mit Kalkschotter durchsetzter lehmhaltiger Kies verwendet. Dieses Substrat ist besonders gut bei feuchten Bodenverhältnissen geeignet. Bei trockeneren Verhältnissen hat sich das Grundsubstrat für kalkliebende *Cypripedium*-Arten (siehe Kap. »Bodenansprüche und Erdmischungen«) bewährt. Eine etwa 2 cm starke Mulchschicht aus Buchenlaub ist sehr vorteilhaft, da sie die Feuchtigkeitsverhältnisse konstant hält und vor Austrocknung des Bodens schützt. Bei langjährigem ungestörten Wachstum neigt *Cypripedium calceolus* zu einer starken vegetativen Vermehrung und somit zur Horstbildung. Horste mit 20–50 Infloreszenzen sind keine Seltenheit. Da die Art völlig winterhart ist,

sind Schutzmaßnahmen im Winter nicht nötig. Um eine ansprechende Standortsituation zu schaffen, sollten kleinwüchsige Farne oder niedrige Waldstauden als Begleitpflanzen ausgewählt werden, deren Wurzeltätigkeit das Substrat locker hält und zusätzlich überschüssige Nässe von den Orchideenrhizomen fernhält.

Bemerkungen

Es ist unsere bekannteste heimische Orchideenart und sie wird von allen Liebhabern sehr begehrt. Während viele Orchideen durch fehlenden Biotopschutz in ihrer Existenz gefährdet sind, ist diese Art vielerorts durch direkte Nachstellung ausgerottet worden. Gerade bei *Cypripedium calceolus* kann das Angebot gärtnerisch vermehrter Nachzuchten zum Schutz der wildlebenden Populationen beitragen.

Cypripedium parviflorum und *Cypripedium pubescens* werden vielfach als Varietäten von *Cypripedium calceolus* aufgefaßt. Sie werden hier als eigenständige Arten behandelt.

Cypripedium californicum, Kalifornischer Frauenschuh

Beschreibung

Pflanze 20–100 cm hoch; Blätter 5–10, breit oval, leicht behaart; Blütenstand 3–10blütig; Blütendurchmesser 3–4 cm, Sepalen und Petalen cremefarben bis hellbraun, Labellum (Schuh) weiß, fein rot oder orangefarben gepunktet.
Blütezeit: Juni.

Vorkommen und Verbreitung

Areal: USA, nur Nordkalifornien und Oregon.
Biotop: Flußufer in Redwood-Wäldern, in Höhenlagen ab 500 m.

Kulturhinweise

Die Kultur dieser interessanten und seltenen Art sollte in Gefäßen erfolgen. Eine absolute Winterhärte ist nicht gegeben, obwohl die Pflanze milde Winter überleben kann. Entscheidend bei der Kultur ist möglichst geringe Feuchtigkeit während der Wintermonate. Es führt unweigerlich zum Verlust der Pflanzen, wenn das Substrat im Winter zu feucht gehalten wird. Als Pflanzstoff ist sandiger Lehm, dem feinstrukturierte abgelagerte Moorerde und gehacktes *Sphagnum* zugesetzt werden, für diese Art sehr gut geeignet.

Sie bereitet aber auch erfahrenen Kultivateuren Schwierigkeiten.

Cypripedium candidum, Weißblühender Frauenschuh

Beschreibung
Pflanze 20–35 cm hoch; Blätter 3–5, dunkelgrün, stark gefaltet, fast aufrecht stehend; Blütenstand einblütig; Blütendurchmesser 5–6 cm, Sepalen und Petalen bräunlich-grün bis gelblich-grün, Labellum (Schuh) weiß (Name!).
Blütezeit: Juni.

Vorkommen und Verbreitung
Areal: Nordosten der USA.
Biotop: feuchte Wiesen und Moore, in voller Sonne.

Kulturhinweise
Der Weißblühende Frauenschuh gehört zum Formenkreis von *Cypripedium calceolus*. Seine Kultur ist jedoch ungleich schwieriger. Die Pflanze verlangt einen feuchten vollsonnigen Standort, am besten am Rande eines Moor- oder Sumpfbeetes. Als Substrat für die Freilandkultur hat sich sandiger Lehm mit etwa 50% *Sphagnum* als sehr gut erwiesen.

Für die Containerkultur ist eine Mischung von 40% grobkörnigem Sand und 60% zerkleinertem *Sphagnum* zu empfehlen. Das Substrat muß immer feucht sein, es darf jedoch niemals Staunässe auftreten. Die Oberflächen sollten mit einer 2–3 cm dicken Torfmoosschicht abgedeckt werden.

Die Kultur in zweischichtigem Boden, wie bei SADOVSKY (1965) beschrieben, hat nur zu Mißerfolgen bei dieser Art geführt. Es wird auch dringend davon abgeraten, Humusanteile, wie z. B. Torf oder Laub zu verwenden. Das Vorhandensein dieser Materialien im Substrat würde über kurz oder lang zum Verlust der Pflanzen führen. Eine Schutzdecke gegen Tauwetter ist ebenfalls nicht erforderlich. Das kurze und sehr feingliedrige Rhizom von *Cypripedium candidum* ist sehr zerbrechlich und muß behutsam behandelt werden. Es darf auch keinesfalls tiefer als 4, höchstens 5 cm in das Substrat gesetzt werden.

Es sind in Nordamerika auch Bastarde zwischen *Cypripedium candidum* und *Cypripedium parviflorum = Cypripedium × andrewsii* sowie zwischen *Cypripedium candidum* und *Cypripedium pubescens = Cypripedium × faivilleanum* bekannt. Diese Naturhybriden kommen zuweilen in den Handel und werden von amerikanischen Züchtern angeboten. Sie haben ein ähnliches Aussehen wie *Cypripedium montanum* und laufen auch oft unter dieser Bezeichnung. Es sind in der Regel recht wüchsige Pflanzen, wie es bei Hybriden oft der Fall ist.

Bemerkungen
Die Kultur der oben genannten Hybriden sollte wie bei *Cypripedium pubescens* beschrieben, erfolgen. Schutzmaßnahmen gegen Frost oder Regen sind nicht erforderlich.

Cypripedium cordigerum, Herztragender Frauenschuh

Beschreibung
Pflanze 20–30 cm hoch; Blätter 3–4, breit elliptisch, gelblichgrün; Blütenstand 1–2blütig; Blütendurchmesser bis 7 cm, Sepalen und Petalen gelblichgrün, Petalen nicht gedreht, Labellum (Schuh) porzellanweiß.
Blütezeit: Mai–Juni.

Vorkommen und Verbreitung
Areal: Indien, China, Himalaya-Gebirge.
Biotop: grasbewachsene Hügel, Gebüsch, Höhenlagen um 3000 m.

Kulturhinweise
Dieser schöne Frauenschuh aus dem Himalayagebiet ist mit unserem heimischen *Cypripedium calceolus* eng verwandt. *Cypripedium cordigerum* ist, wenn erst einmal eingewachsen, eine leicht zu haltende Art. Sie wächst gerne im Waldbeet. Da es die meisten Ausfälle während der Eingewöhnungsphase gibt, sollte man beim Erwerb der Pflanzen sorgfältig darauf achten, daß man gesundes, unbeschädigtes Material erhält. Beschädigte Rhizome deuten auf illegale Entnahme aus der Natur und illegale Einfuhr hin!

Die Kultur im ersten Jahr in einem Container kann von Vorteil sein. So können neue Wurzeln angelegt werden, und die Pflanzen werden im Frühling des darauffolgenden Jahres an den für sie vorgesehenen Platz im Freiland gebracht. Dieser Platz sollte so ausgewählt werden, daß auch im Hochsommer genügend Schatten vorhanden ist, denn es handelt sich um eine Art, die im Gebirge beheimatet ist und hohe Temperaturen nicht gerne mag.

Der pH-Wert des Substrates sollte im neutralen Bereich liegen. Das Grundsubstrat für kalkmeidende Rhizomorchideen eignet sich sehr gut (siehe Kap. »Bodenansprüche und Erdmischungen«). Eine Abdeckung mit Buchenlaub hat sich bewährt.

Bemerkungen

Cypripedium cordigerum hat sich seit 15 Jahren im Freiland sowie auch in Gefäßkultur bewährt. Die Pflanzen blühen regelmäßig und vermehren sich vegetativ erfreulich gut. Tauwetterschutz ist angebracht.

Cypripedium debile, Schwächlicher Frauenschuh

Beschreibung

Pflanze 10–15 cm hoch; Blätter 2, fast rund bis herzförmig, gegenständig; Blütenstand 1blütig; Blütendurchmesser 2–3 cm, Blütenstiel gekrümmt, Blüte dicht über dem Boden schwebend, Sepalen und Petalen grünlich bis olivgrün, Labellum (Schuh) weiß.
Blütezeit: Mai–Juni.

Vorkommen und Verbreitung

Areal: China, Japan.
Biotop: nichts bekannt.

Kulturhinweise

Kulturmäßig ist die Art als einfach einzustufen. Sie liebt einen feuchten Standort. Das Substrat sollte aus gut abgelagerter Moorerde bestehen, der reichlich zerkleinertes frisches *Sphagnum* zugesetzt wird.

Offensichtlich sind nicht alle Exemplare dieser Art winterhart. In Anbetracht der geringen Größe und des unscheinbaren Aussehens bietet sich hier die Containerkultur als sinnvolle Alternative an, da die Pflanze im Freiland ohnehin keine Wirkung erzielt.

Cypripedium fasciolatum, Gebänderter Frauenschuh

Beschreibung

Pflanze 20–40 cm hoch; Blätter 3–4, breit elliptisch; Blütenstand 1blütig; Blütendurchmesser 7–8 cm, Sepalen und Petalen hell- bis dunkelrosa, rot gebändert, Labellum (Schuh) rundlich, blutrot.
Blütezeit: Mai.

Vorkommen und Verbreitung

Areal: China, Himalaya-Gebirge.
Biotop: Höhenlagen um 2000 m.

Kulturhinweise

Obwohl mit *Cypripedium macranthum* eng verwandt, soll *Cypripedium fasciolatum* hier als eigenständige Art behandelt werden. Es ist eine der schönsten Frauenschuharten und zeigt ein so klares Rot, wie es keine andere Art hervorbringt.

Der Gebänderte Frauenschuh ist nur bedingt winterhart. Er verlangt eine feuchte Kulturweise in einem kalkfreien, etwas tonigen Lehm, dem gut abgelagerte schwarze Moorerde zugesetzt wird. Eine Beimischung von Styroporflocken ist ratsam, da das Rhizom in kompakten Substraten durch Fäulnis leicht zerstört wird.

Cypripedium guttatum, Gesprenkelter Frauenschuh

Beschreibung

Pflanze 10–25 cm hoch; Blätter 2, breitoval, gegenständig; Blütenstand 1blütig; Blütendurchmesser 4–5 cm, Sepalen und Petalen weißlich, mehr oder weniger stark rot gefleckt (Name!), Labellum (Schuh) stark rot gefleckt bis einfarbig blutrot.
Blütezeit: Mai–Juni.

Vorkommen und Verbreitung

Areal: fast zirkumpolar, Sowjetunion östl. des Ural, Sibirien, Nordchina, Mandschurei, Nordjapan, Alaska, Nordwest-Kanada.
Biotop: Birkenwälder, Gebüsch, Höhenlagen bis 4500 m (China).

Kulturhinweise

Die Kultur ist als recht schwierig zu bezeichnen, wobei dies nur für die Einwachsphase gilt. Ist die

Pflanze einmal eingewachsen und sagen ihr die Standortbedingungen zu, macht sie eigentlich keine großen Schwierigkeiten mehr. Sie verlangt einen feuchten, halbschattigen bis leicht sonnigen Standort. Das Substrat ist aus krümeligem, leicht tonigem Lehm unter Zugabe von abgelagerter schwarzer Moorerde herzustellen. Zur Auflockerung des Substrats ist es von Vorteil, gehacktes *Sphagnum* oder Styroporflocken beizumischen. Um das Substrat kühl und feucht zu halten, ist eine Abdeckung aus unverrottetem Buchenlaub angebracht. Der Gesprenkelte Frauenschuh hat Rhizome mit 10–12 cm langen Internodien. Deshalb eignen sich für die Gefäßkultur Balkonkästen am besten. Es kann das gleiche Substrat wie im Freiland verwendet werden. Die Gefäße müssen kühl und schattig aufgestellt werden, da hohe Temperaturen von den Pflanzen schlecht vertragen werden.

Cypripedium guttatum var. **yatabeanum**

Beschreibung
Pflanze 20–30 cm hoch; Blätter 2, breitoval, gegenständig; Blütenstand 1blütig; Blütendurchmesser 4–5 cm, Sepalen und Petalen gelblichgrün mit brauner Fleckung, Lippe braun.
Blütezeit: Juni.

Vorkommen und Verbreitung
Areal: Nordjapan, Kurilen, Sachalin, Alëuten, Alaska.
Biotop: lichte Wälder, Gebüsch, Tundra.

Kulturhinweise
Diese Varietät verlangt die gleichen Kulturbedingungen wie die Art. Sie scheint jedoch höhere Temperaturen besser zu vertragen und ist in der Gefäßkultur blühwilliger. Schutzmaßnahmen im Winter sind nicht erforderlich.

Bemerkungen
Die Rhizome setzen mitunter ein Jahr mit dem Trieb aus, was oft dazu führt, daß Liebhaber nach der Pflanze suchen und sie mit ihrer Wühltätigkeit beschädigen, was zum endgültigen Verlust der Pflanze führt.

Cypripedium henryi, Henry's Frauenschuh

Beschreibung
Pflanze 20–40 cm hoch; Blätter 3–5 breitlanzettlich; Blütenstand 2–8blütig; Blütendurchmesser 5–6cm, alle Blütenteile hell gelblichgrün.
Blütezeit: Mai.

Vorkommen und Verbreitung
Areal: China (Hupeh, Szetchuan).
Biotop: nichts bekannt.

Kulturhinweise
Henrys Frauenschuh wird von uns bisher nur in Gefäßkultur gehalten, da keine Informationen über seine Winterhärte vorliegen. Dieser Orchidee scheint ein steiniger lehmhaltiger Kies als Substrat gut zu gefallen. Vor allem während der Wachstumszeit sollte der Pflanzstoff gut feucht gehalten werden.

Bemerkungen
Die Kultur ist leicht in oben genanntem Substrat. Die Pflanzen entwickeln sich schnell zu starken Horsten.

Cypripedium himalaicum, Himalaischer Frauenschuh

Beschreibung
Pflanze 20–35 cm hoch; Blätter 3–5, breitlanzettlich; Blütenstand 1blütig; Blütendurchmesser 5–7 cm, Sepalen und Petalen gelblichgrün bis grün, kräftig braun bis rötlich geadert, Labellum (Schuh) cremeweiß, rosa, dunkelrot oder bräunlich überlaufen.
Blütezeit: Mai bis Juli.

Vorkommen und Verbreitung
Areal: Indien, Nepal, China, Himalaya-Gebirge.
Biotop: Waldränder, lichte Wälder, Höhenlagen bis 3000 m.

Kulturhinweise
Die Kultur ist nach einer etwas problematischen Anwachsphase nicht sehr schwer. Da die Art aus dem Gebirge stammt, bereiten ihr unsere Sommertemperaturen Schwierigkeiten. *Cypripedium himalaicum* ist in dieser Beziehung jedoch etwas toleranter als andere Arten. Ein luftfeuchter Standort

im Freiland am Rande eines Waldbeetes, wo ruhig einmal, wenn auch nur für wenige Stunden am Tage, die Sonne ungehindert einfallen darf, scheint dieser Pflanze zu liegen. Als Substrat verlangt sie einen recht krümeligen kalkreichen Lehm. Der Standort sollte durch niedrige, aber dichte Begleitflora leicht beschattet werden. Seltsamerweise verträgt dieser Frauenschuh eine Laubabdeckung nicht gut. Die Gefäßkultur ist im Prinzip ebenfalls problemlos, sobald die meist beschädigten Importrhizome angewachsen sind und neue Wurzeln gebildet haben. Tauwetter- und Regenschutz sind bei der Freilandkultur angebracht.

Bemerkungen

Cypripedium himalaicum wird von vielen Botanikern in die engere Verwandtschaft von *Cypripedium macranthum* gestellt. Die indischen Frauenschuh-Arten, *Cypripedium cordigerum*, *C. himalaicum*, *C. macranthum*, sind früher in großen Mengen der Natur entnommen worden. Durch die neue Gesetzgebung ist dieser Raubbau unterbunden worden.

Cypripedium japonicum, Fächerblättriger Frauenschuh

Cypripedium formosanum, Formosa-Frauenschuh

Beschreibung

Pflanze 20–45 cm hoch; Blätter 2, fächerförmig, gegenständig; Blütenstand 1blütig; Blütendurchmesser 8–10 cm; Blütenfarbe bei *C. formosanum* weiß, Labellum (Schuh) tief eingeschnitten, rot gezeichnet, rosa überhaucht; Blütenfarbe bei *C. japonicum* hellgrün bis grünlichgelb, Labellum (Schuh) tief eingeschnitten, rot gezeichnet, rosa überhaucht.
Blütezeit: Mai.

Vorkommen und Verbreitung

Areal: Formosa, Japan, China.
Biotop: Bambuswälder.

Kulturhinweise

Beide Arten sind nahe miteinander verwandt und ähneln sich sowohl im Habitus als auch in den Kulturansprüchen. Sie können unter gleichen Bedingungen gehalten werden. Es sei jedoch gleich bemerkt, daß nicht alle Exemplare ausreichend winterhart sind. Beide Arten treiben sehr frühzeitig aus, oft schon im März. Die Neutriebe sind sehr frostempfindlich. Ein wirksamer Regenschutz und eine isolierende Abdeckung im Winter ersparen unnötige Enttäuschung. Ansonsten ist die Kultur recht problemlos und bei zusagendem Standort, der im schattigen Bereich eines Waldbeetes liegen sollte, vermehren sich die Pflanzen rasch zu ansehnlichen Gruppen. Als Substrat verlangen beide Arten einen groben lehmigen Kies, wie er für Wegausbesserungsarbeiten benutzt wird, gemischt mit 30% Torf. Bei einem sehr trockenen Standort empfiehlt sich eine Zugabe von 30% zerkleinertem *Sphagnum*; eine zusätzliche Abdeckung mit Buchenlaub und Kiefernrinde wirkt sich positiv aus.

In der Gefäßkultur zeigen die sehr langen Rhizome eine ungewöhnliche Toleranz gegenüber den unterschiedlichsten Substratzusammensetzungen. Ein schwach lehmiger grober Sand mit Torfbeimischung hat sich bei unseren Versuchen jedoch als das erfolgreichste Substrat herausgestellt. Bedingt durch die langen Rhizome haben sich Balkonkästen auch hier wieder sehr bewährt. Beide Arten passen sich offensichtlich den jeweiligen Feuchtigkeitsverhältnissen an. Die Rhizome liegen bei ausreichender Feuchtigkeit dicht unter der Oberfläche. Bei trockenerem Stand wachsen sie auf der Suche nach Feuchtigkeit zum Boden des Pflanzgefäßes hin.

Cypripedium luteum, Gelber Frauenschuh

Beschreibung

Pflanze 15–25 cm hoch; Blätter breitlanzettlich, weich behaart; Blütenstand 1blütig; Blütenfarbe cremeweiß bis gelb, Labellum (Schuh) relativ klein, rot gepunktet, Sepalen und Petalen stumpf endend.
Blütezeit: Mai.

Vorkommen und Verbreitung

Areal: China, Linkiang.
Biotop: nichts bekannt.

Kulturhinweise

Vermutlich ist diese Art nur bedingt winterhart. Bei der Gefäßkultur muß das Substrat gut belüftet und wasserdurchlässig sein, z. B. verwendet man reichlich kalkhaltigen Lehm, der durch scharfkörnigen groben Sand und Styroporflocken aufgelockert wird. Auch ein Substrat aus Lehm unter Zugabe von 50% grobem ausgesiebtem Perlite hat zu einer sehr guten Wurzelbildung geführt. *Cypripedium luteum* schätzt keine übermäßige Feuchtigkeit. Anfängliche Fehler im Gießverhalten haben zu empfindlichen Verlusten geführt. Besonders in den Wintermonaten ist das Substrat nur leicht feucht zu halten.

Cypripedium macranthum, Großblütiger Frauenschuh

Beschreibung
Pflanze 20–40 cm hoch; Blätter 3–4, breitlanzettlich bis eiförmig; Blütendurchmesser 10–12 cm, Blütenfarbe hell- bis dunkelrosa, dunkler geadert, Labellum (Schuh) ebenso breit wie lang. Blütezeit: Mai–Juni.

Vorkommen und Verbreitung
Areal: von der Ukraine an ostwärts, Sibirien, China, Korea, Japan.
Biotop: lichte Wälder.

Kulturhinweise
In der Kultur erweist sich *Cypripedium macranthum* als einfach zu haltende Pflanze. Sie ist völlig frosthart und auch tiefste Temperaturen können ihr nichts anhaben.

Der Freilandstandort sollte halbschattig sein und hohe Luftfeuchtigkeit aufweisen. Wenn sie sich wohlfühlt, bildet diese Spezies ein umfangreiches System von Wurzeln. Der Pflanzplatz sollte daher auch etwas großräumiger sein. Ein kalkreicher krümeliger Lehm ist als untere Schicht des Substrats gut geeignet. Für die obere Abdeckung des Rhizoms wird der gleiche Lehm mit frischem *Sphagnum* und Kork oder Rinde gemischt. *Cypripedium macranthum* verlangt während der Vegetationsperiode eine kontinuierliche Substratfeuchtigkeit. Es ist also ratsam, den Pflanzplatz mit trockenem Buchenlaub abzudecken, um das Austrocknen des Substrats zu verhindern. In niederschlagsreichen Gebieten mit milden Wintern ist ein Tauwetterschutz erforderlich.

Bei der Containerkultur eignen sich auch für diese Art Balkonkästen am besten, da die räumliche Ausbreitung der Wurzeln hier weniger als in anderen Pflanzgefäßen behindert wird. Es wird der gleiche Lehm wie im Freiland verwendet, mit einer Zugabe von 20% scharfkörnigem, grobem Sand. Die Rhizome werden 3–4 cm tief in diese Mischung gepflanzt. Als Abdeckung dient ein etwa 2 cm starke Schicht aus zerkleinertem Buchenlaub, Fichtennadeln und Kiefernrinde. Im Winter darf das Substrat nur wenig feucht gehalten werden. Bei Nässe besteht die Gefahr, daß die kräftigen Triebe, die schon im Herbst angelegt werden, abfaulen. Wenn möglich, ist eine Wintertemperatur um 0 °C anzustreben. In der Heimat des Großblütigen Frauenschuhs wird es zwar wesentlich kälter, die Pflanzen sind dort aber durch eine starke Schneedecke den gesamten Winter hindurch geschützt.

Bemerkungen
Vor dem Inkrafttreten der neuen Artenschutzgesetze im Jahre 1987 wurden alljährlich Pflanzen, die als *Cypripedium macranthos* deklariert waren, aus dem Himalaya-Gebiet importiert. Sie waren sehr schwer zu kultivieren. Das lag zum einen daran, daß schwere Beschädigungen an den Rhizomen vorhanden waren, zum anderen waren sie völlig unsachgemäß behandelt, verpackt und gelagert worden. Die Ausfallquote war dadurch sehr hoch. Dennoch sind einige dieser Orchideen zur Blüte gebracht worden. Der Habitus der Pflanzen ist insgesamt kleiner und kompakter als bei *Cypripedium macranthum*. Auch die Blüten sind wesentlich kleiner und dunkler gefärbt. Da die Herkunft dieser Importpflanzen nie genau geklärt wurde, kann auch nicht angegeben werden, ob es sich hierbei um eine Gebirgsform oder um eine Unterart von *Cypripedium macranthum* handelt.

Cypripedium macranthum var. hotei-atsumorianum

Beschreibung
Pflanze 25–40 cm hoch, kräftig, gedrungen; Blätter groß, breit eiförmig; Blütenstand 1blütig; Blütendurchmesser 12–18cm (Name!), Blütenfarbe dunkelrot bis purpurviolett, Labellum (Schuh) breiter als lang.
Blütezeit: Mai–Juni.

Vorkommen und Verbreitung

Areal: Japan.
Biotop: feuchte lichte Wälder.

Kulturhinweise

Diese Art eignet sich gleichermaßen zur Freiland-
wie zur Containerkultur. Winterschutz ist anzuraten.

Cypripedium mandchuricum

Beschreibung

Pflanze 20–25 cm hoch; Blätter 3–4, breitlanzettlich; Blütenstand 1blütig; Blütendurchmesser
7–9 cm, Blütenfarbe rosaweiß bis cremegelb, sehr
variabel, Labellum (Schuh) breiter als lang.
Blütezeit: Mai–Juni.

Vorkommen und Verbreitung

Areal: Insel Rebun, Mandschurei.
Biotop: nichts bekannt.

Kulturhinweise

Diese seltene Art ist wie *Cypripedium macranthos*
zu kultivieren.

Bemerkungen

Cypripedium mandchuricum ist mit der Varietät *C.
macranthum* var. *rebunense* identisch. SADOVSKYS
Angaben (1965) über die einfache und anspruchslose Kultur können bestätigt werden. Selbst für
norddeutsche Verhältnisse sehr kalte Winter mit
unter –20 °C konnten den Pflanzen im Freiland
nichts anhaben.

Die Kultur gelingt gut unter den gleichen
Voraussetzungen, wie bei der Art. Der gute vegetative Zuwachs bei dieser prächtigen Varietät ist
besonders erfreulich. Schutzmaßnahmen im Winter sind nicht erforderlich.

Cypripedium margaritaceum, Perlentragender Frauenschuh

Beschreibung

Pflanze 5–10 cm hoch, stengellos; Blätter 2, breitoval, gegenständig, dunkelgrün, braun gefleckt,
Oberseite glänzend; Blütenstand 1blütig; Blüte
sehr kurz gestielt, den Blättern aufsitzend, Blütendurchmesser 5–7 cm, oberes Sepalum kastanienbraun in Grün übergehend, Petalen cremefarben,
dunkelrot gepunktet, dunkelrot behaart, Labellum
(Schuh) weißbraun mit starker roter Fleckung,
Öffnung des Labellums von einem Kranz warzen-
ähnlicher Gebilde wie von einer Perlenschnur
umrandet (Name!).
Blütezeit: Mai–Juni.

Vorkommen und Verbreitung

Areal: Südwestchina.
Biotop: angeblich Bambuswälder.

Kulturhinweise

Diese wunderschöne und seltene Art gehört wohl
zu den größten Raritäten, die die Gattung *Cypripedium* zu bieten hat.

Nach unserem heutigen Kenntnisstand muß
die Kultur als sehr schwierig angesehen werden.
Zusätzlich erschwerend ist die Tatsache, daß es
so gut wie keine Hinweise über Standortbedingungen gibt. Ebenso ist die Winterhärte bisher
nicht ausreichend abgeklärt. Die kurzen Rhizome mit ihren fleischigen Wurzeln, die vorwiegend
nach unten wachsen, ließen auf einen relativ trok-
kenen Standort schließen. Dies war, wie sich her-
ausstellte, die richtige Folgerung. *Cypripedium
margaritaceum* muß ähnlich wie *Cypripedium
acaule* kultiviert werden.

Im Frühjahr 1986 hat *Cypripedium margaritaceum* erstmals in Europa geblüht.

Bemerkungen

Die guten Erfolge bei der Samenkeimung und der
anschließenden Weiterkultur von *Cypripedium*-
Arten berechtigen zu der Hoffnung, daß auch diese
Art einmal als Kulturpflanze in ausreichendem
Maße erhältlich sein wird.

Cypripedium montanum, Bergfrauenschuh

Beschreibung

Pflanze 20–50 cm hoch; Blätter 4–6, aufrecht
stehend, breitlanzettlich; Blütenstand 2–3blütig;
Blütendurchmesser 10–12 cm, Sepalen und Petalen
hell- bis schokoladenbraun, Petalen gedreht,
Labellum (Schuh) weiß, innen purpurn gefleckt,
nach außen leicht rosa durchschimmernd.
Blütezeit: Mai–Juli.

Vorkommen und Verbreitung

Areal: Westküste Nordamerikas, British Columbia, Washington, Oregon, Nordkalifornien.

Biotop: Gebüsch, Bergwälder bis 2000 m.

Kulturhinweise

Eine der schönsten nordamerikanischen Frauenschuharten ist der Bergfrauenschuh. Diese Art gehört zur Verwandtschaft von *Cypripedium calceolus*. Die Kultur dieser sehr schönen und seltenen Orchidee muß in die Rubrik »schwieriger« eingeordnet werden.

Wie schon so oft sind es die hohen Sommertemperaturen in unseren Breiten, die von *Cypripedium montanum* schlecht vertragen werden. Als Standort wählt man am besten das Waldbeet, wo auch im Sommer Schatten und hohe Luftfeuchtigkeit vorhanden sind. Als Substrat empfiehlt sich krümeliger, etwas kalkhaltiger Lehm, dem man Granit und Kalksteinbrocken hinzufügt. Die Pflanzfläche sollte etwas höher im Niveau als das umgebende Gelände liegen, um keine Staunässe entstehen zu lassen. Wichtig ist eine 2–3 cm starke Aufschüttung aus unverrottetem Buchenlaub, damit der Boden darunter kühl bleibt und nicht austrocknet. Die Buchenlaubschicht sollte ausgetauscht werden, wenn sie zu verrotten beginnt.

Wenn ein Standort *Cypripedium montanum* behagt, dann gedeiht es prächtig und entwickelt reichlich neue Triebe. Man sollte die Pflanze jedoch nicht stören und lange an ihrem Platz belassen, denn Aus- und Umpflanzen liebt sie nicht.

Diese Art ist auch gut in Gefäßkultur zu halten. Die Container sollten aber aus den schon erwähnten Gründen kühl und schattig aufgestellt werden. Tauwetterschutz ist angebracht.

Cypripedium parviflorum, Kleinblütiger Frauenschuh

Beschreibung

Pflanze 20–35 cm hoch; Blätter 3–4 (5), breitlanzettlich, dunkelgrün; Blütenstand 1–2blütig; Blütendurchmesser 5–7 cm, Sepalen und Petalen dunkelbraun, Petalen stark korkenzieherartig gedreht, Labellum (Schuh) goldgelb, innen rot gepunktet.

Blütezeit: Mai–Juli.

Vorkommen und Verbreitung

Areal: Nordosten der USA, angrenzende Gebiete Kanadas.

Biotop: feuchte Standorte, Waldränder, Moore.

Kulturhinweise

Die Pflanzen dieser Art kommen in der Natur auf den gleichen Standorten vor wie *Cypripedium pubescens* und werden ebenso kultiviert. Der Kleinblütige Frauenschuh neigt in Kultur zu starker vegetativer Vermehrung. In der Natur ist Horstbildung nur sehr selten zu beobachten.

Bemerkungen

Die nordamerikanischen Arten *Cypripedium parviflorum* und *Cypripedium pubescens* sind eng mit der europäischen Art *Cypripedium calceolus* verwandt. Obwohl die Arten in ihrer typischen Ausformung klar zu trennen sind, gibt es zahlreiche Übergangsformen. *Cypripedium parviflorum* und *Cypripedium pubescens* werden deshalb von vielen amerikanischen Autoren als Varietäten von *C. calceolus* betrachtet.

Cypripedium passerinum, Sperlingsei-Frauenschuh

Beschreibung

Pflanze 20–30 cm hoch; Blätter 3–4, breitlanzettlich, aufrechtstehend; Blütenstand 1blütig; Blütendurchmesser 3–4 cm, Sepalen gelblichgrün, Petalen weiß, Labellum (Schuh) weiß, eiförmig, rot gepunktet, an ein Sperlingsei erinnernd (Name!).

Blütezeit: Juni–Juli.

Vorkommen und Verbreitung

Areal: Alaska, Nordwest-Kanada.

Biotop: an Fluß- und Seeufern.

Kulturhinweise

Die Kultur ist schwierig, weil die Pflanzen unsere Sommertemperaturen, soweit sie über 20–22 °C gehen, nicht vertragen. Es kommt noch hinzu, daß diese Orchideen mindestens fünf Monate Winterruhe in gefrorenem Boden benötigen. Somit ist die Freilandkultur in unseren Breiten kaum möglich.

Dagegen ist die Containerkultur zwar aufwendig, aber immerhin möglich. Ein kiesig-lehmiges Substrat, das Geröll enthalten soll, hat sich gut bewährt. Während der Vegetationszeit wurde mittels eines kleinen Ventilators laufend kühle Luft zugeführt und die Pflanzen wurden recht feucht gehalten. Nach dem Einziehen der Pflanzen im August sind die Container zum Abtrocknen des Substrats schattig gestellt worden. Nach ca. drei Wochen wurden die Pflanzgefäße in Plastiktüten verpackt und zum Überwintern in die Kühltruhe gestellt. Im April wurden sie wieder herausgenommen und langsam aufgetaut. Anfang Mai zeigten sich die ersten Triebe, die sich gut entwickelten.

Cypripedium planipetalum

Beschreibung
Pflanze 10–15 cm hoch; Blätter 3–4, breitlanzettlich, dunkelgrün; Blütenstand 1blütig; Blütendurchmesser 5–6 cm, Blütenfarbe hellgelb bis gelblichgrün. Petalen nicht gedreht (Name!).
Blütezeit: Juli.

Vorkommen und Verbreitung
Areal: Nordost-Kanada, Neufundland.
Biotop: Tundra.

Kulturhinweise
Die Kultur hat sich als relativ schwierig erwiesen. Die Pflanzen vertragen keine hohen Sommertemperaturen und stehende Luft. Sie bevorzugen aber dennoch einen sonnigen Standort bei recht feuchtem Substrat aus krümeligem Lehm, dem 50% fein gehacktes *Sphagnum* zugesetzt wird. Da diese Standortbedingungen in unseren Breiten nur schwer nachzuahmen sind, sollten sich, wenn überhaupt, nur sehr erfahrene Liebhaber mit dieser sehr aufwendigen Kultur befassen. Schutzmaßnahmen sind im Winter nicht erforderlich.

Bemerkungen
Cypripedium planipetalum gehört ebenfalls zum Formenkreis von *Cypripedium calceolus*. Aus den USA sind Zwergformen von *Cypripedium pubescens* bekannt, die dieser Art sehr stark ähneln. Das weitere Kulturverhalten dieser Art muß abgewartet werden. Erst dann ist es sinnvoll, über eine umfangreichere Vermehrung nachzudenken.

Cypripedium pubescens, Behaarter Frauenschuh

Beschreibung
Pflanze 40–70 cm hoch, kräftig, dicht behaart (Name!); Blätter 3–5, breitoval; Blütenstand 1–2blütig; Blütendurchmesser 8–10 cm, Sepalen und Petalen gelblichgrün mit bräunlicher Aderung, Petalen selten braun, Petalen gedreht, Labellum (Schuh) goldgelb, innen dunkelrot gepunktet.
Blütezeit: Mai–Juni.

Vorkommen und Verbreitung
Areal: Osten der USA, Süd-Kanada.
Biotop: feuchte Standorte, Moore, Wälder.

Kulturhinweise
Die Kultur im Freiland ist als einfach anzusehen. Frisch gesetzte Rhizome wachsen gut an, zuweilen blühen sie schon im ersten Jahr. Die Art scheint einen kühleren und feuchteren Standort als *Cypripedium calceolus* zu lieben. Es konnte zumindest ein besseres Wachstum an Standorten beobachtet werden, die solche Verhältnisse aufwiesen. Ebensogut gelingt auch die Gefäßkultur. Für diesen Zweck haben sich Balkonkästen besonders gut bewährt. Als Substrat ist ein krümeliger Lehm, dem etwas scharfer Sand zugesetzt wird, gut geeignet. Das Substrat muß ständig feucht sein und darf nur in den Wintermonaten etwas trockener gehalten werden. Aus 4 eintriebigen Rhizomen in einem 80 cm langen Balkonkasten entwickelten sich in nur drei Jahren 22 blühende Triebe. Die Pflanzen lassen sich leicht teilen. Deshalb können evtl. auftretende Verluste im Freiland ausgeglichen werden. Schutzmaßnahmen im Winter sind nicht erforderlich.

Cypripedium reginae, Mokassin-Frauenschuh

Beschreibung
Pflanze 30–90 cm hoch, kräftig; Blätter 3–8, breitoval, weich, hellgrün, behaart; Blütenstand 1–2(3)blütig; Blütendurchmesser 8–10 cm, Sepalen und Petalen weiß, Labellum (Schuh) rosa bis kräftig rot.
Blütezeit: Ende Mai bis Juli.

Vorkommen und Verbreitung
Areal: Nordosten der USA, Kanada.

Biotop: feuchte Standorte, Moore, Waldränder, lichte Wälder.

Kulturhinweise

Die Kultur macht, wenn die richtigen Bedingungen geschaffen werden, keine Schwierigkeiten. Ein feuchter, sonniger bis halbschattiger Standort ist die Grundvoraussetzung.

Als Substrat beansprucht die Art einen krümeligen, tonigen Lehm, dem abgelagerte Moorerde zu etwa einem Drittel beigemischt wird. Zur Auflockerung haben sich Styroporflocken gut bewährt. Die Wurzeln liegen bei *Cypripedium reginae* dicht unter der Erdoberfläche und müssen daher besonders vor Austrocknung geschützt werden. Man kann dies erreichen, indem man kleingehackte Birkenzweige und etwas Kiefernrinde in einer 2–3 cm dicken Schicht über das Substrat ausbreitet.

Besonders gute Erfahrungen konnten auch mit der Gefäßkultur gemacht werden. Am besten haben sich in diesem Fall Balkonkästen bewährt, denn die Wurzelbildung kann enorme Ausmaße erreichen. Die vegetative Vermehrung ist nicht ganz so ergiebig wie bei anderen Arten, aber dennoch lohnend.

Es gibt, wenn auch selten, reinweiße Exemplare von *Cypripedium reginae*. Sie stellen etwas Besonderes und Kostbares dar. Leider sind diese Albinos in der Regel wuchsschwächer und müssen deshalb intensiver gepflegt werden.

Als Begleitpflanzen bieten sich Farne und *Kalmia* an. Letztere bietet den Trieben einen gewissen Halt.

Bemerkungen

Crypripedium × genesis (*C. reginae × C. pubescens*) war die erste je gezüchtete *Cypripedium*-Hybride (WHITLOW, 1986). Diese Kreuzung war auch als Naturhybride nicht bekannt, obwohl beide Arten in vielen Biotopen zusammen vorkommen. Die Entwicklungszeit der Hybride von der Aussaat bis zur Blüte betrug 9 Jahre. Heute erreichen *Cypripedium*-Hybriden dank verbesserter Aussaat- und Kulturtechniken nach drei Jahren eine blühfähige Größe. Der Mokassin- oder auch Königsfrauenschuh gehört zu den floristischen Kostbarkeiten, die jeder Liebhaber gerne besitzen möchte.

Bei manchen Menschen ruft die Berührung mit den behaarten Blättern eine allergische Hautreaktion hervor.

Cypripedium segawai

Beschreibung

Pflanze 10–20 cm hoch; Blätter 3–5, breitlanzettlich; 1blütig; Blütendurchmesser 6–8 cm, Blüte hellgelb, Labellum (Schuh) rot gesprenkelt.
Blütezeit: Mai.

Vorkommen und Verbreitung

Areal: Formosa.
Biotop: Höhenlagen über 2000 m.

Kulturhinweise

Die Kultur bereitet keine Schwierigkeiten. Die Pflanzen wachsen problemlos in dem gleichen Substrat wie unter *Cypripedium henryi* angegeben.

Bemerkungen

Diese Art ist erst vor wenigen Jahren entdeckt worden.

Cypripedium speciosum

Beschreibung

Pflanze 20–35 cm hoch; Blätter 3–5, breitlanzettlich; Blütenstand 1blütig; Blütendurchmesser 10–12 cm, Blütenfarbe blaßrosa, dunkel geadert, Blüte wirkt »gestreift«, Labellum (Schuh) etwa so breit wie lang.
Blütezeit: Mai–Juni.

Vorkommen und Verbreitung

Areal: Japan.
Biotop: feuchte Wiesen, Waldränder.

Kulturhinweise

In unseren Breiten scheint diese Orchidee einen leicht halbschattigen Standort zu bevorzugen. Das Substrat, das aus kalkfreiem, kiesigem Lehm bestehen sollte, darf nie ganz austrocknen. Eine 2 cm starke Buchenlaubschicht ist erforderlich, um den Standort kühl und feucht zu halten.

Leider ist diese Varietät bei uns nicht völlig winterhart.

Bei einem guten Regenschutz ist eine 15–20 cm hohe trockene Laubschüttung als Frostschutz ausreichend.

Die Gefäßkultur ist eine erfolgreiche Alternative. Diverse Substrate auf mineralischer Basis wurden getestet. Keiner dieser Pflanzstoffe hat den Pflanzen geschadet. Selbst in reinen Kies gepflanzt, hat die dankbare Orchidee geblüht und auch reichlich neue Wurzeln gebildet.

11.2 Die Gattung *Dactylorhiza* – Knabenkraut

Diese Gattung ist sehr arten- und formenreich und ständig werden neue Species entdeckt und beschrieben. Meist handelt es sich dabei aber um lokale Formenschwärme, die hybridogenen Ursprungs sind und kaum Artrang verdienen. Jedenfalls ist der Streit der Wissenschaftler beträchtlich, wenn es zu einer Eingliederung unklarer Species zu bestimmten Arten kommen soll.

Da es reichlich Spezialliteratur und Feldführer gibt, die z. T. in sehr ausführlicher und informativer Weise die Sachlage schildern, soll auf diese Problematik nicht weiter eingegangen werden. Im folgenden werden nur die wichtigsten *Dactylorhiza*-Arten beschrieben, vor allem jene, über deren Kultur z. T. langjährige Erfahrungen vorliegen.

Es wird auch genügend Liebhaber geben, die diese oder jene Art selbst schon lange kultivieren und dabei ganz andere Erfahrungen gemacht haben als wir. Die meisten Arten der Gattung *Dactylorhiza* sind relativ leicht in Kultur zu nehmen und auch erfolgreich zu vermehren. Da diese Pflanzen vorwiegend auf feuchten bis sehr nassen Standorten zu Hause sind, lassen sich eine Vielzahl von Arten unter nahezu gleichen Bedingungen lange Jahre erfolgreich halten.

Abb. 7:   Im Gegensatz zu *Ophrys* und *Orchis* besitzt *Dactylorhiza* fingerförmig gespaltene Knollen

Beschreibung der Arten in alphabetischer Reihenfolge

Dactylorhiza cilicica, Cilicisches Knabenkraut

Beschreibung
Pflanze etwa 30–40 cm hoch; Knollen mehrfach fingerartig geteilt; Blätter 6–7 (auch mehr), breiteiförmig bis lanzettlich; Blütenstand recht dicht; Blüten meistens rosaviolett, aber auch dunkler. Blütezeit: Mai–Juli.

Vorkommen und Verbreitung
Areal: Cilicischer Taurus, aber auch in anderen gebirgigen Gegenden der Türkei.

Biotop: hauptsächlich in Quellsümpfen, feuchten Wiesen und an Bachrändern, seltener an feuchten Stellen lichter Wälder.

Kulturhinweise

Diese Art ist einfach in der Kultur, am besten sollte sie so kultiviert werden, wie unsere heimischen *Dactylorhiza majalis*. Da die Art als nicht ausreichend winterhart gilt, ist Container-Kultur zu empfehlen. Als bestes Substrat hat sich ein gut krümeliger, kalkhaltiger Lehm, dem etwa 30–40% *Sphagnum* hinzugesetzt wird, erwiesen. Während der Vegetationszeit verlangt die Art viel Feuchtigkeit. Nach der Blüte werden die Blätter schnell gelb und die Pflanze zieht ein. Man gibt dann weniger Wasser. Der Standort darf jedoch auch während der Vegetationsruhe nie ganz austrocknen. Volle Sonne wird gut vertragen.

Bemerkungen

Dactylorhiza cilicica ist eine im Habitus sehr schöne Art. Stellt man sie nach der Blüte schattig und kühl, bleibt die Pflanze lange grün, wodurch erreicht wird, daß sich die neue Knolle gut ausbildet und groß wird.

Dactylorhiza cruenta var. **cruenta**, Blutrotes Knabenkraut

Beschreibung

Pflanze 30–40 cm hoch; Knollen sehr schmal und mehrfach geteilt; Blätter 4–5, beidseitig braun bis violett gefleckt, sehr variabel in der Breite; Blüte sehr dicht stehend von intensiver Purpurfärbung, sehr selten heller.
Blütezeit: Juni–Ende Juli, je nach Höhenlage.

Vorkommen und Verbreitung

Areal: Norwegen, Schweden zerstreut, Finnland bis Rußland; selten in England und Irland; fehlt in Mitteleuropa mit Ausnahme der Alpen und des Alpenvorlandes.
Biotop: ausnahmslos sehr naß stehend, z. T. direkt im Wasser, an Bächen, in sehr nassen Wiesen oder Mooren.

Kulturhinweise

Auch für die Kultur im Freiland verlangt diese Varietät nasse Standorte. Um nicht unbedingt ein eigenes Beet vorbereiten zu müssen, können die Pflanzen in Balkonkästen oder große Container, in denen keine Löcher sind, gepflanzt werden. Man setzt diese Gefäße dann in das Feuchtbiotop im Garten, in dem bereits andere *Dactylorhiza*-Arten stehen können. Als Substrat verwende man im unteren Gefäßbereich sauren Schwarztorf, den man mit den Händen gut zusammenpreßt. Zur Herstellung der etwa 8–10 cm starken Schicht im oberen Bereich werden 2/3 gut abgelagertes *Sphagnum* mit 1/3 krümeligem Lehm gemischt. In diese obere Schicht sollen auch die Knollen gesetzt werden.

Das Substrat muß gut angedrückt werden, weil es sonst aufgrund der Feuchtigkeitsverhältnisse leicht aufschwemmt.

Bemerkungen

Bei dieser Varietät ist der Aufwand für die Herstellung geeigneter Kulturbedingungen besonders groß. Angesichts der herrlichen Farbspiele, die sie hervorbringt, lohnt er sich aber. Es gibt Pflanzen, die stark violett überlaufen sind. Diese auffällige Färbung kommt besonders gut zur Wirkung, wenn man Sumpfdotterblumen als Begleitpflanzen dazusetzt. Trotz jahrelanger Kulturerfahrungen konnte eine Keimung aus Samen bisher nicht beobachtet werden.

Dactylorhiza elata, Hohes Knabenkraut

Beschreibung

Pflanze bis 120 cm hoch, sehr kräftig; Knolle geteilt, Teilung jedoch weniger ausgeprägt als bei anderen Arten; Blätter lang und lanzettlich, ungefleckt; Blütenstand sehr langgestreckt, dichtblütig; Einzelblüten reltiv groß, purpurviolett bis rosa.
Blütezeit: April–Mai.

Vorkommen und Verbreitung

Areal: Tunesien, Algerien, Marokko, aber auch übriges westliches Mittelmeergebiet.
Biotop: steht gerne feucht, an Bachrändern, aber auch in lichten feuchten Bergwäldern.

Kulturhinweise

Auch diese schöne Art ist einfach zu kultivieren. Es ist Container-Kultur anzuraten, da die Art nicht als sicher winterhart angesehen werden kann. Sie ist in bezug auf das Substrat nicht wählerisch. Man kann gut abgelagerte Moorerde (keinen Torf), aber auch krümeligen, sandigen Lehm verwenden. In jedem Fall sollte aber ca. 30% gehacktes *Sphagnum* zugesetzt werden.

Da die Knollen die Größe einer Männerhand erreichen können, sind mindestens 2- bis 3-Liter-Container zu empfehlen. Ausreichende Feuchtigkeit, jedoch keine ausgesprochene Nässe, ist während der Vegetationszeit notwendig. Hat die Pflanze eingezogen, wird das Gießen fast vollständig eingestellt (nur leicht feucht halten). Erst im Herbst wieder langsam mit dem Gießen beginnen.

Bemerkungen

Ist von ihrer optischen Wirkung her eine der lohnendsten Arten für die Kultur. Der Blütenstand kann 30 cm und mehr lang werden und gut 1 1/2 Monate in seiner ganzen Pracht erhalten bleiben. Diese Art verträgt gut Sonne und Wärme.

Dactylorhiza foliosa, Madeira-Knabenkraut

Beschreibung

Pflanze 50–70 (80–90) cm hoch, sehr kräftig; Knollen sehr groß; Blätter breitlanzettlich und in der Regel ungefleckt; Blütenstand voll aufgeblüht, walzenförmig; Blüten rosa bis purpur, recht groß. Blütezeit: Mai–Juni.

Vorkommen und Verbreitung

Areal: endemisch auf Madeira.
Biotop: in schattigen Tälern und Wäldern.

Kulturhinweise

Diese Art ist nach eigenen Erfahrungen, jedenfalls in Norddeutschland und Dänemark, winterhart. Der Standort ist halbschattig zu halten. Das Substrat sollte mineralisch und von krümeliger Struktur sein. Außerdem sollte es die Fähigkeit besitzen, Feuchtigkeit zu speichern. Es hat sich lehmiger Sand mit Zugabe von 30% gehacktem *Sphagnum* sehr gut bewährt. Für die Kultur im Container sollte der Lehmanteil etwas höher ausfallen. Eine Zugabe von gebrochenem Blähton hat ebenfalls gute Erfolge gebracht. Die Art kann auch in Moorerde kultiviert werden.

Bemerkungen

Eine sehr attraktive Art, deren Kultur viel Freude macht. Die auffallend großen Einzelblüten sind eindrucksvoll. Es liegen viele Hinweise über Kulturmöglichkeiten vor, die recht unterschiedlich sind. Man kann davon ausgehen, daß die Art ein sehr breites Spektrum an Standortsituationen toleriert. Sowohl im Freiland als auch in der Containerkultur konnte immer wieder spontane Samenkeimung beobachtet werden.

Dactylorhiza × *foliorella* ist aus der Kreuzung von *D. foliosa* und *D. purpurella* hervorgegangen. Die kleinwüchsige *D. purpurella* hat ihre intensive Färbung vererbt. Der Artbastard ist fast so groß wie *D. foliosa*.

Dactylorhiza incarnata ssp. **incarnata**,
Fleischfarbenes Knabenkraut

Beschreibung

Pflanze 20–40 cm hoch; Knolle in 2–4 Abschnitte unterteilt; Blätter 5–6, lang und spitz, meistens aufrecht stehend, immer ungefleckt; Blütenstand walzenförmig; Einzelblüten kleiner als bei anderen Arten, hellrosa (fleischfarben) bis dunkelviolett. Blütezeit: Ende Mai–Juni.

Vorkommen und Verbreitung

Areal: ganz Mitteleuropa; im Norden: Schweden, Norwegen, Finnland; im Osten bis Sibirien; Alpengebiet; in Spanien bis zu den Pyrenäen.
Biotop: sehr nasse und moorige Wiesen, in Flachmooren, sehr gerne auch in Dünentälern und alpinen Quellsümpfen.

Kulturhinweise

Eine Unterart, die, wenn man die richtigen Bedingungen schafft, leicht im Freiland in der Nähe von Zierteichen oder auch in kleinen künstlich angelegten Feuchtgebieten zu halten ist. Sie kann im Frühjahr während der Vegetationszeit sehr naß stehen, später sollte die Knolle jedoch nicht mehr mit Wasser bedeckt sein, das Substrat aber feucht bleiben. Folgendes Substrat hat gute Erfolge gebracht: Erde aus Maulwurfshügeln von moorigen Feuchtwiesen mit faserigem, halbverrottetem *Sphagnum* mischen. Man sollte bei der Biotopgestaltung eine Möglichkeit zur Wasseraufstauung schaffen. Dieses Knabenkraut liebt die Beschattung des Bodens durch andere Sumpfpflanzen. Bei zusagendem Standort und längerem ungestörten Wachstum kommt es zu spontanen Samenkeimungen und damit zur natürlichen Bestandsvermehrung.

Bemerkungen

Obwohl die Einzelblüten kleiner sind als bei anderen *Dactylorhiza*-Arten, ist der gesamte Blütenstand doch schön anzusehen, zumal auch die Färbung der Blüten sehr variabel ist.

Trotz der relativ einfachen Vermehrbarkeit dieser Pflanze wird sie leider kaum von einschlägigen Gärtnereien angeboten.

Dactylorhiza incarnata ssp. **ochroleuca**, Strohgelbes Knabenkraut

Beschreibung

Habitus wie bei *Dactylorhiza incarnata* ssp. *incarnata*, jedoch insgesamt kräftiger und höher; Blüten gelblichweiß, das Zentrum der Lippe meistens reinweiß, es fehlt jegliche Lippenzeichnung. Blütezeit: etwa 14 Tage später als die Typusart.

Vorkommen und Verbreitung

Wie *Dactylorhiza incarnata* ssp. *incarnata*, soll jedoch kalkreichere Böden bevorzugen; beide Arten kommen oft gemeinsam vor, die Unterart *D. ochroleuca* ist jedoch weitaus seltener anzutreffen.

Kulturhinweise

siehe *Dactylorhiza incarnata*.

Bemerkungen

Diese Unterart scheint nicht so wüchsig zu sein und ist im großen und ganzen etwas empfindlicher als *Dactylorhiza incarnata* ssp. *incarnata*. Nach anfänglichen Schwierigkeiten, die sich als überwindbar darstellten, entwickelte sich unsere Pflanze sehr gut und konnte auch entsprechend vermehrt werden. Besonders gute Erfolge ergaben sich, wenn in größeren Gefäßen kultiviert wurde (z. B. Maurerbottiche), die in den Boden eingesenkt waren. Bei der Suche nach gartenwürdigen Neuzüchtungen wird diese Art in Zukunft eine wichtige Rolle spielen.

Dactylorhiza incarnata ssp. **coccinea**

Beschreibung

Pflanze 5–20 cm hoch; Knollen in mehrere Abschnitte unterteilt; Blätter 5–10, sehr eng zusammenstehend, kurz und relativ breit; Blütenstand mit sehr zahlreichen Einzelblüten, leuchtend rubinrot, manchmal auch bräunlich überflogen, selten heller.
Blütezeit: 14 Tage später als *Dactylorhiza incarnata* ssp. *incarnata*

Vorkommen und Verbreitung

Areal: Britische Inseln längs der Westküste; Nord- und Ostküste von Schottland; Irland.
Biotop: nur auf sehr feuchtem Grund, in Sumpfwiesen, sehr gerne in Dünentälern und auf stabilisierten Dünen (»machairs«).

Kulturhinweise

Es können über diese Unterart noch keine abschließenden Kulturhinweise gegeben werden. Bisher scheint ein Substrat in folgender Zusammensetzung gute Erfolge zu bringen:

1/3 gewaschener Seesand, 1/3 gesiebte Moorerde, das letzte Drittel besteht aus jeweils zur Hälfte aus gehacktem *Sphagnum* und aus tonigem Lehm. Die Pflanzen wachsen gut und haben jedes Jahr geblüht, z. T. mit immer größer werdenden Blütenständen. Wie es scheint, sollte die Feuchtigkeit des Substrats etwas abnehmen, wenn die Pflanzen im Juli langsam einziehen. Diese Angaben beziehen sich nur auf Container-Kultur, für Versuche im Freiland stand bisher nicht genügend Pflanzenmaterial zur Verfügung.

Bemerkungen

Diese Orchidee ist aufgrund der herrlichen Rotfärbung ihrer Blüte eine der schönsten *Dactylorhiza*-Arten. Nach den bisherigen Erfahrungen erscheint die Kultur nicht schwierig. Es wird sicher noch eine Weile dauern, bis diese Unterart aus vermehrten Beständen käuflich erworben werden kann.

Dactylorhiza maculata ssp. **ericetorum**

Beschreibung

Pflanze 30–40 cm hoch; Knolle mehrteilig; Blätter 4–8, meistens ziemlich schmal, schwach gefleckt,

selten stärker gefleckt; Blütenstand pyramidal bis schmal-zylindrisch; Blüte blaßrosa bis nahezu weiß, Lippe stark gezeichnet.
Blütezeit: Juni, Juli–August.

Vorkommen und Verbreitung

Areal: England, Nordfrankreich, Belgien, Holland, Skandinavien, Nordwestdeutschland.
Biotop: auf Heide mit Moorland, Heidemooren, auf sauren Torfböden.

Kulturhinweise

Kann im Freiland gut in kleine Heideareale gesetzt werden, wenn diese ausreichend Feuchtigkeit bieten; verträgt als Substrat gut abgelagerten Schwarztorf, dem etwas *Sphagnum* beigemischt wird. Es werden aber auch Beimengungen aus kalkfreiem Lehm gut vertragen. Für die Containerkultur wird folgende Substratmischung verwendet: Abgelagerter Schwarztorf 70%, die restlichen 30% setzen sich je zur Hälfte aus körnigem Sand und gebrochenem Blähton zusammen.

Bemerkungen

Eine farblich sehr ansprechende Unterart, deren lockerer Blütenstand die einzelne Blüte gut zur Geltung kommen läßt. Sie verträgt auch trockenere Standorte recht gut. An Plätzen, die zusagen und auf denen sie lange ungestört steht, kommt es zu spontanen Samenkeimungen. Es entstehen so auf natürliche Weise individuenreiche Bestände.

Vorkommen und Verbreitung

Areal: Mittel- und Westeuropa, Nordeuropa, Iberische Halbinsel, Norditalien, Rußland bis Sibirien.
Biotop: Wiesen, Weideland, Nadel- und Laubwälder.

Kulturhinweise

Wohl die bekanntesten und auch am einfachsten zu kultivierenden heimischen Orchideen. Sie gedeihen in nahezu jedem Gartenboden, wenn er nicht zu naß oder zu trocken ist, zeigen eine große Anpassungsfähigkeit, was sich auch dadurch zeigt, daß verstreute Samen nahezu überall keimen und sich im Laufe der Zeit zu blühenden Pflanzen entwickeln. Folgende Erdmischung hat sich besonders bewährt: abgelagerte Rasenerde mit etwas grobkörnigem Sand. Diese Mischung wird in eine ca. 20 cm tiefe Grube eingefüllt, die zuvor ausgehoben wurde. Anschließend sind die Knollen vorsichtig einzusetzen. Jetzt wird das Substrat etwas angedrückt und gut angegossen, damit sich der Boden eng um die Knolle legt.

Bemerkungen

Gerade für Anfänger lohnende und schöne Unterarten. Exemplare mit 70 ja sogar 80 cm Höhe sind bei gutem Standort keine Seltenheit. Ein halbschattiger Standort wird bevorzugt. Schon nach zwei bis drei Jahren erscheinen am Kulturstandort, vor allem in Gartenecken, wo nicht ständig gehackt wird, Sämlinge. Es ist ein Fall bekannt, wo aus einer Pflanze in 12 Jahren Gartenkultur über 600 Pflanzen entstanden sind.

Dactylorhiza maculata ssp. **fuchsii,** Fuchs-Knabenkraut
Dactylorhiza maculata ssp. **maculata**

Da die Subspecies *D. fuchsii* und *D. maculata* nur von Fachleuten auseinandergehalten werden können und die Art der Gartenkultur kaum voneinander abweicht, sind hier beide Unterarten zusammengefaßt worden.

Beschreibung

Pflanze 30–60 cm hoch; Knollen 2–4 (5)spaltig; Blätter 8–9, breit bis lanzettlich, z. T. stark purpurbraun bis schwärzlich gefleckt; Blütenstand kurz bis lang zylindrisch, ziemlich dichtblütig; Blüten hellviolett, die Lippe mit ± stark dunkelvioletter Zeichnung.
Blütezeit: Juni–Juli.

Dactylorhiza maculata ssp. **saccifera,**
Schopfiges Knabenkraut

Beschreibung

Pflanze 30–40(50) cm hoch; Knollen 2–4fingrig; Blätter 9–12, z. T. breit-lanzettlich, gefleckt; Blütenstand relativ locker, walzenförmig; Blüten hellpurpur bis rosa, ziemlich große Lippe mit roter Strichelung.
Blütezeit: Mai–Juni, Juli.

Vorkommen und Verbreitung

Areal: Griechenland, Türkei, Bulgarien, Rumänien, Jugoslawien, Albanien, Süditalien, Sardinien, Sizilien, Spanien, Portugal.
Biotop: auf feuchten Wiesen, liebt Wälder, Waldränder.

Kulturhinweise

Wegen der fehlenden Winterhärte kann auch über diese Unterart nur etwas in Zusammenhang mit Container- bzw. Gefäßkultur gesagt werden. Ein Substrat, das recht gute Erfolge bringt, setzt sich wie folgt zusammen: 2/3 krümeliger Lehm, 1/3 abgelagerte Moorerde, man kann auch noch etwas gebrochenen Blähton hinzufügen, jedoch nicht mehr als 10%. Das Substrat darf nicht zu luftig werden. Mäßiges Gießen ist von besonderer Bedeutung. Ein Zuviel an Wasser führt schnell zum Verlust der Pflanzen. Im Winter wird das Substrat fast trocken gehalten. Die kritische Phase ist im Frühjahr. Mit Beginn des Austriebs kommt es bei zu feuchtem Stand leicht zur Fäule. Stellt man die Gefäße mit den Pflanzen schattig auf, bleibt das Laub bis in den September grün. Auf diese Weise bilden sich dann zwei bis drei neue Knollen aus.

Bemerkungen

Eine wirklich stattliche Unterart, deren Kultur lohnt. Die Pflanzen werden unter guten Kulturbedingungen bis zu 70 cm hoch. Der Blütenstand kann bei nicht zu hohen Temperaturen fast zwei Monate halten. Besonders schön ist die tiefgezackte Lippe mit roter Strichelung auf hellem Grund.

Dactylorhiza majalis, Breitblättriges Knabenkraut

Beschreibung

Pflanze 20–30 cm hoch; Knolle mehrfach geteilt; Blätter 5–6, bei kräftigen Exemplaren auch 8, Oberseite bis auf wenige Ausnahmen braun gefleckt; Blütenstand dicht; Blüten dunkelpurpur, es gibt z. T. aber auch recht helle Exemplare, selten weiß.
Blütezeit: Mai–Juni.

Vorkommen und Verbreitung

Areal: kommt in ganz Mitteleuropa vor, Schweden, Norwegen, Dänemark, im Süden Nordspaniens, Norditalien, ostwärts bis zur Sowjetunion.
Biotop: Feucht- und Sumpfwiesen, Bachläufe, an Gräben.

Kulturhinweise

Das Breitblättrige Knabenkraut ist wohl die bekannteste Orchidee unseres Gebietes. Die Kultur ist recht einfach, sie gedeiht in sandigem Lehm genauso gut wie in Moorerde. Im Freiland sollte man die Art bevorzugt an Teichränder oder in kleine etwa 3–4 m² große künstliche Feuchtmulden setzen. Diese Orchidee verträgt jedoch auch relativ trockene Standorte. Es konnte festgestellt werden, daß durch Samenflug überall im Garten und auch in den Nachbargärten (z. T. in recht großer Anzahl) Jungpflanzen aufwuchsen. Für die Freilandkultur scheint Moorerde, der etwas Kies zugesetzt wird, als Substrat am besten geeignet zu sein. Für Containerkultur hat sich lehmiger Sand, der im Winter nur erdfeucht gehalten wird, sehr gut bewährt.

Bemerkungen

Diese im Aussehen recht ansprechende Art ist für jeden Anfänger gut geeignet, zumal sie einfach zu kultivieren ist und auch häufig im Handel angeboten wird. Sie liebt einen sonnigen Standort bei feuchten Bodenverhältnissen.

Dactylorhiza majalis ssp. cordigera, Balkan-Knabenkraut

Beschreibung

Pflanze 15–30 cm hoch, gedrungen; Knollen mehrfach geteilt; Blätter 3–6, abstehend, dunkelgrün, oberseits dicht gefleckt, oberer Stengelteil oft violett überlaufen; Blütenstand kurz und dicht; Blüte purpurn, Lippe in der Mitte heller mit dunkler Zeichnung.
Blütezeit: Juni–August.

Vorkommen und Verbreitung

Areal: Südosteuropa, Nordgriechenland bis Ostkarparten.
Biotop: auf kalkarmem Untergrund, auf sauren Torfböden, feuchten Bergwiesen und an Bachufern.

Kulturhinweise

Es können hier nur Kulturhinweise für die Gefäßkultur gegeben werden, da anzunehmen ist, daß diese Unterart nicht vollkommen winterhart ist. Nur bei Pflanzen aus höheren Gebirgslagen dürfte die Winterhärte gegeben sein.

Die bei uns in der Kultur befindlichen Pflanzen gedeihen in Balkonkästen sehr gut und erreichen z. T. 50 cm Höhe. Das Substrat besteht aus

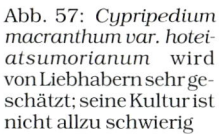

Abb. 57: *Cypripedium macranthum var. hotei-atsumorianum* wird von Liebhabern sehr geschätzt; seine Kultur ist nicht allzu schwierig

Abb. 58: Die Naturhybride von *Cypripedium calceolus* und *Cypripedium macranthum* ist *Cypripedium x barbii*; zu kultivieren ist sie wie *Cypripedium calceolus*

Abb. 59: Wunderschön in Form und Farbe, aber schwer in Kultur zu nehmen, ist *Cypripedium acaule*

Abb. 60: Problemlos zu kultivieren ist der schöne Frauenschuh *Cypripedium formosanum*; durch den frühen Austrieb ist er jedoch frostgefährdet

Abb. 61: Der Zerbrechliche Frauenschuh (*Cypripedium debile*) ist nur für wenige Experten unter den Liebhabern geeignet

Abb. 62: *Cypripedium x faivilleanum* ist eine Naturhybride von *Cypripedium candidum* und *Cypripedium x pubescens*; sie ist wie *Cypripedium pubescens* zu kultivieren

Abb. 63: Für den Liebhaber nicht geeignet, aber für die Züchtung sehr interessant, ist *Cypripedium irapeanum*

Abb. 64: Eine erlesene Rarität ist *Cypripedium rebunense*; es muß alles getan werden, um die in Kultur befindlichen Exemplare zu vermehren

Abb. 65: Aus arktischen Regionen kommt *Cypripedium passerinum*, der Sperlingsei-Frauenschuh; unsere Sommer sind ihm zu warm, nur Könner sollten sich mit ihm beschäftigen

Abb. 66: Geflecktes Knabenkraut (*Dactylorhiza maculata*) ist für jeden Anfänger genau das richtige, stellt keine besonderen Standortansprüche und versamt sich schnell

Abb. 67: Eine hübsche Farbvarietät des Holunderknabenkrauts (*Dactylorhiza sambucina*), die für die Vermehrung verwendet wird

Abb. 68: *Dactylorhiza sambucina* x *Dactylorhiza maculata*, eine Hybride, die nur durch die Hand des Züchters entstehen konnte

Abb. 69: Zur Nachzucht selektierte *Dactylorhiza majalis* (Breitblättriges Knabenkraut), eignet sich gut zur Pflanzung am Teich oder an Bachrändern; macht durch seine Anspruchslosigkeit viel Freude

Abb. 70: Madeiraknabenkraut (*Dactylorhiza foliosa*) ist in englischen Gärten eine häufige Orchidee

Abb. 71: Ein dunkles Exemplar des Holunderknabenkrautes, das als Kreuzungspartner interessant wäre

Abb. 72: Nur selten wird die Mückenhändelwurz (*Gymnadenia conopsea*) in der Natur 120 cm hoch, wie die Exemplare im Garten der Verfasser

Abb. 73: Aus wenigen Exemplaren ist in wenigen Jahren durch Selbstaussaat ein großer Bestand des Gefleckten Knabenkrauts (*Dactylorhiza maculata*) geworden

abgelagertem Schwarztorf, dem nur etwa 20% gesiebter toniger Lehm zugesetzt wurde. Der Pflanzstoff sollte etwa alle 3 Jahre ausgewechselt werden. Während der Vegetationszeit liebt diese Orchidee ein feuchtes Substrat, das allerdings nach dem Einziehen trockener gehalten werden muß, da sonst Fäulnis auftreten kann.

Bemerkungen

Es sind bei dieser Orchidee die großen Einzelblüten besonders zu erwähnen. Die wunderschön gefärbte Lippe, die meistens sehr breit und dunkelpurpurn gefärbt ist, fällt sehr auf. In der Mitte weist sie einen weißen Fleck auf, der häufig hübsch gezeichnet ist. Spontane Samenkeimung konnte bisher noch nicht beobachtet werden.

Dactylorhiza majalis ssp. **occidentalis**

Beschreibung

Pflanze 20–40 cm hoch; Knolle 2–4teilig, wurzelartig auslaufend; Blätter 5–7, schmal-lanzettlich, meistens nur an den Spitzen leicht gefleckt; Blütenstand zylindrisch bis walzig; Blüten dunkelpurpurn, intensive Lippenzeichnung.
Blütezeit: Juni–Juli.

Vorkommen und Verbreitung

Areal: Irland, westl. England, Schottland.
Biotop: Vorwiegend in feuchten Wiesen, Dünentälern.

Kulturhinweise

Die Freilandkultur wird wie bei *Dactylorhiza majalis* durchgeführt. Die Pflanzen sind aber gegebenenfalls etwas feuchter zu halten. Gesichert sind die Erkenntnisse für die Containerkultur. Aus Samen vermehrte Pflanzen gedeihen sehr gut in lehmigem Kies, der während der Vegetationszeit stets feucht sein sollte. Ein Substrat aus gehacktem *Sphagnum* und kiesiger Moorerde hat dem vorherigen Pflanzstoff gegenüber keine Nachteile gebracht. Die Vorteile überwiegen, da das letztgenannte Substrat länger und besser feucht zu halten ist. Bei Containerkultur blühen die Pflanzen ab Mitte Juni und ziehen erst Ende August ein.

Bemerkungen

Bei etwa 100 Sämlingspflanzen hat es innerhalb von 2 Jahren bei uns nahezu keine Ausfälle gegeben, was auf eine gute Kultivierbarkeit dieser Orchidee schließen läßt. Etliche Pflanzen haben bei uns geblüht und zeigten eine ziemliche Variabilität in der Blütenzeichnung; während die Färbung doch recht einheitlich dunkelpurpur war. Die Blütenstände waren auch lockerer strukturiert, als in der Literatur angegeben. Dadurch wirkten die Pflanzen sehr grazil.

Dactylorhiza majalis ssp. **pardalina**

Beschreibung

Pflanze 30–50 (70) cm hoch; Knolle tief mehrspaltig; Blätter 5–8, ziemlich lang, Oberseite häufig ringförmig gefleckt; Blütenstand eher locker, bei kräftigen Exemplaren langgezogen; Blüten hellrosa-violett mit kräftiger dunkelvioletter Zeichnung.
Blütezeit: Mitte Juni–Juli.

Vorkommen und Verbreitung

Areal: Holland, Teile von England.
Biotop: in sehr nassen Wiesen, in lockeren Schilfbeständen, oft auch in *Sphagnum*-Polstern.

Kulturhinweise

Für diese Unterart gelten die Kulturhinweise, die für *Dactylorhiza incarnata* gegeben wurden.

Bemerkungen

Eine sehr schöne Unterart mit relativ großen Einzelblüten, die gut zur Geltung kommen, da der Blütenstand ziemlich locker strukturiert ist. Interessant ist das helle Blauviolett der Blüten mit einer sehr hübschen dunklen Zeichnung der Lippe. In der Kultur ist die Pflanze recht hochwüchsig und schlank, wodurch noch ein weiterer reizvoller Effekt erzielt wird.

Dactylorhiza praetermissa, Übersehenes Knabenkraut

Beschreibung

Pflanze 30–40 cm hoch; Knollen 3–4teilig; Lippe im Zentrum fast weiß mit zahlreichen kleinen purpurnen Flecken.
Blütezeit: Mitte Juni–Mitte Juli.

Vorkommen und Verbreitung

Areal: nordwestliches Europa, Beneluxländer, Nordwest-Deutschland.
Biotop: in Mooren, Sumpfwiesen, gerne auf kalk- und basenreichen Böden.

Kulturhinweise

Im Freiland kann diese Art gut an Teichufern oder auch in kleinen Feuchtgebieten im Garten plaziert werden. Sie steht gerne dauerfeucht zwischen allerlei Sumpfpflanzen. Als Substrat ist toniger Lehm (50%) geeignet, dem man Moorerde, gehacktes *Sphagnum* und etwas grobkörnigen Kies zusetzt. Die Orchidee liebt einen sonnigen Standort, wobei eine Beschattung des Bodens durch Begleitpflanzen von Vorteil ist.

Auch für die Kultur im Container ist die Art gut geeignet. Das Substrat wäre das gleiche, lediglich der tonige Lehm wird durch sandig-krümeligen Lehm ersetzt. Im Pflanzgefäß sollte man die Pflanzen während der Vegetationsruhe jedoch etwas trockener halten als jene im Freiland. Die Art ist völlig winterhart und braucht keinen Schutz.

Bemerkungen

Durch die hübsche helle Färbung der Blüten und den schlanken geraden Wuchs gehört *Dactylorhiza praetermissa* zu den schönsten Freilandorchideen. Die besondere Wirkung, die von diesen Pflanzen ausgeht, wird erhöht, wenn man mehrere Exemplare in einer Gruppe zusammenpflanzt. Sagt der Standort zu, kommt es zu individuellen Beständen. Die Art hybridisiert auch gerne mit anderen *Dactylorhiza*-Arten, was zu hübschen Farbspielen bei Einzelpflanzen führen kann.

Dactylorhiza purpurella, Purpurblütiges Knabenkraut

Beschreibung

Pflanze 20–40 cm hoch; Knolle mehrfach geteilt; Blätter abstehend, gefleckt (oft nur an den Spitzen) oder ungefleckt; Blütenstiel kantig; Blüten dunkelviolett bis tief rubinrot.
Blütezeit: Juni–Juli.

Vorkommen und Verbreitung

Areal: Irland, Nordengland, Schottland, Jütland, Südwest-Norwegen.

Biotop: feucht auf Sumpfwiesen, an der Küste hauptsächlich in Dünentälern.

Kulturhinweise

Diese Art ist in Kultur genauso zu behandeln, wie *Dactylorhiza majalis* und kann auch gut mit dieser zusammenstehen.

Bemerkungen

Ihre wirklich prachtvolle Färbung macht diese Art zu einem Kleinod in einer Orchideenanlage. Leider wird sie bisher nur in einigen englischen Gärtnereien ganz sporadisch angeboten, obwohl Kultur und Vermehrung für Eingeweihte kaum Schwierigkeiten machen. Spontane Samenkeimung ist schon kurz nach der Inkulturnahme zu beobachten.

Dactylorhiza romana, Römisches Knabenkraut

Beschreibung

Pflanze 15–45 cm hoch; Blätter 5–12, rosettig angeordnet, linealisch, ungefleckt; Blütenstand locker; Blüte gelb oder hell- bis dunkelpurpurn.
Blütezeit: März–April.

Vorkommen und Verbreitung

Areal: Südeuropa bis Nordafrika, Kleinasien, Krim.
Biotop: trockene Plätze, felsige Berghänge, aber auch in feuchten Mulden, die jedoch im Sommer völlig austrocknen.

Kulturhinweise

Die Kulturhinweise können sich bei dieser Art lediglich auf die Containerkultur beschränken, da eine ausreichende Winterhärte wahrscheinlich nicht gegeben ist. Das Substrat sollte aus kalkhaltigem, krümeligem Lehm bestehen, dem je nach Bedarf grobkörniger Kies beigegeben wird; ausreichende Feuchtigkeit während der Vegetationszeit ist erforderlich. Zuviel Nässe jedoch würde zur Fäulnis und damit zum Verlust der Pflanzen führen. Auch ein Substrat aus gesiebter Grasnarbenerde und gewaschenem Fluß- oder Seesand bringt sehr gute Erfolge. Nach der Vegetationszeit liebt die Art Trockenheit, es darf jedoch nicht zur völligen Austrocknung kommen. Ein Einsenken des Pflanzgefäßes in feuchter Erde an schattiger Stelle wäre ideal. Ohne die Gefäße selbst zu gießen, soll dadurch eine leichte Restfeuchtigkeit erhalten bleiben. Die Überwinterung bei Temperaturen etwas über dem Gefrierpunkt hat sich als gut erwiesen. Die Pflanzen beginnen bereits Ende Februar mit dem Austrieb. Es kann etwa einen Monat vorher vorsichtig mit dem Gießen begonnen werden, da zu diesem Zeitpunkt die Wurzelbildung einsetzt. Mit zunehmender Laubausbildung sollten die Pflanzen soviel wie möglich Licht erhalten, damit die Blätter nicht verweichlichen und damit anfällig gegen Pilzerkrankungen werden.

Bemerkungen

Ein Kleinod, das seine wirkliche Schönheit erst durch die Betrachtung aus der Nähe preisgibt.

Man sollte die Art immer in Gruppen oder auch in unmittelbare Nachbarschaft von anderen Orchideen pflanzen.

Für den gleichen Standort wäre z. B. auch *Orchis morio* geeignet. In Verbindung mit Kleinblumenzwiebeln lassen sich so wunderschöne Standortsituationen herstellen.

Dactylorhiza sambucina, Holunderknabenkraut

Beschreibung

Pflanze 10–20 cm hoch, selten höher; Teilung der Knollen nur angedeutet; Blätter 4–5, eher rosettig angeordnet, ungefleckt; Blütenstand breit, länglich bis eiförmig; Blüten hellgelb oder purpurrot. Blütezeit: Ende April–Mai.

Vorkommen und Verbreitung

Areal: West- und Mitteleuropa, Dänemark, Norwegen, Schweden, Finnland, Baltikum, Nord- und Zentralrußland, Ungarn, Rumänien, Bulgarien, fast der gesamte Mittelmeerraum.
Biotop: Bergwiesen, lichte Waldstellen, trockene kalkarme Böden, vorwiegend in gebirgigem Gelände.

Kulturhinweise

Die Kultur kann sich als schwierig erweisen, wenn der Standort nicht richtig gewählt wird. Am besten steht die Pflanze auf kleinen Hügeln von etwa 30-40 cm Höhe, die flach auslaufen. Als Begleitpflanzen eignen sich trockenheitsliebende Gräser und andere bodendeckende Pflanzen, wie z. B. *Thymus* oder *Antennaria*, die kurz gehalten werden müssen. Die Substratschicht muß gut 15 cm betragen. Das Substrat sollte aus krümeliger Rasenerde bestehen, die auf jeden Fall frei von Dünger sein muß. Während der Vegetationszeit liebt diese Orchidee Feuchtigkeit, nach dem Einziehen dagegen eher Trockenheit. Eine leichte Beschattung des Standortes durch locker wachsende Laubgehölze ist von Vorteil. Die Pflanzen treiben im Frühjahr sehr zeitig aus. Es kann dadurch zu Laubschäden durch Frost und intensive Sonnenbestrahlung kommen. Ein lockeres Abdecken mit Fichtenzweigen hilft, dieses zu verhindern.

Dactylorhiza traunsteineri, Traunsteiners Knabenkraut

Beschreibung

Pflanze 20–40 cm hoch; Knollen klein bis mittelgroß, zweispaltig; Blätter 4–5, schmal lanzettlich, dunkelgrün, meistens ungefleckt, Fleckung aber nicht ungewöhnlich; Blütenstand locker und wenigblütig; Blüte violett bis hellviolett, relativ groß.
Blütezeit: Juni–Juli, August.

Vorkommen und Verbreitung

Areal: hauptsächlich Alpengebiet: Schweiz, Österreich; Voralpenland und Schwarzwald.
Biotop: nasse Moorwiesen, Quellmoore der Alpen.

Kulturhinweise

Die Kultur ist relativ einfach und problemlos. Dieses Knabenkraut gedeiht auf Standorten, wie für *Dactylorhiza majalis* oder für *Dactylorhiza incarnata* angegeben, gleich gut; es scheint allerdings unter der Konkurrenz von Gräsern als Begleitpflanzen zu leiden. Auch in Containerkultur ist diese Art recht gut zu halten. Die Pflanze darf dann allerdings nicht zu feucht stehen, da es sonst zu Fäulnis an den wurzelartig ausgebildeten Knollenausläufern kommt. Ein Versuch, in reinem Seesand mit *Sphagnum* als Substrat, ist bei uns gut verlaufen und hat zu einer ausgezeichneten Neuknollenbildung geführt. Es bedarf aber noch weiterer Beobachtungen, um zu diesem Substrat Abschließendes sagen zu können.

Bemerkungen

Da die Pflanzen recht grazil wirken, sollte man sie in kleineren Gruppen pflanzen. Ihre Schönheit offenbart sich erst beim Betrachten aus der Nähe.

11.3 Die Gattung *Ophrys* – Ragwurz

Es handelt sich bei dieser Gattung wohl um die an Arten umfangreichste in Europa, deren Entstehungszentrum im östlichen Mittelmeergebiet liegen dürfte. Von vielen Orchideenfreunden wird dieser Gattung große Aufmerksamkeit gewidmet, da man im allgemeinen die zu ihr gehörenden Arten zu den schönsten Kleinoden zählen kann, die die europäische Flora zu bieten hat. In der Tat ist Formen- und Farbvielfalt überwältigend.

So ist es auch verständlich, daß bei vielen Liebhabern »der Wunsch zum Vater des Entschlusses wurde«, diese schönen Geschöpfe in ihre Nähe zu holen. Es soll gleich gesagt werden, daß dieses Bemühen sehr häufig scheiterte, da die Kultur der Ragwurz-Arten, so lautet die deutsche Bezeichnung, nicht einfach ist und somit einige Kenntnisse voraussetzt. Es beginnt an sich damit, daß in Mitteleuropa, genauer in der Bundesrepublik, eigentlich nur 4 Arten vorkommen und der weitaus größere Anteil der Species im Mittelmeergebiet heimisch ist. Eine andere Erschwernis der Kultur resultiert aus den Standortbedingungen. Fast alle Arten sind Mitglieder von Trockenrasengesellschaften, die auf ungedüngten Trockenwiesen, Ödland und in Pinienwäldern vorkommen. In der Regel handelt es sich dabei um sogenannte Sekundärstandorte, also z. B. um ehemals bewaldete Gebiete, die zum Zwecke der Landwirtschaft vom Menschen in früherer Zeit gerodet und später aufgelassen wurden. Der Mensch hat hier also ungewollt durch die Schaffung geeigneter Lebensräume zur Verbreitung der Erdorchideen beigetragen. Heute vernichtet er sie wieder durch dic Intensivierung der Landwirtschaft. Im Mittelmeergebiet sind in den letzten Jahren riesige Gebiete, die »bis in alle Ewigkeit« sichere Refugien der Orchideen zu sein schienen, unter den Pflug genommen worden, und leisten heute ihren Beitrag zur landwirtschaftlichen Überproduktion in der EG. Obwohl die verschiedenen Arten der Gattung *Ophrys* zur Zeit noch relativ häufig in ihren Heimatgebieten anzutreffen sind, nehmen die Bestände durch Überweidung, die Bebauung ganzer Küstenstreifen und die allgemeine Umweltverschmutzung immer mehr ab.

Aber zurück zu den als schwierig geltenden Kulturbedingungen. In der Natur wird den Pflan-

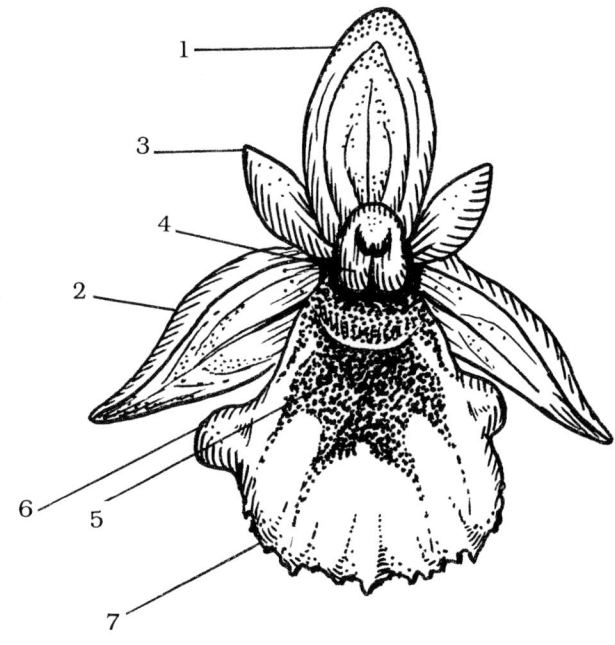

Abb. 8: Die Gattung *Ophrys* bildet die wohl interessantesten und auffälligsten Blüten aus

1 = mittleres Sepalum
2 = seitliche Sepalen
3 = Petalen
4 = Säulchen
5 = Basalfeld
6 = Seitenlappen der Lippe
7 = Mittellappen der Lippe

zen eine relativ lange Ruhepause verordnet, um die zum Teil beträchtliche Wärme, die an den Naturstandorten vorherrscht, und den im Sommer akuten Wassermangel zu überbrücken. Die Pflanzen sind darauf eingestellt und verlangen in der Kultur ebenfalls eine Sommerruhe, die unbedingt einzuhalten ist. Es ergibt sich hieraus das Problem, die *Ophrys*-Knollen ohne Wasserverlust zu übersommern. Da die Pflanzen am Naturstandort meist in einem feinkörnigen, vorwiegend mineralischen Boden stehen, der im Sommer steinhart werden kann, sind die Knollen darin gewissermaßen eingemauert und verlieren kaum Feuchtigkeit. Diese Bedingungen sind in der Kultur nicht immer so herzustellen. Auf jeden Fall ist nach der Blütezeit das Gießen weitgehend zu unterlassen.

Eine weitere für die Kultur im Freiland negative Eigenschaft ist, daß alle *Ophrys*-Arten bereits im Spätsommer bzw. Herbst zum Austrieb kommen. So werden die Möglichkeiten einer Überwinterung im Freiland stark reduziert. Dieses Problem ließe sich mit einigem Aufwand natürlich auch lösen, einfacher ist jedoch, wie jahrelange Erfahrungen gezeigt haben, die Container- oder Gefäßkultur unter frostfreien Bedingungen, zum Beispiel im frostfreien Kalthaus oder auch Alpinenhaus.

Auf spezielle Fragen und Probleme wird bei der Beschreibung der einzelnen Arten erschöpfend Antwort gegeben. Zuvor sollen jedoch noch die allgemeinen Kulturbedingungen angesprochen werden, die für die meisten Arten anzustreben sind. Dazu gehören die Zusammensetzung der Substrate, Temperatur, Licht und Wasser. Die nachfolgend beschriebenen Substrate sind mit Zahlen versehen, auf die bei der Artbeschreibung unter »Kulturhinweise« Bezug genommen wird. Diese Substrate finden auch Verwendung für viele *Orchis*-Arten, die im Anschluß an die Gattung *Ophrys* beschrieben werden.

Substrat 1: Es ist wohl das einfachste und relativ leicht zu beschaffen. Es handelt sich im Prinzip um sehr lehmigen Kies, aus dem die gröbsten Bestandteile ausgesiebt werden. Im allgemeinen wird dieses Material als ungewaschener Kies im Handel angeboten. Man kann aber auch grobkörnigen Sand, der mit krümeligem Lehm gemischt wird, verwenden. Feinkörniger Kalk oder auch Gesteinsmehl sind gute Zusätze. In Gegenden mit sehr kalkhaltigem Wasser reicht jedoch bereits das Gießen der Pflanzen, um den Kalkbedarf zu decken.

Substrat 2: Bei diesem Substrat ist krümeliger Lehm der Grundstoff. Es empfiehlt sich, kleine Gesteinsbrocken aus Kalkbrüchen dazu zu geben. Als weiterer Zusatz ist feiner Quarzsand oder abgelagerter Seesand sehr von Nutzen. In der Regel reichen 30% als Anteil. Es muß jedoch von jedem Kultivateur selbst herausgefunden werden, wie hoch der Anteil sein muß. Man kann aber davon ausgehen, daß der Feinsandanteil um so höher

anzusetzen ist, je größer der Lehmanteil im Ausgangsmaterial ist.

Die beiden ersten Substratmischungen enthalten also nur mineralische Bestandteile, da sich herausgestellt hat, daß jegliches Vorhandensein von organischem Material mit zum Teil empfindlichen Verlusten an Pflanzen einhergeht.

Substrat 3: Hierbei handelt es sich um ein alternatives Substrat, das erst relativ kurze Zeit benutzt wird, aber bisher erstaunliche Erfolge gebracht hat. Es sind vier Komponenten in folgender Zusammensetzung erforderlich:
20% gebrochener Blähton (Körnung 3–5 mm)
20% gebrochener Lavatuff (Körnung 3–5 mm)
30% Perlite und
30% mittelgrobe Merantispäne, wie sie auch als Beigabe zum Pflanzstoff für tropische Orchideen verwendet werden.

Sicher ließen sich diese Substrate noch verbessern und modifizieren. Durch den Kontakt mit vielen Freilandorchideen-Freunden wissen wir, daß auch andere Pflanzstoffe durchaus gute Erfolge bringen können. Auch in reinem Kies oder in reinem Seesand lassen sich die Orchideen mit Erfolg kultivieren; sogar in gehacktem *Sphagnum* ohne weitere Zusätze haben *Ophrys* geblüht und neue Knollen gebildet. Diese Substrate sind vorwiegend für die Gefäßkultur gedacht, sie eignen sich aber auch für die Freilandkultur.

Der nächste wichtige Punkt bei der Kultur der Gattung *Ophrys* ist die Überwinterungstemperatur, wenn diese Pflanzen im Kalthaus oder Alpinenhaus kultiviert werden sollen. Als vorteilhafte Werte haben sich Temperaturen um 4–6 °C in den Wintermonaten erwiesen. Sie sollten möglichst weder über- noch unterschritten werden. An ihren Naturstandorten bekommen die Pflanzen auch in den Wintermonaten viel Licht und auch Sonne, während in unseren Breiten – gerade in den Monaten Dezember und Januar – kaum ausreichende Lichtverhältnisse vorhanden sind. Zumindestens in den Morgen- und Abendstunden hat sich deshalb eine Zusatzbeleuchtung mit speziellen Neonröhren (z. B. Osram Fluora) als recht nützlich erwiesen. Eine gute Lichtversorgung hat insofern große Vorteile, weil das Laub dadurch härter wird und die Pflanzen in ihrem Wuchs gedrungener bleiben. Die Härte des Laubes wiederum hat sicher etwas mit der Anfälligkeit gegen Parasiten und Fäulniserreger zu tun. Durch Lichtmangel vergeilen die Pflanzen leicht und die Blätter werden weich und verletzlich.

Das richtige Gießverhalten im Winter ist nicht so leicht zu beschreiben und hängt u. a. auch vom verwendeten Substrat ab. Auf jeden Fall ist es aber sehr wichtig, das Substrat während der trüben und kalten Jahreszeit nicht zu feucht zu halten. Zu starke Wassergaben oder sogar Staunässe würden alsbald zum Verlust der Pflanzen führen.

Beschreibung der Arten in alphabetischer Reihenfolge

Ophrys apifera, Bienenragwurz

Beschreibung
Pflanze 10–50 cm hoch; Blätter 5–9; Blütenstand locker, 2–12blütig; Sepalen ziemlich groß und meistens zurückgeschlagen, dunkelrosa bis weißlich-grün geadert, Petalen etwa halb so groß, grün bis rosa, Lippe rund, dreilappig, behaart, dunkelbraun bis schwärzlich, Mal U-förmig, violett, gelb gerandet.
Blütezeit: im Süden März–April, im Norden Juni–August.

Vorkommen und Verbreitung
Areal: verbreitet in West-, Mittel- und Südeuropa, Nordafrika.
Biotop: trockene Wiesen und Hänge, Gebüsch, lichte Wälder.

Kulturhinweise
Diese Art bringt die besten Kulturergebnisse im Freiland sowie auch in der Gefäßkultur. Sie kann so gepflanzt werden, wie unter *Ophrys fuciflora* beschrieben, ist aber wesentlich toleranter in bezug auf Standortbedingungen.

Sie liebt zuweilen auch einen feuchten Standort in kalkreichem Lehm. Pflanzt man *Ophrys apifera* in den Trockenhügel, so ist sie im unteren Drittel am besten angesiedelt. In der Gefäßkultur wächst die Art in reinem Sand oder Seesand ebenfalls sehr gut, Exemplare mit fast 20 Blüten

sind keine Seltenheit. Die Knollen können Pflaumengröße erreichen.

Bemerkungen
Für den Anfänger eine besonders zu empfehlende Art. Bei zusagendem Freilandstandort ist nach wenigen Jahren mit Sämlingen zu rechnen, die nach 3–4 Jahren zu blühen beginnen.

Ophrys arachnitifomis, Spinnenähnliche Ragwurz

Beschreibung
Pflanze 15–60 cm hoch; Blätter breit lanzettlich bis eiförmig; Blütenstand locker, 3–10blütig; Sepalen weiß-rosa, Petalen rot bis rosa, Lippe ungeteilt, samtbraun behaart, Mal im weitesten Sinne H-förmig, blauviolett mit weißem Rand.
Blütezeit: März, April–Mai.

Vorkommen und Verbreitung
Areal: mittleres Mittelmeergebiet bis Griechenland.
Biotop: trockene steinige Flächen, Kiefernwälder.

Kulturhinweise
Gelingt in Containerkultur mittelmäßig bis gut. Die Art kommt in vielen Varianten auf verschiedenen Standorten vor. Substrat 2 mit reichlich Kalkschotter durchsetzt, hat bisher zu den besten Ergebnissen geführt. Über die Winterhärte können keine Angaben gemacht werden. Es liegt aber die Vermutung nahe, daß die Kultur im Container oder Alpinenhaus vorgezogen werden muß.

Bemerkungen
Hübsche, lohnende Art, die aber bis auf weiteres nur erfahrenen Liebhabern empfohlen werden kann. Diese Species ist sehr variabel im Aussehen und es macht doch einige Schwierigkeiten, sie von anderen ähnlich aussehenden Arten zu unterscheiden bzw. sie als *Ophrys arachnitiformis* zu erkennen.

Ophrys argolica, Argolische Ragwurz

Beschreibung
Pflanze 15–35 cm hoch; Blätter breit lanzettlich; Blütenstand locker, 2–8blütig; Sepalen rosa bis

rot, Petalen in Form und Länge variabel, rosa bis rot, Lippe meistens ungeteilt, kirschrot bis dunkelbraun, am Rande behaart, Mal variabel im Aussehen, brillen- oder hufeisenförmig, lila, blau mit hellem Rand.
Blütezeit: März–April.

Vorkommen und Verbreitung
Areal: Mittelgriechenland, Ägäis bis südliche Türkei und Zypern.
Biotop: wächst auf Ödland, in Macchien, Kiefernwäldern oder auf sandigen Kalkböden.

Kulturhinweise
Die Kultur gelingt im allgemeinen recht gut, wenn folgende Bedingungen erfüllt sind: Die Knollen für Containerkultur am besten Mitte bis Ende August setzen. Substrat 2 benutzen; man kann noch ein wenig mehr See- oder Quarzsand hinzufügen. Die Pflanze liebt die Wärme. Wenn die Triebe erscheinen, mäßig mit dem Gießen beginnen.

Bemerkungen
Sehr schöne Art mit interessanter Färbung. Sie zeigt die schönste Wirkung, wenn sie in kleine Gruppen von 3–6 Pflanzen gesetzt wird. Sehr gut geeignet für ein Orchideenbeet im Alpinenhaus. Wie alle südmediterranen Arten leider nicht voll winterhart. Der frühe Pflanztermin sollte nicht nur bei dieser Art eingehalten werden, denn je besser die Wurzelbildung vor dem Winter ist, desto geringer sind die Ausfälle durch Fäulnis.

Ophrys bertolonii, Vögleinragwurz

Beschreibung
Pflanze 10–40 cm hoch; Blätter mittelbreit, lanzettlich; Blütenstand locker, 2–10blütig; Sepalen weiß bis rosa oder rot, groß, Petalen wenigstens halb so groß, meist rosa oder rot, Lippe lang, behaart, oft gekrümmt, ziemlich dunkel gefärbt, Mal recht unterschiedlich in der Form, meist bläulich spiegelnd.
Blütezeit: April–Mai.

Vorkommen und Verbreitung
Areal: mittleres und westliches Mittelmeergebiet, Pflanzen in Südfrankreich und Norditalien sind stark von *O. sphegodes* beeinflußt und werden als *O. bertoloniformis* bezeichnet.

Biotop: Trockenrasen, Macchien, Pinienwälder, trockene bis leicht feuchte Standorte.

Kulturhinweise
Gefäßkultur ist erforderlich, da diese Art nicht vollständig winterhart ist. Sie ist ziemlich tolerant gegenüber verschiedenen Substratzusammensetzungen und ist ähnlich zu halten wie unter *Ophrys fuciflora* beschrieben.

Bemerkungen
Eine besonders schöne Art, die auch für den Anfänger gut geeignet ist.

Ophrys bombyliflora, Bremsenragwurz

Beschreibung
Pflanze 7–20 cm hoch; Blätter 4–6, breit-lanzettlich; Blütenstand locker, 2–5blütig; Sepalen breit, grünlich, Petalen etwa ein Drittel so lang, rot–grünlich, Lippe dreilappig, dicht behaart, Mal ungeteilt bis zweiteilig, bläulich bis violett.
Blütezeit: März–Ende April.

Vorkommen und Verbreitung
Areal: im gesamten Mittelmeergebiet verbreitet, auch Portugal und Kanarische Inseln.
Biotop: Grasland, Macchien, lichte Wälder und Dünen.

Kulturhinweise
Eignet sich am besten für die Gefäß- oder Alpinenhauskultur, wo sie keine großen Schwierigkeiten macht. Als Substrat käme Nr. 1 in Frage; auch Quarzsand oder Seesand, dem zerstampfter trockener Lehm beigefügt wird, hat sich als Kultursubstrat gut bewährt.

Vorsicht beim Gießen! Vor allem in den Wintermonaten können die Blattrosetten leicht faulen.

Bemerkungen
Die Pflanzen dieser Art sind sehr zierlich und von geringer Größe. Dies trifft ebenfalls für die Blüten zu. Es empfiehlt sich daher, 5–7 Pflanzen in Gruppen zusammenzupflanzen. Bei guter Kultur bildet diese *Ophrys*-Art 2–3 oder auch mehr Knollen aus. Die Knollen sitzen an bis zu 7 cm langen Stolonen.

Ophrys cretica, Kretische Ragwurz

Beschreibung
Pflanze etwa 20–30 cm hoch; Blätter 3–6, breit-lanzettlich; Blütenstand locker; Sepalen farblich sehr unterschiedlich, von grün bis weißlich und schmutzig rosa, Petalen klein, meistens dunkel-purpur, Lippe tief dreilappig, schwarz bis purpur.
Blütezeit: März–April.

Vorkommen und Verbreitung
Areal: verbreitet in Südgriechenland und auf den Ägäischen Inseln.
Biotop: in Kiefernwäldern, Macchien, auf Ödland, Kalkboden, an trockenen Standorten.

Kulturhinweise
Auch diese Art ist am besten für die Gefäßkultur oder für das Alpinenhaus geeignet und muß frostfrei gehalten werden. Nach dem Pflanzen wird erst gegossen, wenn die Triebe aus der Erde kommen. Das geschieht zunächst etwas vorsichtig, so daß das Substrat langsam durchfeuchtet. Der Austrieb beginnt etwa Anfang bis Mitte September. Nach dem Austrieb, während der noch relativ warmen Herbstmonate, liebt die Art reichlich Feuchtigkeit. Die Knollen nicht tiefer als etwa 3 cm setzen.
Überwinterungstemperatur: am günstigsten 6–8 °C. Liegen die Temperaturen darunter, so muß man besonders vorsichtig sein beim Gießen; Substrat 2 oder 3 verwenden.

Bemerkungen
Die Art hat, zumindest auf den ersten Blick, eine gewisse Ähnlichkeit mit *Ophrys kurdica*, ist jedoch im ganzen etwas dunkler gefärbt, aber nicht minder schön. Die Kultur macht an sich nie große Schwierigkeiten; nur ein Zuviel an Wasser bei kühlen Temperaturen und Lichtarmut im Winter kann zu Ausfällen durch Fäulnis führen.

Ophrys ferrum-equinum, Hufeisenragwurz

Beschreibung
Pflanze 15–30 cm hoch; Blätter 5–6, breit-lanzettlich; Blütenstand locker, 2–5blütig; Sepalen rosa oder rot, Petalen etwa halb so lang, rot oder braun, Lippe ungeteilt, rundlich, schwach be-haart, meistens dunkelpurpur-braun, Mal hufeisenförmig oder in 2 parallelen Streifen, blau-violett, hell gerandet.
Blütezeit: März–Mai.

Vorkommen und Verbreitung
Areal: östliches Mittelmeergebiet, Südgriechenland, Süd-Türkei.
Biotop: auf kalkhaltigen Böden, Ödland, in Macchien, Kiefernwäldern.

Kulturhinweise
Im Substrat 2 oder 3 fühlt sich diese schöne Art recht wohl, scheint aber gegen übermäßige kalte Nässe ziemlich empfindlich zu sein. Es kommt nur Container-Kultur infrage, da die Art nicht bei Temperaturen unter 5 °C kultiviert werden kann. Bei sehr hellem Standort beginnt sie bereits Ende Februar zu blühen. Eine Zugabe von Kalksandsteinstücken zum Substrat ist von Vorteil.

Bemerkungen
Von der Färbung her gesehen, gehört *Ophrys ferrum-equinum* zu den schönsten *Ophrys*-Arten, ebenfalls die Unterart *O. ferrum-equinum* ssp. *gottfriediana*, welche sich durch ein größeres blaues Mal auf der Lippe und durch hellere Sepalen und Petalen von der Art unterscheidet. Für diese Subspecies gelten die gleichen Kulturbedingungen.

Ophrys fuciflora, Hummelragwurz

Beschreibung
Pflanze 15–35 cm hoch; Blätter 4–7, breit-lanzettlich; lockerer Blütenstand mit 2–10 Blüten; Sepalen breit, rot, rosa oder weißlich, oft mit grünem Mittelnerv, Lippe ungeteilt, behaart, gelblichbraun, Mal von variabler Form, violett, bläulich oder bräunlich mit gelbem Rand.
Blütezeit: im Süden März–April, im Norden Ende Mai–Juni.

Vorkommen und Verbreitung
Areal: Mittel-, West- bis Südeuropa, Südengland, Deutschland.
Biotop: trockene Wiesen, Trockenhänge, Gebüsche, lichte Kiefernwälder.

Abb. 74: Ein wahres Wunder an Farbenpracht sind die Blüten der Wespen-Ragwurz (*Ophrys tenthredinifera*), ein Kleinod für das Alpinenhaus

Abb. 75: Oft schon im Februar erscheinen die wunderschönen Blüten vom *Ophrys fusca* ssp. *iricolor*; in milden Gegenden ist die Art auch im Freiland zu halten

Abb. 76: Die Atlantische Ragwurz (*Ophrys fusca* ssp. *atlantica*) ist nicht winterhart; durch ihre sehr frühe Blütezeit ist sie für uns interessant für die Kultur im Alpinenhaus

Abb. 77: Die Braune Ragwurz (*Ophrys fusca*) ist durch ihre gute Kulturfähigkeit und frühe Blüte ein gern gesehener Gast des Alpinenhauses

Abb. 78: Variabilität ist eine Eigenschaft, wie sie bei allen Ragwurzarten zu finden ist. Spiegelragwurz (*Ophrys speculum*) mit hellem Spiegel

Abb. 79: Fast wie ein Spiegel ist das blaue Basalfeld der Lippe der Spiegelragwurz (*Ophrys speculum*), für erfahrene Liebhaber eine nicht schwierige Art

Abb. 80: Die nicht minder schöne Unterart *Ophrys speculum* ssp. *regis-fernandii*

Abb. 81: Im Freiland bei geeigneten Bedingungen zu kultivieren ist die heimische schöne Bienenragwurz (*Ophrys apifera*)

Abb. 82: An Hummeln erinnern die Blüten der großblumigen Hummelragwurz (*Ophrys fuciflora*); hier ist die helle Form abgebildet

Abb. 83: Hufeisenragwurz (*Ophrys ferrum-equinum*) ist der Name dieser hübschen Ragwurz, die bei uns nur für die Kultur im Alpinenhaus in Frage kommt

Abb. 84: Die heimische Spinnenragwurz (*Ophrys sphegodes*) ist eine so schöne wie gesuchte Liebhaberart

Abb. 85: Kleinblütiger aber dennoch nicht weniger hübsch, ist die Fliegenragwurz (*Ophrys insectifera*)

Abb. 86: Klein aber fein ist die auffallend kontrastreiche Gelbe Ragwurz (*Ophrys lutea*)

Abb. 87: Die Bienen-Ragwurz in ihrer typischen Ausfärbung ist ein Kleinod für den Trockenrasen oder den Trockenhügel einer Freilandorchideenanlage

Abb. 88: Als sehr schöne Rarität ist die Kretische Ragwurz (*Ophrys cretica*) anzusehen; sie stellt einige Anforderungen an den Kultivateur und ist nur für das Alpinenhaus geeignet

Abb. 89: Große kontrastreiche Blüten besitzt *Ophrys fuciflora* ssp. *maxima*, eine südliche Variante unserer Hummelragwurz

Abb. 90: Die schönsten aber sind die Ragwurzarten, hier *Ophrys spruneri*; ihre Blüten begeistern jeden Liebhaber

Kulturhinweise

Ophrys fuciflora ist eine sehr variable Art mit etlichen Unterarten, die im einzelnen noch beschrieben werden. Die Kultur von *Ophrys fuciflora* ist im Freiland nicht einfach. Obwohl winterhart, verlangt sie Winterschutz, vor allem bei Barfrösten und Wintersonne. Für die Freilandkultur verwendet man Substrat 1, dem aber noch etwa 20–30% krümeliger kalkhaltiger Lehm hinzugesetzt wird. Für die Pflanzung eignet sich am besten ein künstlicher Trockenhang mit etwa 30% Neigung in südwestlicher Richtung.

Als vorteilhaft ist anzusehen, wenn auch die Begleitflora nach Möglichkeit den natürlichen Verhältnissen angeglichen ist. Die zum Winter absterbenden Pflanzenteile dieser Begleitflora bilden einen ausgezeichneten natürlichen Winterschutz, da diese sich über die Winterrosetten der *Ophrys* legen. Auf diese Weise konnten unsere heimischen *Ophrys*-Arten jahrelang gehalten und zur Blüte gebracht werden.

Bemerkungen

Sie ist, neben *Ophrys apifera*, durch ihre sichere Winterhärte und ihren Bekanntheitsgrad die begehrteste aller *Ophrys*-Arten. Da sie stark gefährdet und fast an den Rand der Ausrottung gebracht worden ist, muß alles versucht werden, die Art künstlich zu vermehren. In der Gefäßkultur bereitet die Pflanze ebenfalls keine großen Schwierigkeiten. Auch die vegetative Vermehrung gelingt recht gut.

Ophrys fuciflora ssp. oxyrrhynchos

Beschreibung

Pflanze 15–25 cm hoch; Blätter 4–6, breit-lanzettlich bis eiförmig; Blütenstand gedrungen mit 3 bis 5 Blüten; Sepalen grün bis weißlich oder auch rot bis rosa, Petalen klein, variabel gefärbt wie die Sepalen, Lippe breit, rund, fächerförmig, seitliche Ränder ausgebreitet, nach oben gebogen, braunrot bis gelblich, Mal in der Form variabel, violettbräunlich, hell umrandet.
Blütezeit: April–Mai.

Vorkommen und Verbreitung

Areal: Sizilien, Sardinien, Süditalien.
Biotop: Trockenhänge, im Gebüsch, lichte Wälder.

Kulturhinweise

Die Kultur erfolgt im Container oder im Alpinenhaus in Substrat 1; die Pflanzen lieben trockene, warme Standorte. Es soll daher im Winter nur mäßig gewässert werden, da diese Unterart leicht dazu neigt, abzufaulen. Die Temperaturen sollten im Winter nicht unter 5 °C gehen.

Bemerkungen

Diese Unterart ist sehr variabel in der Färbung. Bemerkenswert sind die recht großen Blüten, die die Kultur sehr lohnend machen.

Ophrys fusca, Braune Ragwurz

Beschreibung

Pflanze 10–40 cm hoch; Blätter 4–6, breit-lanzettlich; Blütenstand locker, 2–10blütig; Sepalen grün bis gelblichgrün, Petalen grün oder gelblichbraun überlaufen, Lippe dreilappig, Mittellappen eingeschnitten und länger als die Seitenlappen, braun mit gelbem Rand, flächiges Mal, grau bis bläulich.
Blütezeit: Februar–April. Im Alpinenhaus oft schon im Oktober.

Vorkommen und Verbreitung

Areal: Im gesamten Mittelmeergebiet verbreitet, häufig.
Biotop: gerne in Olivenhainen, Macchien, Nadelwäldern, an Grashängen, auf neutralen kalkhaltigen Böden.

Kulturhinweise

Von allen bisher beschriebenen *Ophrys*-Arten am einfachsten in der Kultur; wächst in allen angegebenen Substraten gleich gut und besitzt daher von allen beschriebenen Arten wohl die größte Standorttoleranz.

Bemerkungen

Für den Neuling unter den Liebhabern auf jeden Fall zu empfehlen. Bei entsprechenden Schutzmaßnahmen ist sie auch im Freiland zu halten. Probleme gibt es jedoch durch ihre frühe Blütezeit. Bei uns in Norddeutschland kommen die Pflanzen auch im Freiland schon im April zur Blüte, also zu einer Zeit, in der noch mit Frost zu rechnen ist. Kleine Folienzelte oder Frühbeetkästen haben sich generell bei im Freiland kultivierten *Ophrys*-Arten in den Monaten März und April recht gut bewährt. Dieser Schutz muß jedoch im Sommer entfernt werden. Wenn dies nicht geschieht, ist wenigstens gut zu lüften. Die Unterart *Ophrys fusca* ssp. *iricolor* ist wesentlich hübscher, sie hat größere Blüten und das Mal ist intensiv blau gefärbt. Ihre Kultur ist bedauernswerterweise ungleich schwieriger und mißlingt oft. Substrat 1 mit viel Kalkschotter bei mäßiger Feuchtigkeit wäre in diesem Fall zu empfehlen.

Ophrys insectifera, Fliegenragwurz

Beschreibung
Pflanze 15–50 cm hoch; Blätter 7–9, breit-lanzettlich; Blütenstand locker, 2–20blütig; Sepalen grün, Petalen schmal, fadenförmig, dunkelrot bis braun, Lippe dreilappig, Mittellappen eingeschnitten, samtig dunkelbraun, Mal rechteckig, blau bis grau.
Blütezeit: Mai–Juli.

Vorkommen und Verbreitung
Areal: in ganz Europa, hauptsächlich aber West- und Mitteleuropa, fehlt im südlichen Mittelmeerraum sowie auch im äußersten Norden.
Biotop: in Kiefern- und Buchenwäldern, an Waldrändern, auf Trockenrasen und auf Kalkböden.

Kulturhinweise
Diese Art im Freiland in das gleiche Biotop im Garten pflanzen, wie unter *Ophrys fuciflora* beschrieben. Von allen vier heimischen Arten ist ihre Kultur, neben *Ophrys apifera*, am einfachsten. Sie eignet sich auch vorzüglich für das lichte Waldbeet in der Nachbarschaft von *Cypripedium*. In der Containerkultur bereitet die Art Schwierigkeiten. Worin diese genau liegen, kann nicht gesagt werden. Nach dem Laubeinziehen benötigt die Pflanze jedoch weiterhin mehr Feuchtigkeit als andere Arten.

Bemerkungen
Für den Anfänger sehr geeignet. Auf zusagenden Standorten kommt es zur vegetativen Vermehrung und somit zu Horstbildungen. Samenkeimung kann ebenfalls in reichem Umfang beobachtet werden.

Ophrys kurdica, Kurdische Ragwurz

Beschreibung
Pflanze 15–30 cm hoch; Blätter 3–5, breit-lanzettlich; Blütenstand sehr locker, nur etwa 3–7 Blüten; Sepalen ziemlich groß, grün bis rosa, seitliche Sepalen sehr schmal, Lippe dreilappig, dunkelpurpur, Mal H-förmig, weiß.
Blütezeit: Ende April–Ende Mai.

Vorkommen und Verbreitung
Areal: In der südlichen Türkei, Persien, selten.
Biotop: Soll auf feuchten Wiesen mit kalkhaltigem Untergrund stehen.

Kulturhinweise
Über diese sehr schöne Art können keine hinreichenden Angaben zur Kultur gemacht werden, da wir nur sehr wenige Pflanzen erst relativ kurze Zeit in Kultur halten. Die Verwendung eines Substrats aus tonigem Lehm, der mit humusreicher Feinerde durchsetzt ist, hat zu gutem Wachstum geführt. Aber ebenso gut stehen die Pflanzen in grobkörnigem Kies, der Lehmanteile enthält. Dieses Substrat wurde allerdings recht feucht gehalten. Alle Angaben beziehen sich nur auf die Containerkultur.

Im Gegensatz zu vielen anderen Arten ist das Laub während der Blüte noch vollkommen grün. Nach Ausbildung der Samenkapseln ziehen sie die Blätter erst Ende April bei zunehmender Wärme ein.

Bemerkungen
Diese Art ist wohl eines der schönsten Mitglieder der Gattung *Ophrys*. Die großen klaren Blüten sind bestechend in ihrer Wirkung. Von dieser Art wird eine konstante Substratfeuchtigkeit während der Vegetationsperiode verlangt.

Ophrys lunulata, Mondragwurz

Beschreibung
Pflanze 30–40 cm hoch; Blätter 4–8, breit-lanzettlich; Blütenstand locker, 4–9blütig; Sepalen spitzeiförmig nach unten gerichtet, rosa; Petalen schmal, rosa; Lippe dreilappig, Seitenlappen und seitliche Ränder zurückgeschlagen, Lippenmitte dunkelbraun bis schwarz-purpur, Rand gelblich,

grünlich oder bräunlich, Mal halbmondförmig, dunkelblau.
Blütezeit: März–April.

Vorkommen und Verbreitung

Areal: Sizilien und Sardinien.
Biotop: grasbewachsene, steinige Hänge und Gebüsch.

Kulturhinweise

Diese Art ist in Substrat 1 recht gut zu kultivieren. Sie liebt Feuchtigkeit während der Vegetationsperiode. Die Knollen sollten nicht tiefer als 3 cm in die Erde gelegt werden. Ein Kalkzusatz ist nicht erforderlich. In der Natur steht die Art gerne in mineralischem Boden, der stark eisenhaltig zu sein scheint. Auch hier muß die Kultur im Container oder Alpinenhaus empfohlen werden, da die Winterhärte nicht ausreichend ist.

Bemerkungen

Bei guter Kultur sind 12–15blütige Exemplare keine Seltenheit. Außerdem werden statt einer auch oft zwei oder sogar drei neue Knollen angelegt, so daß eine natürliche, vegetative Vermehrung nicht selten ist. Die Sommerruhe gelingt am besten, wenn die Knollen in eben feuchtem Quarz- oder Seesand eingeschlagen werden. Verbleiben die Knollen im Kulturgefäß, so ist es ratsam, das Substrat nicht ganz austrocknen zu lassen und die Pflanzbehälter in einer Plastiktüte einzuschnüren.

Ophrys lutea, Gelbe Ragwurz

Beschreibung

Pflanze 10–25 cm hoch; Blätter 4–8, breit-lanzettlich; Blütenstand locker, 2–7blütig; Septalen grün; Petalen etwa halb so lang, gelblichgrün; Lippe dreilappig, Mittellappen ausgerandet, Rand flach, gelb, zentraler Teil dunkelrotbraun, Mal flächig, ungeteilt blau bis grau.
Blütezeit: März–April.

Vorkommen und Verbreitung

Areal: im gesamten Mittelmeergebiet häufig.
Biotop: in Macchien, Kiefernwäldern und Trockenrasen.

Kulturhinweise

Diese Orchidee gehört unter den beschriebenen *Ophrys*-Arten zu den am einfachsten zu kultivierenden Arten. Sie gedeiht in allen angegebenen Substraten leicht und willig, weist aber Empfindlichkeit bei zu hohen Wassergaben auf und sollte gut drainiert stehen. Dies gilt besonders für Freilandstandorte, auf denen sie mit ausreichend Winterschutz aushält.

Bemerkungen

Durch die einfache Kultivierbarkeit eine interessante und hübsche Art für den Anfänger. Die Art kommt noch in zwei Unterarten vor: *Ophrys lutea* ssp. *minor*, deren Blüten etwas kleiner, aber auch intensiver gefärbt sind – das Mal weist oft ein sehr leuchtendes Blau auf – und *Ophrys lutea* ssp. *melena* mit ebenfalls kleineren Blüten, die Lippe ohne gelbe Umrandung. Die letztere ist *Ophrys fusca* sehr ähnlich.

Ophrys omegaifera, Omegaragwurz

Beschreibung

Pflanze 8–20 cm hoch; Blätter 3–4, breit-eiförmig bis lanzettlich; Blütenstand wenigblütig, 1–5blütig, selten mehr; Sepalen grün; Petalen etwa 2/3 so lang wie die Sepalen, bräunlich bis purpurn; Lippe dreilappig nach unten geknickt, dunkelbraun bis schwarzviolett, behaart, Mal flächig, dunkelbraun bis braunrot, durch eine omegaförmige (Ω) weiße Linie begrenzt.
Blütezeit: Dezember–April.

Vorkommen und Verbreitung

Areal: Verbreitungsgebiet geteilt, zum einen Marokko, Spanien und die Balearen, zum anderen Ostägäis, Türkei und Libanon.
Biotop: wächst in lichten Wäldern, Gebüsch und an Grashängen.

Kulturhinweise

Die Kultur gestaltet sich nicht schwierig. Substrat 2 mit Zugabe von Kalkschotter wird gut angenommen. Es kommt nur Containerkultur in Frage. Ein heller Standort und etwas Wärme im Winter sind zu empfehlen.

Bemerkungen

Eine sehr kleine Art, mit allerdings recht großen Blüten. Erwähnenswert ist ihre sehr frühe Blütezeit, es haben schon Ende November die ersten Exemplare bei uns geblüht. In der Regel blüht sie jedoch erst ab Ende Dezember und Januar, zusammen mit *Ophrys fusca* und *Barlia*. Bei den beiden Arten *O. fusca* und *O. omegaifera* ist noch die sehr lange Haltbarkeit der einzelnen Blüten – die bis zu 2 Monate beträgt – erwähnenswert.

Ophrys pallida, Blasse Ragwurz

Beschreibung

Pflanze 10–20 cm hoch; Blätter 4–7, kurz, breit-lanzettlich; Blütenstand locker, 2–5blütig; Sepalen breit, grünlich, auch rötlich bis weiß; Petalen etwa halb so lang, grün; Lippe schwach dreilappig, am Ende nach unten geknickt, kastanienbraun, Mal geteilt, vorgewölbt, rötlich, weiß bis schmutzigweiß gefärbt.
Blütezeit: Februar–April.

Vorkommen und Verbreitung

Areal: von Algerien bis Sizilien.
Biotop: auf felsigem Grund, grasbewachsenen Hängen und in Macchien.

Kulturhinweise

Diese Orchidee ist ungleich schwerer zu halten als die bisher genannten Arten. Substrat 1 hat sich bewährt. *Ophrys pallida* ist sehr empfindlich gegen kalte Nässe in den Wintermonaten, daher ist nur Containerkultur zu empfehlen. Die Temperaturen sollten im Winter nicht unter 5 °C gehen.

Bemerkungen

Mehr interessante als hübsche Art, die erst bei genauerer Betrachtung ihren Reiz preisgibt. Die Art ist aber nur für erfahrene Kultivateure geeignet.

Ophrys reinholdii, Reinholds Ragwurz

Beschreibung

Pflanze 20–40 cm hoch, Blätter 4–5, breit-lanzettlich; Blütenstand locker mit 4–8 Blüten; Sepalen weißlich, rosa-rot, auch grün; Petalen halb so groß, grünlich–braun; Lippe dunkelbraun bis schwärzlich, Mal variabel in der Form, blaßviolett, weiß umrandet.
Blütezeit: Ende März bis Mitte Mai.

Vorkommen und Verbreitung

Areal: Griechenland, Ägäis, Türkei, östlich bis Persien.
Biotop: in Gebüschen, Macchien, Kiefernwäldern, auf Kalkböden.

Kulturhinweise

Es sind bei dieser Art die gleichen Kulturmaßnahmen anzuwenden, wie bei *Ophrys cretica*, mit der sie sich gut zusammen kultivieren läßt.

Bemerkungen

Farblich eine sehr schöne Art. Das scharf mit weißem Rand abgegrenzte Mal sorgt für eine besondere Wirkung.

Ophrys scolopax, Gehörnte Ragwurz

Beschreibung

Pflanze 10–45 cm hoch; Blätter 5–6, breit bis breit–lanzettlich; Blütenstand locker, 3–12blütig; Sepalen rosa bis rot, Petalen rosa bis rot; Lippe dreilappig, braun oder rotbraun, Mal stark zerteilt, lila, rot oder bräunlich mit weißem Rand, Seitenlappen zurückgeschlagen mit langen stumpfen Hörnern.
Blütezeit: März–April.

Vorkommen und Verbreitung

Areal: Mittelmeergebiet von Spanien bis südliche Türkei.
Biotop: auf buschbewachsenen Hängen, in lichten Wäldern, auf trockenen Wiesen, hauptsächlich auf Kalkboden.

Kulturhinweise

In der Kultur macht diese Art keine großen Schwierigkeiten. Sie wächst in allen 3 angegebenen Substraten recht gut. Ein Zuviel an Wasser scheint ihr nicht zu gefallen. Die Wurzeln werden dann leicht braun und sterben ab. Sollte dies einmal der Fall sein, so ist es empfehlenswert, den Blütenstand zu entfernen, damit die neue Knolle ausreichend ernährt wird. Diese Art ist auch an geschützten Standorten gut im Freiland zu halten. Als Winterschutz hat sich eine lockere Schüttung aus Kiefernnadeln oder Stroh erwiesen. Bei Dauerregen im Winter mit einer lichtdurchlässigen Plastiktüte abdecken, die außerdem für alle im Freiland überwinternden *Ophrys*-Arten Schutz vor Wintersonne – gerade an Tagen mit Barfrost – bietet.

Bemerkungen

Wird von allen Arten wohl mit am häufigsten kultiviert, da ausreichende Winterhärte gegeben ist. Es kommt aber doch immer wieder zu Verlusten, wenn der unbedingt erforderliche Winterschutz nicht sachgemäß betrieben wird.

Zu dieser Art gehören einige Varietäten, die sich z. T. durch größere oder durch anders gefärbte Blüten unterscheiden. Dies sind *Ophrys scolopax* var. *heldreichii*, *O. scolopax* var. *orientalis* und *O. scolopax* var. *cornuta*. Letztere ist durch ihre z. T. bis 1 cm langen Hörner am Grunde des Seitenlappens am besten zu unterscheiden.

Ophrys speculum, Spiegelragwurz

Beschreibung

Pflanze 10–30 cm hoch; Blätter 5–7, breit-lanzettlich; Blütenstand locker, 3–8blütig; Sepalen grün, innen mit rotbraunen Streifen; Petalen halb so lang, braun; Lippe tief dreilappig, Rand dunkelbraun behaart, leuchtend blau, ohne Mal.
Blütezeit: März–Ende April.

Vorkommen und Verbreitung

Areal: im gesamten Mittelmeergebiet verbreitet.
Biotop: trockene Hänge, Grasland, in lichten Wäldern.

Kulturhinweise

Diese Art macht in der Kultur manchmal Schwierigkeiten, wenn das Substrat zu feucht gehalten wird. Sie bevorzugt einen warmen hellen Standort. In Substrat 1 mit reichlich Kalkschotter scheint es ihr am besten zu gefallen.

Bemerkungen

Ist wohl zu den schönsten der Gattung zu zählen. Die Blüten bergen ein Farbenspiel ohnegleichen,

wenn die Sonne sie trifft. Dieser Effekt wird noch erhöht, wenn die Art in Gruppen gepflanzt wird.

Die Unterart *Ophrys speculum* ssp. *lusitanica* stammt aus Portugal, hat längere Seitenlappen und ist rötlich behaart. Die Art vermehrt sich gut vegetativ; sie kommt auch in der Natur stets pulkweise vor. Diese Art stand Pate bei der Namensgebung für die Gattung. (*Ophrys* = Augenbraue). Die Bezeichnung spielt auf den behaarten Lippenrand an.

Ophrys sphegodes, Spinnenragwurz

Beschreibung

Pflanze 20–50 cm hoch; Blätter 5–9, breitlanzettlich; Blütenstand locker, 3–10blütig; Sepalen dreieckig-spitz, grün; Petalen halb so lang, Ränder gewellt, grün bis gelblich, auch bräunlich oder rötlich; Lippe schwach dreilappig, Randzonen nach unten gebogen und behaart, dunkelbraun, Mal H-förmig, selten schildförmig, bläulich oder braunviolett.
Blütezeit: Anfang April–Juni.

Vorkommen und Verbreitung

Areal: West-, Mittel- und Südeuropa, nordwärts bis Südengland.
Biotop: Sonnige, trockene Hänge, Grasland, Macchien, Kiefernwälder, auf Kalk.

Kulturhinweise

Die in Mitteleuropa vorkommende Unterart ist in der Regel so zu pflanzen, wie unter *Ophrys fuciflora* beschrieben, jedoch liebt sie den Standort noch etwas trockener und steiniger; ein Platz im oberen Drittel eines Trockenhügels wäre angebracht. Auf kurzrasigen, künstlich angelegten Trockenrasenflächen, deren Substrat gut mit Kalkschotter durchsetzt ist, findet sie ebenfalls recht gute Bedingungen. Für die Containerkultur eignen sich Substrat 1 und 3 recht gut.

Bemerkungen

Zu *Ophrys sphegodes* gehören viele Unterarten. Die wichtigsten sollen nachfolgend beschrieben und mit besonderen Hinweisen für die Kultur versehen werden.

Ophrys sphegodes ssp. **aeskulapii,** Aeskulap-Ragwurz

Beschreibung
Durch die breite, gelblich gerandete Lippe unterscheidet sich diese Unterart erheblich von der Art. Die Sepalen und Petalen sind grün bis bräunlichgrün.
Blütezeit: März–April.

Verbreitung
Kommt nur in Griechenland vor (Attika und Peloponnes).

Kulturhinweise
Diese Pflanzen stehen auf kalkreichem, lehmigem Boden am besten. Sie lieben jedoch keine Nässe; am besten ist die Containerkultur; die Temperaturen sollten nicht unter 5 °C absinken.

Bemerkungen
Eine sehr reizvolle Unterart, deren ansprechende Blüte durch die hübsche Lippenfärbung und -zeichnung etwas Besonderes sind.

Ophrys sphegodes ssp. **amanensis**

Beschreibung
Blütenblätter weiß bis kräftig rot; Lippe dunkelbraun mit stahlblauem Mal.
Blütezeit: April.

Verbreitung
Im Amanusgebirge in der Türkei.

Kulturhinweise
Liebt leicht feuchtes steiniges Substrat und warmen Standort. Temperaturen nicht unter + 5 °C; Containerkultur.

Bemerkungen
Farblich eine der schönsten Unterarten durch die rosa gefärbten oberen Perianthblätter.

Ophrys sphegodes ssp. **atrata,** Violette Spinnenragwurz

Beschreibung
Ist der vorherigen Unterart ähnlich, jedoch sind die seitlichen Höcker noch kräftiger ausgebildet und die Behaarung der Blütenrandzone ist länger und zottiger.
Blütezeit: März–Mai.

Verbreitung
Mittleres und westliches Mittelmeergebiet.

Kulturhinweise
Gleiche Kultur wie unter *O. sphegodes* ssp. *mammosa* angegeben.

Ophrys sphegodes ssp. **garganica**

Beschreibung
Sehr ähnlich der Art, aber größere Blüten. Petalen auffällig groß, grünlich bis gelblich, oft mit braunem Rand; Sepalen meist grünlich.
Blütezeit: März–Anfang Mai.

Verbreitung
Hauptsächlich in Süditalien und Spanien.

Kulturhinweise
Scheint sandigen, steinigen Boden zu bevorzugen; über die Winterhärte können noch keine Angaben gemacht werden.

Ophrys sphegodes ssp. **litigiosa**

Beschreibung
Sepalen grün bis gelblichgrün; Petalen ebenfalls grün, oft auch gelblich bis rötlich; Lippe ungeteilt bis schwach dreilappig, gewölbt, samtig, rötlichbraun bis dunkelbraun, Randzone unbehaart und gelblich gefärbt, Mal klein und variabel gestaltet.
Blütezeit: Februar–Mai.

Vorkommen und Verbreitung
Areal: Süddeutschland, Frankreich, Italien, Adriaküste, Jugoslawien bis Griechenland.
Biotop: auf kalkreichen, steinigen Böden.

Kulturhinweise
Bei Containerkultur in Substrat 1 ist die Art relativ einfach zu halten. Winterschutz ist angebracht.

Bemerkungen
Ist von allen Unterarten die kleinblütigste, was aber ihrer Schönheit keinen Abbruch tut. In kleinen Gruppen gesetzt, ist sie sehr reizvoll.

Ophrys sphegodes ssp. **mammosa,** Busenragwurz

Beschreibung
Besitzt wesentlich größere Blüten als die Art; Sepalen grün; Petalen an der Basis oft rot oder braunrot, auch gelblich; Lippe schwarzpurpurn mit kurzbehaarten Rändern, an deren Grund beidseitig ziemlich deutlich ausgeprägte Höcker sitzen (Name!); Mal oft H-förmig oder in Form von zwei Längsstreifen.
Blütezeit: März–April

Vorkommen und Verbreitung
Areal: im östlichen Mittelmeergebiet, Griechenland, Türkei, Zypern.
Biotop: Macchien, lichte, trockene Kiefernwälder.

Kulturhinweise
Zu bevorzugen ist die Kultur in Gefäßen oder im Alpinenhaus in Substrat 1 oder 3. Sie ist unter günstigen Bedingungen und gutem Schutz auch winterhart.

Bemerkungen
Durch die großen Blüten bemerkenswert, besonders schöne Wirkung wird durch Pflanzung in Gruppen erzielt. Frostschäden am Blütenstand können auftreten, weil diese Unterart recht früh blüht.

Ophrys sphegodes ssp. **panormitana**

Es handelt sich dabei um eine endemische Unterart aus Sizilien, die dort recht häufig vorkommt.
Blütezeit: März–April.

Kulturhinweise
Zu kultivieren wie *O. sphegodes* ssp. *litigiosa*, allerdings fehlt es ihr an Winterhärte, deshalb ist nur die Containerkultur möglich. Die Wintertemperatur sollte nicht unter 5 °C absinken.

Ophrys sphegodes ssp. **provincialis**

In Südfrankreich vorkommende endemische Unterart mit relativ großen Blüten.
Blütezeit: März–April.

Kulturhinweise
Ist bei gutem Schutz auch für das Freiland geeignet. Sie liebt einen warmen, trockenen Standort. Für Containerkultur sollte Substrat 1 verwendet werden.

Ophrys sphegodes ssp. **sintenisii**

Ist *O. sphegodes* ssp. *mammosa* nicht unähnlich, im allgemeinen aber kräftiger gefärbt; ist in Israel beheimatet.
Blütezeit: März–April.

Kulturhinweise
Liebt es warm und trocken; die Temperatur im Winter sollte 5 °C nicht unterschreiten; am besten Containerkultur.

Ophrys sphegodes ssp. **sipontensis**

Beschreibung
Am Monte Gargano vorkommende Unterart, die sich durch die weißlich bis intensiv rot gefärbten Perianthblätter und das leuchtend blaue Mal von den anderen Unterarten gut unterscheidet.
Blütezeit: März–Ende April.

Kulturhinweise
Liebt ein lehmig-toniges Substrat, das die Feuchtigkeit hält; warmer heller Standort; am besten Containerkultur oder Alpinenhaus.

Bemerkungen
Die mittelgroßen Blüten sind sehr hübsch gefärbt, was die Art sehr empfehlenswert für die Kultur macht.

Ophrys sphegodes ssp. **spruneri,** Spruners Ragwurz

Beschreibung
Sepalen rosa bis weißlich, grünlich geädert; Petalen rosa bis orange; Lippe dreilappig, schwarzpurpur, samtig; Mal meist H-förmig, dunkelblau und weiß gerandet.

Verbreitung
Südgriechenland, Ägäis und Kreta.

Kulturhinweise
Substrat 1 mit einer Beimischung von Kalkschotter hat sich in der Kultur gut bewährt. Containerkultur bei warmem, hellem Standort ist zu empfehlen. Die Temperaturen sollen 5 °C nicht unterschreiten und im Winter 8–9 °C nicht überschreiten.

Bemerkungen
Sehr farbenprächtige Unterart, die leider nicht einfach zu kultivieren ist.

Ophrys tenthredinifera, Wespenragwurz

Beschreibung
Pflanze 10–40 cm hoch; Blätter 6–9, eiförmig bis breitlanzettlich; Blütenstand locker mit 3–8 Blüten; Sepalen breit, blaß bis kräftig rosa mit grünen Adern; Petalen dreieckig, rosa; Lippe groß, rund bis rechteckig, angedeutet dreilappig, im Randbereich gelb bis grünlich, in der Mitte braun, Mal klein, mit hellem Rand.
Blütezeit: März–April.

Vorkommen und Verbreitung
Areal: im Mittelmeerraum bis zur Westtürkei.
Biotop: Grasland, Macchien, Kiefernwälder, steiniges Ödland.

Kulturhinweise
O. tenthredinifera benötigt Substrat 1 oder 2 bei Kultur im Container oder Alpinenhaus. Sie sind sehr wüchsig und blühen jedes Jahr. Es konnten sogar Sämlinge beobachtet werden, die spontan in den Kulturgefäßen aufwuchsen. Auch die vegetative Vermehrung verläuft zufriedenstellend.

Bemerkungen
Die beste Wirkung wird erzielt, wenn die Pflanzen gruppenweise in Tonschalen gesetzt werden. Pflanzt man verschiedene *Serapias*-Arten dazu, so erhält man besonders schöne Farbspiele.

11.4　　Die Gattung *Orchis* – Knabenkraut

Mit etwa 30 Arten und etlichen Unterarten ist sie eine der größten Gattungen Europas. Ihr Verbreitungsgebiet umfaßt nahezu ganz Europa, lediglich in den arktischen Gebieten ist sie nicht vertreten.

Die größte Artenvielfalt ist im südlichen Europa anzutreffen. Den meisten Arten sagen die relativ trockenen Standorte am ehesten zu: Trockenrasen, mit Büschen bestandenes Gelände, Steppen, Ödland und Macchien. Einige Spezies wachsen jedoch auch in Wäldern und Feuchtgebieten.

Ebenso wie andere Orchideengattungen ist auch die *Orchis* durch die Zerstörung ihrer Standorte stark gefährdet. Allein in den letzten 8–10 Jahren sind viele ihrer Lebensräume völlig vernichtet worden. Daher ist es in diesem Fall besonders wichtig, alle Möglichkeiten der Kultur wahrzunehmen. Bei optimalen Standortbedingungen ist die gärtnerische Kultur der meisten Arten bisher gut gelungen. Für die erfolgreiche Kultur lassen sich die gleichen Substrate verwenden, wie sie bereits für *Ophrys* beschrieben worden sind, mit der *Orchis* in der Natur oftmals zusammen vorkommt.

Die in der jüngsten Vergangenheit häufig gut gelungenen Keim- und Anzuchtversuche berechtigen zu der Hoffnung, daß die Arten der Gattungen *Orchis* und *Ophrys* in naher Zukunft recht umfangreich vermehrt werden können.

Sowohl im Freiland als in der Gefäßkultur kann man *Orchis* und *Ophrys* gemeinsam kultivieren. Besonderheiten bei der Kultur einzelner Arten werden im folgenden näher erörtert.

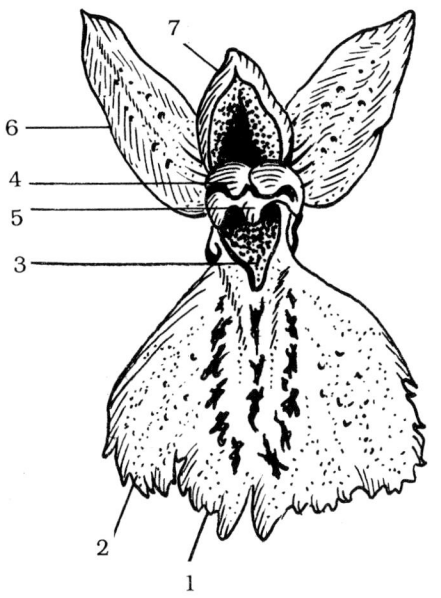

Abb. 9: Die *Orchis*-Blüte zeigt große Ähnlichkeit mit der *Dactylorhiza*-Blüte

1 = Mittellappen der Lippe

2 = Seitenlappen der Lippe

3 = Sporneingang

4 = Petalen

5 = Säulchen

6 = seitliche Sepalen

7 = mitteleres Sepalum

Beschreibung der Arten in alphabetischer Reihenfolge

Orchis anatolica, Anatolisches Knabenkraut

Beschreibung

Pflanze 15–35 cm hoch; Blätter 5–8, lanzettlich, gefleckt; Blütenstand locker; seitliche Sepalen aufrecht oder abstehend; Sepalen und Petalen hell bis dunkelpurpurn; Lippe dreilappig, im Zentrum weißlich bis rosa und dunkelpurpurn gefleckt. Blütezeit: März–April.

Vorkommen und Verbreitung

Areal: östliches Mittelmeergebiet, von den Ägäischen Inseln ostwärts.
Biotop: in trockenem, grasbewachsenem Gelände, im Gebüsch und in lichten Wäldern.

Kulturhinweise

Ist in der Kultur ebenso zu behandeln wie unter *Orchis quadripunctata* beschrieben.

Orchis canariensis, Kanarisches Knabenkraut

Beschreibung

Pflanze 15–35 cm hoch; Blätter 5–7, lanzettlich; Blütenstand dicht; seitliche Sepalen aufrecht oder gespreizt, mittleres Sepalum und seitliche Petalen zusammengeneigt, rosa bis grünlich; Lippe dreilappig, blaßrosa mit dunkelrotem Muster. Blütezeit: März–April.

Vorkommen und Verbreitung

Areal: endemisch auf den kanarischen Inseln.
Biotop: wächst in Schluchten und Gebüschen, auf ungestörtem Gelände.

Kulturhinweise

Aus Samen gezogene Jungpflanzen haben sich seit 1986 bei uns gut entwickelt. Die Knöllchen hatten einen Durchmesser von 4–6 mm, als sie in ein grobkörniges, kiesiges und kalkfreies Substrat gepflanzt wurden. Die Pflanzen entwickelten gesundes Laub und zogen etwa Ende März wieder ein. Die aus dem Substrat entnommenen Knollen wiesen eindeutig Zuwachs auf. Einige hatten es sogar auf weit über 1 cm Durchmesser gebracht. Im Frühjahr 1990 kamen die ersten Pflanzen zur Blüte.

Bemerkungen

Es zeigt sich auch hier wieder, daß künstlich aufgezogene Pflanzen weitaus einfacher und problemloser in der Haltung sind. Diese Feststellung gilt nicht nur für aus Saat herangezogene Pflanzen, sondern auch für jene, die mehrere Generationen hindurch vegetativ vermehrt wurden.

Orchis collina

Beschreibung

Pflanze 15–40 cm hoch; Blätter 4–6, breitlanzettlich; Blütenstand locker und schmal mit 4–15 Blüten; seitliche Sepalen aufrecht nach hinten gerichtet, seitliche Petalen nach vorne gebogen und fast einen Helm bildend, braunpurpurn; Lippe ungeteilt, fächerförmig, Lippengrund weißlich bis rosa, sonst bräunlich bis grünlich.
Blütezeit: Februar–April.

Vorkommen und Verbreitung

Areal: Mittelmeergebiet, im Osten bis Kaukasus, Persien und Turkestan, nirgends häufig anzutreffen.
Biotop: Vorwiegend auf Kalkboden, auf trockenen Wiesen, in lichten Wäldern.

Kulturhinweise

Nur in Containerkultur oder im Alpinenhaus zu halten. *O. collina* liebt ein kalkhaltiges, lehmiges Substrat von krümeliger Struktur. Diese Art ist gegen feuchte Kälte sehr empfindlich und fault leicht, deshalb ist es ratsam, sie in die Nähe eines Ventilators zu stellen. Nach Möglichkeit im Winter kein Wasser auf die Blätter kommen lassen.

Bemerkungen

Sie unterscheidet sich durch die Blütenfärbung von den anderen Arten und ist sehr hübsch. Es gibt von dieser Art eine hellere Varietät, die als *Orchis collina* var. *chlorotica* bezeichnet wird. Die Blüten dieser Varietät sind intensiv grün gefärbt. Sie liebt feuchtere Standorte und ist in einem Substrat aus grobem Kies mit einem Anteil von 30% frischem *Sphagnum* gut zu kultivieren.

Orchis coriophora, Wanzenknabenkraut

Beschreibung

Pflanze 15–40 cm hoch, Blätter 5–6, rosettenartig angeordnet, lanzettlich, gefaltet, obere Blätter den Stengel umfassend; Blütenstand dicht, zylindrisch; Sepalen und Petalen helmbildend, braunrot oder grünlich; Lippe dreilappig, gekrümmt, am Grunde gefleckt.
Blütezeit: April–Anfang Juni.

Vorkommen und Verbreitung

Areal: Mitteleuropa, sehr selten.
Biotop: Magerwiesen, lichte Wälder, Feuchtgebiete.

Kulturhinweise

Die mitteleuropäische Unterart *O. coriophora* var. *coriophora* ist für die Freilandkultur gut geeignet. Als Standort sollten Teichränder oder Ränder von Feuchtgebieten gewählt werden. Substrat 1 (siehe »Die Gattung *Ophrys*«), dem 30% frisches, gehacktes *Sphagnum* zugesetzt werden sollte, wird gut angenommen. Die Begleitflora sollte niedrig und spärlich sein, da die Pflanzen sonst leicht überwuchert werden. Die südeuropäische Unterart *O. coriophora* ssp. *fragrans* liebt etwas trockenere Standorte. Da ihr jedoch die ausreichende Winterhärte fehlt, ist sie nur für Containerkultur oder für das Alpinenhaus zu empfehlen. Ein ausgezeichnetes Substrat ist auch Seesand oder Quarzsand mit einer Zugabe von 50% frischem, gehacktem *Sphagnum*.

Bemerkungen

Eine kleine, unscheinbare Art. Ihre Schönheit gibt sie erst beim genaueren Hinsehen preis. Ihre Anspruchslosigkeit ist ein Vorteil.

Orchis italica, Italienisches Knabenkraut

Beschreibung

Pflanze 20–50 cm hoch, kräftig; Blätter 7–10, breitlanzettlich, mit gewelltem Rand, gefleckt oder ungefleckt; Blütenstand locker bis dicht; Sepalen und seitliche Petalen einen zugespitzten Helm bildend, rosa bis rot; Lippe dreilappig, ähnlich geformt wie bei *Orchis simia*.
Blütezeit: März–April.

Vorkommen und Verbreitung

Areal: relativ häufig im gesamten Mittelmeergebiet.
Biotop: hauptsächlich auf Kalkboden, auf trockenen Wiesen, in lichten Wäldern und Macchien.

Kulturhinweise

Einfach zu kultivierende Art, die auch an das Substrat keine besonderen Ansprüche stellt, ist aber eher trockener als feucht zu halten. Im Freiland nur bedingt bei gutem Frostschutz; in milden Gegenden winterhart.

In der Container- oder Alpinenhauskultur sind wenig Schwierigkeiten zu erwarten. Substrat 1 (siehe »Die Gattung *Ophrys*«), Kalkschotter zusetzen.

Bemerkungen

Attraktive und robuste Art; 3 oder 5 Knollen zusammengepflanzt erhöhen die optische Wirkung.

Orchis laxiflora, Lockerblütiges Knabenkraut

Beschreibung

Pflanze 30–60 cm hoch; Blätter 6–9, linealisch lanzettlich, gefaltet, am Stengel verteilt; Blütenstand locker, 6–20blütig; seitliche Sepalen aufrecht und zurückgeschlagen, mittleres Sepalum und seitliche Petalen nach vorn geneigt, violettrot; Lippe dreilappig, Seitenlappen länger als der Mittellappen, zurückgefaltet, zentraler Teil der Lippe weiß.
Blütezeit: Ende März–Mai.

Vorkommen und Verbreitung

Areal: im ganzen mediterranen Küstengebiet verbreitet, atlantisches Westeuropa.
Biotop: in feuchten nassen Wiesen, an Seeufern und in Dünensenken, oft in großen Beständen.

Kulturhinweise

Diese Art ist in feuchtem, lehmig-sandigem Substrat leicht zu kultivieren. Sie eignet sich auch für die Freilandkultur, da sie nach unseren Erfahrungen ausreichend hart ist, jedenfalls in Norddeutschland. Ein Substrat, das aus Seesand und gehacktem *Sphagnum* besteht, hat hervorragende Ergebnisse gebracht. Während der Wachstumsperiode liebt diese Orchidee viel Feuchtigkeit, sie sollte aber im Sommer eine ausgeprägte Trockenruhe haben. Die Pflanzen beginnen im Oktober mit dem Austrieb, der im Winter jedoch zum Stillstand kommt. Im Freiland kommt es daher oft zu angefrorenen Blattspitzen.

Bemerkungen

Eine sehr schöne, kulturwürdige Art, die durch ihren schlanken Wuchs auffällt und eine beachtliche Größe erreichen kann. Im Container blühten 1990 Exemplare von 130 cm Höhe.

Orchis longicornu, Langsporniges Knabenkraut

Beschreibung

Pflanze 10–35 cm hoch; Blätter 6–8, lanzettlich; Blütenstand locker, 5–10blütig; Sepalen und seitliche Petalen zusammengeneigt, einen lockeren Helm bildend, purpurrot bis rosa; Lippe dreilappig, die Seitenlappen länger als der Mittellappen, nach unten gebogen, Lippe im Zentrum weiß mit roten Tupfen, die Seitenlappen dunkelpurpurn.
Blütezeit: Februar–April.

Vorkommen und Verbreitung

Areal: im westlichen Mittelmeergebiet, Portugal, im Osten bis zur Apenninhalbinsel, Sizilien.
Biotop: trockene Wiesen und Macchien, in lichten Wäldern.

Kulturhinweise

Die Art ist unter den gleichen Bedingungen zu kultivieren wie *Orchis papilionacea*. Beide Arten können gut zusammengepflanzt werden.

Orchis mascula, Männliches Knabenkraut

Beschreibung

Pflanze 20–60 cm hoch; Blätter 7–11, breit lanzettlich, die oberen den Stengel umfassend, gefleckt oder ungefleckt; Blütenstand dicht, vielblütig; seitliche Sepalen gespreizt, mittleres Sepalum und seitliche Petalen zusammengeneigt, hell- bis dunkelviolett, selten weiß; Lippe dreilappig, im Zentrum rosa bis weiß, dunkel punktiert.
Blütezeit: April–Juli.

Vorkommen und Verbreitung

Areal: Europa, Nordafrika, Vorderasien.
Biotop: auf feuchten Wiesen und in Wäldern, in Gebüschen und auf Halbtrockenrasen.

Kulturhinweise

Das Mannsknabenkraut ist für die Freilandkultur geeignet. Die Art ist ausgesprochen anpassungsfähig. Bei zusagenden Bedingungen ist sie in voller Sonne bei feuchterem Standort z. B. am Rand von Feuchtwiesen oder auch im Waldbeet zu halten. Das Substrat sollte tiefgründig und mineralisch und das ganze Jahr ausreichend feucht sein. Die Pflanzen lieben es, über lange Zeit ungestört zu stehen. Dann kommt es durch natürliche vegetative Vermehrung zu Horstbildungen. Im Bereich der Mutterpflanzen können sehr viele Sämlinge auftreten. Die Verfasser kultivierten *Orchis mascula* schon seit über 15 Jahren in einem Waldbeet mit guten Lichtverhältnissen. Aus ursprünglich sieben Exemplaren sind mittlerweile weit über 100 Pflanzen entstanden. Wenn die Horste zu dicht werden, ist es ratsam, die Pflanzen vorsichtig zu vereinzeln. Wenn dies nicht geschieht, kann es leicht zu einem Befall durch Schadpilze kommen, die sich in kurzer Zeit über den ganzen Horst ausbreiten.

Bemerkungen

Die Containerkultur gelingt nur, wenn die Pflanzen kühl und schattig aufgestellt werden. Sie vertragen große Wärme nicht, die im Frühjahr gerade in Kalthäusern oder Frühbeeten auftritt. Die generative Vermehrung gelingt noch nicht zufriedenstellend.

Orchis militaris, Helmknabenkraut

Beschreibung

Pflanze 30–60 cm hoch; Blätter 7–10, breit-lanzettlich, glänzend; Blütenstand mäßig dicht, vielblütig; Sepalen und seitliche Petalen einen spitzen Helm bildend (Name!), bläulichrosa; Lippe dreilappig, Seitenlappen schmal, Mittellappen geteilt, Lippe rosarot bis violett, dunkelrot gefleckt. Blütezeit: April–Juni.

Vorkommen und Verbreitung

Areal: Hauptsächlich in Mitteleuropa bis Mittelasien, fehlt im Norden Europas und im mediterranen Gebiet.
Biotop: Gebüschreiche Halbtrockenrasen, Waldränder.

Kulturhinweise

Das Helmknabenkraut ist eine sehr dankbare Freilandorchidee, die bei guten Kulturbedingungen lange aushält. Der ideale Standort für *Orchis militaris* ist der Rand des Waldbeetes, wo sie lichten Schlagschatten erhält. Bevorzugt wird ein tiefgründiges mineralisches Substrat mit guten Feuchtigkeitsverhältnissen und geringem Kalkgehalt. Es kann aus abgelagerter Rasenerde unter Zugabe von etwas tonigem Lehm und Kalk hergestellt werden.

Die Art eignet sich auch für die Containerkultur im Kalthaus. Sie liebt aber die große Wärme nicht, die dort im Frühling zuweilen auftritt, und muß dann auf auf jeden Fall schattig und kühl gestellt werden.

Bemerkungen

Es ist eine stattliche Art von intensiver Farbkraft, die auf jeden Fall zur Einzelstellung geeignet ist. *Orchis militaris* ist leider besonders in der Austriebsphase durch Schneckenfraß gefährdet.

Orchis morio, Salep- oder Kleines Knabenkraut

Beschreibung

Pflanze 10–30 cm hoch; Blätter 5–9, lanzettlich spitz, rosettenförmig angeordnet; Blütenstand dicht, 5–12blütig; Sepalen und seitliche Petalen einen rundlichen Helm bildend, dunkelpurpurn bis weißlich, seitliche Sepalen grün gestreift; Lippe dreilappig, Mittellappen an der Spitze ausgerandet, im Zentrum dunkelpurpur gepunktet.
Blütezeit: März–Juni.

Vorkommen und Verbreitung

Areal: kommt in Mitteleuropa heute nur noch selten vor; mittleres Skandinavien, Gotland und Öland; teilt sich nach Süden und Osten in mehrere geographische Rassen auf.
Biotop: wächst gern auf schwach sauren bis basischen Böden, auf Weiden, Wacholdertriften und Macchien.

Kulturhinweise

Diese Orchidee bevorzugt die gleichen Standorte wie für *Orchis ustulata* und *Orchis tridentata* beschrieben. Sie bereitet auf geeigneten Standorten keinerlei Schwierigkeiten und gedeiht dort jahrelang. Diese Art neigt zu vegetativer Vermehrung, so daß es im Laufe der Zeit zu Horstbildungen kommen kann. Da die Pflanzen sehr klein bleiben, muß auf die Höhe der Begleitflora geachtet werden.

Bei Containerkultur kann Substrat 1 (siehe »Die Gattung *Ophrys*«) verwendet werden. Die Zugabe von etwas abgelagertem Torf wird ebenfalls gut vertragen.

Bemerkungen

Orchis morio ist eine zwar sehr kleine, aber doch recht hübsche Art. Man sollte sie möglichst zu mehreren pflanzen, entweder zerstreut oder in kleinen Gruppen.

Zu erwähnen wäre noch die Unterart *Orchis morio* var. *picta*, die im Mittelmeergebiet vorkommt. Sie hat kleinere Blüten und ihr ganzer Habitus ist schlanker und graziler. Diese Unterart ist nicht winterhart.

Orchis pallens, Blasses Knabenkraut

Beschreibung

Pflanze 15–35 cm hoch; Blätter 7–9, breit eiförmig, glänzend; Blütenstand dicht; seitliche Sepalen abstehend, mittleres Sepalum und seitliche Petalen zusammengeneigt, im allgemeinen heller gelb als Lippe; Lippe dreilappig, gelb.
Blütezeit: April–Juni.

Vorkommen und Verbreitung

Areal: in Mitteleuropa sehr selten, in Südeuropa etwas häufiger, im Osten bis in die Türkei und an den Kaukasus vorstoßend.
Biotop: wächst auf Bergwiesen und in Bergwäldern.

Kulturhinweise

Es ist eine sehr schwierig zu kultivierende Art. Die Kultur gelingt am besten im Freiland. Die Art verlangt ein gutes mineralisches Waldhumussubstrat und einen beschatteten Standort. Man verwendet am besten eine Mischung aus Rasenerde und gut abgelagerter Buchenlauberde. Der Standort sollte das Waldbeet sein. Die Art läßt sich gut mit *Orchis mascula* kombinieren. Nach der schwierigen Eingewöhnungsphase sind diese Pflanzen problemlos. Sämlinge sind in Kultur noch nicht beobachtet worden.

Bemerkungen

Die Pflanzen dieser Art sollten nur von sehr erfahrenen Liebhabern in Kultur genommen werden. Wir raten vom Erwerb der Pflanze ab, wenn die Herkunft nicht eindeutig geklärt ist.

Orchis palustris, Sumpfknabenkraut

Beschreibung

Pflanze 30–100 cm hoch; Blätter 3–10, schmal bis breitlanzettlich, am Stengel verteilt; Blütenstand locker bis dicht; Sepalen und Petalen wie bei *Orchis laxiflora* gestellt, hell- bis dunkelrot; Lippe dreilappig, Mittellappen meistens deutlich länger als die Seitenlappen; gefleckt.
Blütezeit: April–Juli.

Vorkommen und Verbreitung

Areal: in Mitteleuropa nur noch wenige Standorte, im Mittelmeergebiet recht selten, im Norden bis Gotland, Türkei bis Mittelasien.
Biotop: etwa die gleichen Standorte wie bei *Orchis laxiflora*.

Kulturhinweise

Das Sumpfknabenkraut ist in der Kultur wie *Orchis laxiflora* zu behandeln. Als Standort bevorzugt es Teichufer oder Sumpfzonen, wo es lange Jahre gedeiht. Durch Düngergaben sterben die Pflanzen jedoch in kürzester Zeit ab.

In Sumpfbeeten und bei Containerkultur wurden schon verschiedentlich Sämlinge festgestellt.

Bemerkungen

Orchis palustris ist eine schöne, großblütige Orchidee, die problemlos über viele Jahre gedeiht, wenn die ihr zusagenden Bedingungen geschaffen werden können.

Orchis papilionacea, Schmetterlingsknabenkraut

Beschreibung

Pflanze 5–40 cm hoch; Blätter 6–9, lanzettlich, rosettenartig angeordnet; Blütenstand locker, 3–8blütig; Sepalen und seitliche Petalen bilden einen lockeren, nicht geschlossenen Helm, weiß, rosa oder rot mit dunkelroten Längsstreifen; Lippe ungeteilt, fächerförmig mit gezahntem Rand.
Blütezeit: März–Mai.

Vorkommen und Verbreitung

Areal: im ganzen Mittelmeergebiet verbreitet, Bulgarien, Rumänien und Kaukasus.
Biotop: wächst in Macchien, Olivenhainen, lichten Wäldern und auf trockenen Wiesen.

Kulturhinweise

In Substrat 1 (siehe »Die Gattung *Ophrys*«) ist die Art leicht zu kultivieren. Sie liebt mäßige Feuchtigkeit und einen warmen Standort. für die Kultur im Freiland ist die Art kaum geeignet, da ihre Winterhärte nicht ausreicht.

Bemerkungen

Orchis papilionacea ist eine außerordentlich prächtige Art mit sehr großen Blüten, die durch den lockeren Blütenstand besonders gut zur Geltung kommen. Bastarde zwischen *Serapias* und *Orchis papilionacea* sind unter Liebhabern wegen der Farbenpracht und der Größe der Blüten sehr gefragt.

Orchis patens, Atlasknabenkraut

Beschreibung

Pflanze 20–50 cm hoch; Blätter 5–8, breitlanzettlich bis linealisch, gefleckt oder ungefleckt; Blütenstand locker, bis 30blütig; seitliche Sepalen ausgebreitet nach oben stehend, mittleres Sepalum und seitliche Petalen zusammengeneigt, rosa, Sepalen mit großem grünen Fleck; Lippe dreilappig, Mittellappen ausgerandet, Lippe weißlich mit dunkelroten Flecken.
Blütezeit: März–Mai.

Vorkommen und Verbreitung

Areal: im westlichen Mittelmeergebiet selten, am häufigsten in den Bergen Algeriens zu finden; Vorkommen auch bekannt aus Tunesien und auf den Balearen, Kreta.
Biotop: steht auf Kalk in Wiesen, lichten Wäldern und Macchien.

Kulturhinweise

Den Autoren stehen von dieser Art bisher nur wenige Exemplare zur Verfügung, sie scheint in der Kultur schwierig zu sein. Obwohl alle Exemplare noch leben, ist es bisher nur gelungen, eine Pflanze zur Blüte zu bringen. Nach dem Umsetzen auf ein sehr krümeliges, fast kalkfreies Substrat machen die Pflanzen einen guten Eindruck. Sie haben bei mäßiger Feuchtigkeit gesundes Blattwerk entwickelt. Auf hohe Temperaturen scheint diese Art empfindlich zu reagieren.

Bemerkungen

Solange keine langjährigen positiven Erfahrungen mit dieser Orchidee vorliegen, raten wir von einer Kultur ab. Bisher ist diese Art aus gärtnerischer Kultur noch nicht erhältlich.

Orchis provincialis, Französisches Knabenkraut

Beschreibung

Pflanze 15–35 cm hoch; Blätter 7–9, breitlanzettlich, meistens gefleckt; Blütenstand locker bis dicht, 7–20blütig; mittleres Sepalum aufrecht, die seitlichen abstehend, blaßgelb; seitliche Petalen zusammengeneigt, blaßgelb; Lippe dreilappig, blaßgelb mit roten Flecken.
Blütezeit: April–Juni.

Vorkommen und Verbreitung

Areal: Nordafrika, Südeuropa bis Südwest-Asien.
Biotop: wächst auf Bergwiesen, in Macchien und trockenen Wäldern.

Kulturhinweise

Orchis provincialis ist für die Freilandkultur bedingt geeignet, da sie nur in milden Gegenden ausreichend frosthart ist. Sie macht in der Containerkultur wenig Schwierigkeiten. Substrat 1 (siehe »Die Gattung *Ophrys*«), das etwas aufgelockert wird, ist sehr gut geeignet. Unter ähnlichen Bedingungen ist *Orchis pauciflora* zu kultivieren. Diese Art ist intensiver in der Gelbfärbung und hat etwas größere Blüten.

Bemerkungen

Beide oben angeführten Orchideen sind aufgrund ihrer gelben Blüten für die Kultur wertvoll. Sie bilden einen starken Kontrast zu den meistens violett, rosa oder rot gefärbten Blüten der anderen Arten.

Orchis punctulata, Punktiertes Knabenkraut

Beschreibung

Pflanze 30–70 cm hoch, kräftig; Blätter 7–10, breitlanzettlich, die oberen den Stengel umfassend; Blütenstand dicht, vielblütig; Sepalen und Petalen bilden einen nicht ganz geschlossenen Helm,

gelblichgrün; Lippe dreilappig, am Grund mit roten Tupfen, Lippenränder braunrot überlaufen, Seitenlappen sichelförmig.
Blütezeit: März–Mai.

Vorkommen und Verbreitung
Areal: Balkanhalbinsel, Zypern, Türkei, Krim, Kaukasus und Persien.
Biotop: in sehr lichten Wäldern, Waldsaumgesellschaften.

Kulturhinweise
Über eine brauchbare Kulturmethode liegen z. Zt. noch keine abschließenden Ergebnisse vor. Die Autoren haben nur einige Pflanzen in Pflege. Substrat 3 (siehe »Die Gattung *Ophrys*«) wird gut vertragen. Es ist bisher auch zu wenig bekannt über die genauen Standortbedingungen.

Bemerkungen
Eine sehr seltene Art. Bisher ist diese Art aus gärtnerischer Kultur noch nicht erhältlich.

Orchis purpurea, Purpurknabenkraut

Beschreibung
Pflanze 30–80 cm hoch, robust; Blätter 6–10, breiteiförmig, glänzend, die oberen den Stengel umschließend; Sepalen und seitliche Petalen einen rundlichen Helm bildend, rot bis schwarzrot; Lippe dreilappig, weiß bis rosa mit dunkelroter Fleckung, Seitenlappen schmal, Mittellappen breit und rundlich
Blütezeit: April–Juni.

Vorkommen und Verbreitung
Areal: West- und Südeuropa, Italien, nördliche Balkanhalbinsel, Spanien, Südengland und Dänemark.
Biotop: wächst gerne auf trockenen Wiesen, im Gebüsch und in lichten Buchenwäldern.

Kulturhinweise
Bei geeigneten Standortbedingungen im Freiland nicht schwer zu kultivieren. Die Pflanzen verlangen einen tiefgründigen mineralischen Boden, wie er bei *Orchis militaris* beschrieben ist. Auf zu sonnigen Standorten fühlt sich *Orchis purpurea* nicht sehr wohl. Am besten gedeiht die Orchidee im lichten Waldbeet oder an dessen Rand.

Die Verfasser kultivieren *Orchis purpurea* und *Orchis militaris* auf diese Weise seit vielen Jahren so gut wie ohne Ausfälle. Da die Pflanzen bereits im Herbst austreiben, ist es sehr wichtig, daß das Laub nicht der Wintersonne ausgesetzt ist. Eine mittelhohe Begleitvegetation ist sehr von Vorteil, denn deren absterbende Teile legen sich im Herbst schützend über die Pflanze. Containerkultur im gleichen Substrat ist möglich. In diesem Fall müssen die Pflanzen jedoch schattig gehalten werden, da sie große Wärme im Frühjahr schlecht vertragen.

Bemerkungen
Die Art ist der schönste und stattlichste Vertreter der Gattung *Orchis*. Die Blütenfarbe variiert von dunkelrot bis weiß. An Standorten, an denen *Orchis purpurea* und *Orchis militaris* zusammen auftreten, findet man sehr oft Bastarde, welche die Elternteile an Schönheit und Wüchsigkeit noch übertreffen.

Orchis quadripunctata, Vierpunktknabenkraut

Beschreibung
Pflanze 10–30 cm hoch, schlank; Blätter 6–8, lanzettlich, mit oder ohne Flecken; Blütenstand gestreckt und locker; Blüten klein; Sepalen aufrecht und seitliche Petalen nach innen geneigt, violett bis rosa; Lippe dreilappig, im Zentrum weiß mit 2 oder 4 dunkelroten Punkten.
Blütezeit: April–Mai.

Vorkommen und Verbreitung
Areal: im östlichen Mittelmeergebiet verbreitet, westlich bis Sizilien und Sardinien.
Biotop: in steinigem Gelände, auf trockenen Hängen und Wiesen.

Kulturhinweise
Diese Art ist im Substrat 1 (siehe »Die Gattung *Ophrys*«) einfach zu kultivieren. Das Vierpunktknabenkraut verträgt im Winter keine feuchten und kühlen Standorte, weil es zu Fäulnisbildung kommen kann. Container- oder Alpinenhauskultur ist zu empfehlen.

Bemerkungen
Obwohl die Art ziemlich kleine Blüten hat, ist sie

hübsch anzusehen. Ihre Schönheit kommt leider auf Abbildungen nicht recht zur Geltung.

Sehr ähnlich ist *Orchis boryi*, die jedoch von oben nach unten aufblüht. In der Kultur verlangt *Orchis boryi* die gleichen Bedingungen wie *O. quadripunctata*.

Orchis simia, Affenknabenkraut

Beschreibung

Pflanze 25–45 cm hoch; Blätter 5–7, lanzettlich; Blütenstand kurz und relativ dicht; von oben nach unten aufblühend; Sepalen und seitliche Petalen einen zugespitzten Helm bildend, weiß bis rosa oder hellviolett; Lippe dreilappig, Seitenlappen tief geteilt mit 2 linealischen Zipfeln und einem verlängerten Zahn in der Mitte, weiß, fein gepunktet, die Zipfel meist dunkelrot.
Blütezeit: März–Anfang April.

Vorkommen und Verbreitung

Areal: Frankreich, Italien, Balkanhalbinsel, in Deutschland hauptsächlich Baden-Württemberg, Saarland.
Biotop: auf trockenen und feuchten Wiesen, in lichten Wäldern, an Waldrändern.

Kulturhinweise

Diese wärmeliebende Art ist nicht einfach in der Kultur. Sie liebt wie *Orchis militaris* einen sonnigen Standort mit tiefgründigem, frischem Boden. Eine leichte Zugabe von Kalk empfiehlt sich. Für *Orchis simia* ist ein geschützter Standort zu wählen. In Gegenden mit viel Niederschlag kann es zur Fäulnis der Knollen kommen, deshalb ist auf eine gute Drainage zu achten. Containerkultur ist möglich in Substrat 1 (siehe »Die Gattung *Ophrys*«) dem etwas mehr toniger Lehm zugesetzt wird.

Bemerkungen

Diese zierlich bizarre Pflanze weist noch eine kleine Besonderheit auf: Der Blütenstand öffnet seine Blüten von oben nach unten, so daß die oberen Blüten bereits verblüht sind, bevor die unteren sich öffnen.

Orchis spitzelii, Spitzels Knabenkraut

Beschreibung

Pflanze 15–50 cm hoch; Blätter 2–8, lanzettlich bis breitlanzettlich; Blütenstand ziemlich dicht, kurzzylindrisch; seitliche Sepalen nach innen gekrümmt bis schräg abstehend, mittleres Sepalum und seitliche Petalen zusammengeneigt, außen rötlich bis grünlichbraun, Innenseite grünlich mit roten Punkten; Lippe dreilappig, rosa bis rot mit dunklen Punkten.
Blütezeit: April–Juli.

Vorkommen und Verbreitung

Areal: hat eine weite, aber lückenhafte Verbreitung, getrennte Vorkommen im Norden und Süden; im Norden Südost-Schweden (Insel Gotland), im Süden Algerien, Spanien, französische Westalpen, österreichische Ostalpen, Jugoslawien, Bulgarien, Griechenland.
Biotop: auf Bergwiesen, in lichten Kiefernwäldern.

Kulturhinweise

Auch bei *Orchis spitzelii* können noch keine Kulturergebnisse angeführt werden, die auf langjährigen Kulturversuchen basieren. Pflanzen aus dem Mittelmeergebiet scheinen in einem feuchten mineralischen Substrat, das bei unseren Versuchen kalkfrei war oder nur sehr geringe Kalkanteile enthielt, recht gut zu gedeihen. Über Versuche im Freiland liegen noch keine Ergebnisse vor.

Über das Kulturverhalten von Pflanzen aus nördlichen Regionen kann ebenfalls nichts gesagt werden, da uns entsprechende Exemplare bisher nicht zur Verfügung standen.

Bemerkungen

Bisher ist diese Art aus gärtnerischer Kultur noch nicht erhältlich.

Orchis tridentata, Dreizähniges Knabenkraut

Beschreibung

Pflanze 15–40 cm hoch; Blätter 6–8, länglich bis lanzettlich, blau-grün; Blütenstand dicht, sich konisch streckend; Sepalen und Petalen helmbildend, hellrot bis violett, dunkel gestreift; Lippe dreilappig, Seitenlappen abgespreizt, Mittellappen mit 2 Zipfeln und einem kleinen Zahn in der Mitte,

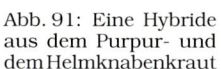

Abb. 91: Eine Hybride aus dem Purpur- und dem Helmknabenkraut

Abb. 92: Das sehr hübsche Affenknabenkraut fühlt sich am sonnigen Gehölzrand wohl, bedarf aber der Pflege eines erfahrenen Liebhabers

Abb. 93: Eine hübsche Varietät des Kleinen Knabenkrautes *Orchis morio*; es wurde zur Nachzucht selektiert

Abb. 94: Das Galiläa-Knabenkraut (*Orchis galilea*) ist eine ausgesprochene Rarität von exotischem Reiz und nur sehr erfahrenen Liebhabern anzuraten

Abb. 95: Interessant gefärbt ist das Atlasknabenkraut (*Orchis patens*), selten in Kultur und nur für das Alpinenhaus geeignet

Abb. 96: Dreizehn Jahre altes Helmknabenkraut (*Orchis militaris*) mit Sämlingen im Alpinum der Verfasser

Abb. 97: Nicht gerade etwas für Anfänger, aber einmal eingewachsen, ist das schöne Brandknabenkraut (*Orchis ustulata*) ein ungewöhnlicher Blickfang

Abb. 98: Kleines Knabenkraut (*Orchis morio*) mit Alpenaurikel (*Primula aurikula*) auf Kalkmagerrasen

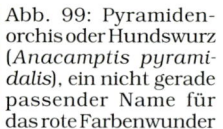

Abb. 99: Pyramidenorchis oder Hundswurz (*Anacamptis pyramidalis*), ein nicht gerade passender Name für das rote Farbenwunder

Abb. 100: Fratzen- oder Puppenorchis (*Aceras onthropophorum*) ist der bezeichnende Name für die etwas unscheinbare, aber sehr interessante Orchidee

Abb. 101: *Calopogon tuberosus*, eine großblumige Amerikanerin, ist im Moorbeet zu Hause, ihre leuchtend rosa Blüten sind auffallende Farbkleckse

Abb. 102: Exotische Schönheit aus dem hohen Norden ist die Norne (*Calypso bulbosa*). Auf sie müssen die Liebhaber noch verzichten, da keine gesicherten Nachzuchten bekannt sind. Uns ist bisher nur eine fortdauernde Kultur aus Finnland bekannt

Abb. 103: Das Netzblatt (*Goodyera repens*) ist eine unscheinbare Orchidee für den Waldstandort; wo es ihr gefällt, bildet sie schnell große Bestände

Abb. 104: Aus Nordamerika kommt *Amerorchis rotundifolia*

Abb. 105: Als Japanorchidee im Handel ist *Bletilla striata*; für jeden Anfänger zu empfehlen

Abb. 106: *Calanthe striata-sieboldii* eignet sich für den halbschattigen Standort; in milden Gegenden ist sie winterhart, verlangt sonst Frostschutz aus Laub

Abb. 107: Nur für das Alpinenhaus geeignet ist *Barlia robertiana*, die Mastorchis; sie blüht schon im Januar

Abb. 108: Die nordamerikanische Sumpfwurz (*Epipactis gigantea*) ist ebenso leicht und einfach im Garten zu halten wie unsere heimische Art

Abb. 109: Leider nicht ganz winterhart ist die Germerblättrige Sumpfwurz (*Epipactis veratrifolia*), aber sie ist leicht in Kultur zu halten, wenn sie in Schalen oder Container gepflanzt wird

Abb. 110: Von W. FROSCH gezüchtet ist die sehr schöne und großblütige Hybride 'Sabine'. Ihre Eltern sind *Epipactis palustris* und *Epipactis gigantea*

Abb. 111: Ebenfalls eine gelungene Züchtung von W. FROSCH ist die *Epipactis*-Hybride 'Renate'. Diese und die Hybride 'Sabine' zeichnen sich durch eine sehr gute Wüchsigkeit aus; sie sollten in keinem Liebhabergarten fehlen

Abb. 112: *Serapias olbia* (Zungenstendel) ist leicht zu kultivieren und zu vermehren. Kultur am besten im Alpinenhaus, da nicht ganz winterhart

Abb. 113: Eine gelungene Hybride aus einer Kreuzung zwischen den Gattungen *Serapias* und *Orchis*, die in milden Gegenden auch hart sein dürfte

Abb. 114: *Serapias lingua*, einfach zu kultivierende, aber nicht ganz winterharte Art

Abb. 115: Zur Bepflanzung des Gartenteichrandes besonders gut geeignet ist die heimische Sumpfwurz (*Epipactis palustris*)

Abb. 116, links: *Pleione formosana* var. *alba* einfach zu kultivieren, aber nicht winterhart

Abb. 117, rechts: *Pleione speciosa*, sie ist selten im Handel erhältlich

Abb. 118, links: Drehorchis ist der bezeichnende deutsche Name für *Spiranthes spiralis*, die sich im Kalktrockenrasen wohlfühlt

Abb. 119, Mitte: *Pleione albiflora* ist erst seit kurzer Zeit im Handel

Abb. 120, o. rechts: *Pleione forrestii* ist in Kultur schwieriger als die anderen *Pleione*-Arten; sie verlangt im Sommer einen kühlen Standort

Abb. 121, u. rechts: *Pleione limprichtii* ist bei uns winterhart

Abb. 122, links: Sehr penetrant nach Ziegenbock, besonders an warmen Frühlingsabenden, riecht die Bocksriemenzunge (*Himantoglossum hircinum*), sie ist fast schon eine exotische Schönheit

Abb. 123, Mitte: *Platanthera blephariglottis* kommt aus Nordamerika

Abb. 124, rechts: Eine neue Art ist *Pleione kohlsii*, benannt nach einem der Autoren

hellrot bis violett, fliederfarben, mit rosa oder roten Tupfen.
Blütezeit: April–Juni.

Vorkommen und Verbreitung
Areal: West-, Mittel- und Südeuropa, Kleinasien und Nordafrika.
Biotop: auf Wiesen und Trockenrasen, in lichten Wäldern und Macchien.

Kulturhinweise
Diese Art liebt die gleichen Standortbedingungen wie *Orchis ustulata*, allerdings scheinen ihr kalkhaltige Böden mehr zuzusagen. Beide Arten eignen sich nicht zur Gefäßkultur.

Bemerkungen
Das Dreizähnige Knabenkraut eignet sich sehr gut zur Vergesellschaftung mit anderen Arten. Besonders reizvoll ist *Orchis dietrichiana*, der Bastard zwischen *Orchis ustulata* sowie *Orchis tridentata*, die ein wunderschönes Farbenspiel aufweist. Eine recht ähnliche Art, jedoch wesentlich heller gefärbt, ist *Orchis lactea*. Sie kommt nur im mediterranen Gebiet vor und bevorzugt trockenere Standorte. Sie ist bei uns in milden Gegenden winterhart. Mit etwas Winterschutz ist sie aber auch in Gebieten mit rauherem Klima im Freiland zu halten.

Orchis ustulata, Brandknabenkraut

Beschreibung
Pflanze 10–30 cm hoch; Blätter 5–7, breitlanzettlich, ungefleckt, blaugrau; Blütenstand dicht, erst eiförmig, später walzenförmig, Knospen braunrot, sehen aus wie angebrannt (Name!), Blüten klein; Sepalen und Petalen helmbildend, rotbraun; Lippe dreilappig, weiß mit einigen roten Punkten.
Blütezeit: April–August.

Vorkommen und Verbreitung
Areal: in Europa mit Ausnahme des hohen Nordens und des warmen Südens, Nordspanien bis Rußland.
Biotop: auf basischen Böden in Rasen- und Wiesengesellschaften und auf alpinen Matten.

Kulturhinweise
Diese kleine Art ist recht gut für die Kultur im Freiland geeignet. Ihr Standort sollte der Trockenrasen oder der Grund des Trockenhügels sein. Das Brandknabenkraut verlangt in der Kultur gut abgelagerte Rasenerde, die keinen Kalk enthalten darf. Es muß aber darauf geachtet werden, daß die Begleitvegetation nicht zu hoch wird, sonst besteht die Gefahr, daß das zierliche Knabenkraut überwuchert wird. Die Kultur in Containern ist schwierig. Obwohl ihr natürlicher Standort meistens recht sonnig ist, scheint *Orchis ustulata* allzu viel Wärme nicht zu lieben.

Bemerkungen
Dies ist eine sehr reizende und hübsch anzusehende Art, die gut mit anderen kleinbleibenden *Orchis*-Arten wie z. B. *Orchis tridentata* und *Orchis morio* zusammengepflanzt werden kann. Auf langjährig ungestörten Kulturstandorten sind Sämlinge beobachtet worden. Es kommt auch zu vegetativer Vermehrung, die zu einer reizvollen Gruppenbildung führt.

11.5 Weitere kulturwürdige Freilandorchideen

Neben *Cypripedium*, *Dactylorhiza*, *Ophrys* und *Orchis* gibt es eine Vielzahl anderer Gattungen mit kulturwürdigen Arten.

Es handelt sich dabei um Orchideen von unterschiedlichster geographischer Verbreitung, die auch entsprechend verschiedene Kulturansprüche haben. Unscheinbare Pflanzen, die kaum eine ästhetische Wirkung erzielen und nur wenige Liebhaber oder Fachbotaniker interessieren, werden in diesem Kapitel entweder gar nicht beschrieben oder es wird für diese Orchideen nur eine recht kurz gehaltene Kulturbeschreibung gegeben.

Um dieses Kapitel für den Leser übersichtlich zu gestalten, sind die folgenden Gattungen und Arten, ohne Berücksichtigung von Standortansprüchen, geographischer Verbreitung und verwandtschaftlichen Beziehungen in alphabetischer Reihenfolge geordnet.

Aceras anthropophorum Puppenorchis

Beschreibung
Pflanze 10–50 cm hoch; Blätter breitlanzettlich, ungefleckt, am Grunde rosettenförmig angeordnet; Blütenstand langgestreckt, dichtblütig; die oberen 5 Perigonblätter der Blüte zu einem Helm zusammengeschlossen, grünlichgelb; Lippe gelb bis braunrot, tief gespalten, so daß der Eindruck von Armen und Beinen entsteht (Name!).
Blütezeit: Ende März–Juni.

Vorkommen und Verbreitung
Areal: Südengland, westliches Europa, Mittelmeergebiet.
Biotop: auf ungedüngten trockenen Wiesen und grasbewachsenen Hängen.

Kulturhinweise
Für die Freilandkultur gut geeignet. Bevorzugt einen warmen und sonnigen Standort im Trockenrasen oder auf dem Trockenhügel, liebt aber auch den lichten Schlagschatten von Büschen. Die Abdeckung der Pflanzstelle durch eine entsprechende Begleitflora verhindert eine zu starke Bodenerwärmung. Eine Gruppe dieser Art steht bei den Autoren seit vielen Jahren immer wieder in Blüte.
Für die Containerkultur eignen sich am besten die Substrate 1 und 2 (siehe: »Die Gattung *Ophrys*«), denen Kalkschotter zugesetzt wird.

Bemerkungen
Eine sehr unscheinbare, aber interessante Orchideenart, die ihre Eigentümlichkeit erst bei genauer Betrachtung preisgibt. *Aceras anthropophorum* bildet ausgesprochen schöne Bastarde mit *Orchis militaris, O. purpurea, O. ¥ hybrida, O. simia* und *O. italica,* die meist dunkelrote Blüten tragen.

Amerorchis rotundifolia

Diese Gattung ist in den Mooren Kanadas und Alaskas mit nur einer Art vertreten. Es ist eine entzückende, aber nicht einfach zu kultivierende Art. Das kurze Rhizom hat nur wenige fleischige Wurzeln. *Amerorchis rotundifolia* trägt nur ein Laubblatt, aus dessen Scheide sich der Blütenstiel erhebt. Die sehr hübsch weiß bis zartrosa gefärbten Blüten, deren Lippe dreilappig ist und eine purpurrote Fleckung aufweist, sitzen in einer lockeren Traube beisammen.
Freilandkultur ist nur im Moorbeet in faserigem Torf und zerkleinertem *Sphagnum* möglich. Sie ist völlig winterhart.

Amitostigma

Amitostigma ist eine mit wenigen Arten im ostasiatischen Raum, hauptsächlich Japan, beheimatete Gattung. Die Pflanzen sind sehr klein. Knollen klein, länglich; Blätter schmal-lanzettlich; Durchmesser der Blüten ca. 1 cm, weiß bis rosa oder auch hellblau gefärbt. Es ist Containerkultur zu empfehlen. Das Substrat sollte zu je einem Teil aus stark zerkleinertem Buchenlaub, *Sphagnum* und kalkfreiem Lehm bestehen.

Anacamptis pyramidalis, Pyramidenorchis

Beschreibung
Pflanze 20–60 cm hoch, schlank; Blätter 5–8, linealisch bis lanzettlich, zugespitzt; Blütenstand dicht, anfangs pyramidal, später konisch gestreckt; Blüten blaßrosa bis dunkelrot, Sporn 12–14 mm.
Blütezeit: Ende März–Anfang Juli.

Vorkommen und Verbreitung
Areal: in ganz Europa sowie in Teilen von Nordafrika und Südwestasien verbreitet.
Biotop: vorwiegend auf Kalkböden, trockenen Wiesen und alpinen Matten.

Kulturhinweise
Sie ist etwas schwieriger in der Kultur und verlangt ausreichend Feuchtigkeit. Im Freiland gedeiht sie besser als in Containerkultur. Der Standort Trockenrasen sagt ihr zu, wenn im Frühjahr etwas mehr Feuchtigkeit vorhanden ist.
Es ist wichtig, daß genügend Kalkschotter in das Substrat eingearbeitet wird.

Bemerkungen
Die Blüten dieser Orchidee sind sehr variabel in der Farbe. Es kommen sowohl weiße als auch dunkelrote Varianten vor. Die Blüten von Pflanzen

aus dem Mittelmeergebiet sind in der Regel heller gefärbt. Besonders dunkel sind die Blüten der Unterart *Anacamptis pyramidalis* var. *tanayensis*, die vorwiegend in höheren Lagen der Schweiz vorkommt.

Arethusa bulbosa

Diese Art ist im östlichen Kanada in Mooren verbreitet und kommt dort in *Sphagnum*-Mooren vor. Es handelt sich um ausgesprochen hübsche Orchideen. *Arethusa bulbosa* besitzt kleine, knapp 1 cm große Bulben mit wenigen unterhalb der Knolle sitzenden feinen Wurzeln. Der Blütenstiel trägt nur eine relativ große, kräftig rosarote Blüte.

Die in Japan vorkommende *Arethusa japonica (Eleorchis japonica)* ist nicht so attraktiv, da sich ihre Blüten nicht völlig öffnen.

Von uns ist *Arethusa bulbosa* bisher nur in Containerkultur gehalten worden, wo sie ohne Probleme gedeiht. Als Substrat wird eine Mischung aus grobem Kies und zerkleinertem *Sphagnum* verwendet. Während der Vegetationszeit lieben die Pflanzen ein feuchtes Substrat. Nach Aussagen des amerikanischen Züchters, von dem wir Pflanzen und auch Samen erhielten, bereitet die Aussaat in vitro kaum Schwierigkeiten.

Die Pflanze ist sehr zerbrechlich.

Barlia robertiana, Mastorchis

Beschreibung
Pflanze 30–70 cm hoch, Blätter 4–5, fleischig, groß und breit; Blütenstand dicht und zylindrisch; seitliche Sepalen abgespreizt, mittleres Sepalum und seitliche Petalen helmartig zusammengeschlossen, grünlich bis rotviolett; Lippe dreilappig, im zentralen Teil meist weißlich oder grünlich mit roter Fleckung oder Strichelung, Lippenränder bräunlich oder violett.
Blütezeit: Ende Dezember bis Anfang April.

Vorkommen und Verbreitung
Areal: verbreitet im gesamten mediterranen Gebiet, im Osten bis zur Türkei, häufig.
Biotop: auf neutralen bis basischen Böden, in trockenen Wäldern und Gebüschen, Macchien und auf Ödland.

Kulturhinweise
In sandig-lehmigem Substrat ist die Kultur einfach. Substrat 1 (siehe: »Die Gattung *Ophrys*«) ist zu empfehlen. *Barlia* sollte erst nach dem Sichtbarwerden der Triebe mäßig und verhalten gegossen werden. Die Pflanze ist bei uns nicht winterhart und muß daher frostfrei kultiviert werden.

Bemerkungen
Diese in jeder Hinsicht prächtige Orchidee ist durch ihre Anspruchslosigkeit für jeden Anfänger geeignet.

Als Besonderheit sind die frühe Blüte ab Ende Dezember und die langanhaltende Blütezeit zu nennen. Je nach Temperatur halten die Blüten 6–8 Wochen.

Bletilla striata

Diese im Handel häufig unter der Bezeichnung »Japanorchidee« angebotenen Pflanzen sind wohl die bekanntesten Freilandorchideen. Es ist eine recht ansprechende Art mit großen hellrosa-violetten Blüten. Da die Pflanzen zu erschwinglichen Preisen angeboten werden, sollte man eine größere Anzahl von ihnen erwerben und die Knollen in Gruppen setzen. Die Kultur ist sehr einfach und problemlos. Im Freiland verlangen diese Orchideen einen warmen halbschattigen Standort.

In bezug auf die Substratzusammensetzungen sind diese Orchideen sehr tolerant. Wir haben die Art mit guten Ergebnissen in mit Komposterde gemischtem Lehm kultiviert. Das gleiche Substrat kann auch bei der Containerkultur verwendet werden.

Die Winterhärte ist als kritisch anzusehen. In milden Wintern ist sie durchaus gegeben. Wir empfehlen dennoch grundsätzlich eine Abdeckung. Im Laufe der Jahre entwickeln sich ansehnliche Horste, die zur Blütezeit im Juni schöne Farbwirkungen im Garten erzielen.

Weitere interessante Arten sind *Blettila yunnanense* und *Blettila ochracea*.

Da beide erst kürzlich in Kultur genommen wurden, können noch keine näheren Angaben gemacht werden.

Calanthe, Schönorchis

Unter Freunden tropischer Orchideen ist die Gattung recht beliebt. Sie enthält mehrere Species, die auch für die Liebhaber der Freilandorchideen interessant sind, denn verschiedene Arten besitzen z. T. eine ausreichende Winterhärte, zumindest wenn sie mit einer Schutzdecke versehen werden. Die Gattung ist in Asien, hauptsächlich Ostasien, beheimatet. Es sind in der Regel Waldpflanzen, die also eine Beschattung benötigen.

Da alle hier beschriebenen Arten fast die gleichen Kulturbedingungen haben, folgt eine allgemein gültige Beschreibung der Kultur. Nur wenn es um zu beachtende Abweichungen geht, werden diese angegeben.

Die für das Freiland geeigneten Pflanzen sollten einen beschatteten Standort wie z. B. das Waldbeet erhalten. *Calanthe* liebt während der Vegetationszeit ausreichend Feuchtigkeit. Staunässe ist jedoch zu vermeiden. Das Substrat sollte aus durchlässigen mineralischen Bestandteilen unter Zugabe von 30% Kiefernborke zusammengesetzt sein, in das die Bulben nicht zu tief (nur ca. 3 cm) gesetzt werden. Eine 2–3 cm starke Schicht aus zerkleinertem Buchen- und Eichenlaub dient im Sommer als Schutz vor Austrocknung. Im Winter mag es diese Art eher trocken. Es sollte daher schon rechtzeitig im Oktober ein Regenschutz angebracht werden. Der eigentliche Winterschutz aus einer dicken trockenen Laubschicht sollte aber nicht vor Mitte November aufgebracht werden, denn die Pflanzen haben bis zu dieser Zeit grünes Laub. *Calanthe* entwickelt an ihr zusagenden Plätzen recht schnell ansehnliche Horste, was ihre optische Wirkung noch erhöht.

Sämtliche im folgenden beschriebenen Arten eignen sich auch gut für die Containerkultur, die sich ohne Schwierigkeiten durchführen läßt. Man kann die Orchideen einzeln in Töpfen oder zu mehreren in größeren Containern oder Balkonkästen halten. Das Substrat kann vielerlei Bestandteile beinhalten. Wir haben es uns einfach gemacht und verwenden krümeligen, recht sandigen Lehm ohne weitere Zusätze, in dem die Pflanzen hervorragend gedeihen. Man sollte aber auch hier die Substratoberfläche vor Austrocknung schützen, indem man die Pflanzgefäße mit *Sphagnum* oder zerkleinertem Laub abdeckt. Wichtig ist, daß die so kultivierten Pflanzen im Sommer schattig aufgestellt werden, denn die großen Blätter erleiden leicht Schaden bei einem zu sonnigen Standort. Die Gefäße werden kühl und relativ trocken überwintert.

Calanthe alpina

Diese Species ist im Gegensatz zu anderen Arten recht klein im Wuchs. Auch die Blüten sind nicht so groß, aber dafür hübsch gefärbt. Die Lippe ist orangefarben, während die restlichen Teile der Blüte creme- bis rosafarben aussehen. Die Pflanzen sind nicht winterhart und verlangen Regenschutz.

Calanthe aristulifera var. **kirishimensis**

Die Pflanzen werden ziemlich hoch. Die Blütenstände sind lang und vielblütig. Die Blüten sind meist weiß bis zartrosa gefärbt. Auf der Lippe befinden sich in der Mitte zwei orangerote Striche. Eine sehr zu empfehlende Varietät, die aber guten Winterschutz benötigt.

Calanthe × bicolor

Dies ist eine mittelgroße Naturhybride. Sie hat relativ große Einzelblüten an einem lockeren Blütenstand. Die Sepalen und Petalen sind grüngelblich bis bräunlich gefärbt. Die Lippe ist weiß mit zwei roten Strichen auf dem Mittellappen. Im Freiland nur bei gutem Winterschutz winterhart.

Calanthe discolor

Der Wuchs ist gedrungen, während die Blütenstände recht lang und vielblütig sind. Die Sepalen und Petalen sind rot oder auch kastanienfarben, die Lippe ist weißlich. In Norddeutschland ist diese blühwillige Art winterhart. Es ist aber ratsam, in kalten Gegenden Winterschutz zu geben.

Calanthe discolor × Calanthe izu-insularis

Diese Naturhybride ist eine Pflanze von besonderem Reiz. Die Blätter sind glänzend hellgrün, die Blüten sitzen an kräftigen, vielblütigen Blütenständen, die Sepalen und Petalen sind kräftig rosa bis violett. Die Lippe ist weiß und erinnert in ihrer Form an einen fliegenden Vogel.

Die Pflanze benötigt Winterschutz.

Calanthe izu-insularis

Sie gleicht im Habitus der beschriebenen Hybride mit *C. discolor*, die Blüten sind jedoch blasser gefärbt. In Gegenden mit strengem Frost ist ebenfalls Winterschutz nötig.

Calanthe reflexa

Es ist eine sehr robuste, schöne Art, die einen schattigen, luftfeuchten Standort bevorzugt.

Die Blütenstände sind ungewöhnlich lang und sehr reichblütig. Die Blüten sind prächtig gefärbt: Sepalen und Petalen rosa bis weiß und etwas nach hinten geschlagen, die Lippe ist sehr schön violettrosa bis dunkelpurpurn. Die Pflanzen sind im Freiland winterhart, wir empfehlen jedoch Regenschutz.

Calanthe sieboldii

Diese recht großwüchsige Art macht einen sehr robusten Eindruck, dennoch ist die Winterhärte ohne entsprechenden Schutz nicht ausreichend. Sie ist sehr schön mit ihren leuchtend gelben, großen Blüten, die auf einem lockeren Blütenstand sitzen. Vor allem in der Containerkultur treten keine Schwierigkeiten auf. Daher ist diese Methode der Freilandkultur vorzuziehen.

Calanthe tricarinata

Sie ist relativ unempfindlich und kann daher in milden Gegenden im Freiland kultiviert werden.

Die Blüten sind am Blütenstiel sehr locker angeordnet. Die Blütenfärbung ist ansprechend: Die Sepalen und Petalen sind hell- bis olivgrün oder grüngelblich, die Lippe ist ziegel- bis dunkelrot und rosa, so daß ein sehr hübscher dreifarbiger (tricarinata) Gesamteindruck entsteht.

Calopogon tuberosus

Im östlichen Nordamerika ist die Gattung *Calopogon* mit 4 Arten in sumpfigen und moorigen Biotopen verbreitet. Aus einer ovalen Bulbe wächst die Pflanze zu der beachtlichen Höhe von 80 cm heran. Die recht großen Blüten sitzen zu mehreren in einer lockeren Traube am Stiel. Die Färbung ist kräftig rosa oder auch weiß. Die Blüten sind nicht gedreht, so daß die Lippe nach oben weist.

Die Kulturbedingungen sind die gleichen, wie unter *Arethusa bulbosa* angegeben. Eine ansprechende, voll winterharte und leicht zu kultivierende Orchidee.

Calypso bulbosa, Norne

Beschreibung
Pflanze 5–12 cm hoch; Knolle z. T. aus dem Boden herausragend oder von Moos überwachsen; ein kurz gestieltes Laubblatt, breit oder oval; Blütenstiel mit einer großen Blüte; obere Perigonblätter ca. 2 cm lang, rot bis rosa; Lippe cremeweiß, rosa und gelb gesprenkelt.
Blütezeit: Mai–Juni.

Vorkommen und Verbreitung
Areal: zirkumpolar, in Europa nur Nordskandinavien.
Biotop: in Nadelwäldern, Sümpfen und Mooren.

Kulturhinweise
Die Kultur dieser wunderschönen Orchidee ist außerordentlich schwierig und gelingt nur in den seltensten Fällen über längere Zeit. Die Verfasser haben es geschafft, die Pflanzen über einen Zeitraum von 5 Jahren zu halten.

Schon die Herstellung eines geeigneten Biotops erfordert einen erheblichen Aufwand. Von der Kultur dieser Art ist abzuraten, solange keine

Gewißheit herrscht, daß es sich um künstlich vermehrte Pflanzen handelt. Die Keimung von *Calypso* in vitro ist bereits in einigen Fällen gelungen. Wir hoffen, daß in nächster Zukunft, ähnlich wie bei anderen Arten, die Schwierigkeiten der Kultur überwunden werden können. Pflanzen aus dem Westen der USA sind leichter zu kultivieren.

Bemerkungen

Calypso ist außerordentlich anfällig für Schneckenbefall.

Cephalanthera, Waldvögelein

Der Vollständigkeit halber führen wir auch diese Gattung auf, die mit einigen Arten in Mitteleuropa, im östlichen Südeuropa und in Asien bis nach Japan vorkommt.

Es wird bewußt keine Kulturbeschreibung gegeben, sondern es wird im Gegenteil auf die Unmöglichkeit einer dauerhaften Kultur hingewiesen. Sicher ist es Liebhabern immer wieder gelungen, die Pflanzen dieser Gattung für kurze Zeit in ihren Gärten anzusiedeln. Den Autoren sind sogar einige wenige Fälle bekannt, wo *Cephalanthera* dauerhaft über ein bis zwei Jahrzehnte in Gartenkultur ausgehalten hat, aber in der Regel ist es nicht so. Nach unserer Kenntnis sind bisher alle Versuche einer gärtnerischen Kultur fehlgeschlagen.

Es muß davon ausgegangen werden, daß sich das auch in nächster Zukunft nicht ändern wird. Versuche der Keimung und Kultur in vitro sind z. T. erfolgreich gewesen. Sämtliche Bemühungen, die Jungpflanzen in einem geeigneten Substrat außerhalb der Aussaatgefäße weiterzukultivieren, sind bisher jedoch, soweit es uns bekannt ist, erfolglos geblieben.

Coeloglossum viride, Hohlzunge

Diese unscheinbare Art ist, obwohl ihre Kultur nicht sehr schwer ist, nur für wenige Liebhaber interessant.

Als Standort sagt ihr der feuchtere Teil eines Trockenrasens oder der Fuß eines Trockenhügels zu. Das Substrat sollte aus kalkhaltigem krümeligem Lehm, dem Kalkschotter beigegeben wird, bestehen. An trockenen Standorten hat sich ein hoher Anteil von zerkleinertem *Sphagnum* als Substratbeigabe gut bewährt. Beheimatet ist die Art in den Gebirgen und Mittelgebirgen Europas und fehlt nur im äußersten Süden.

Es kommen noch weitere *Coeloglossum*-Arten in Nordamerika vor, die hier aber unberücksichtigt bleiben sollen, da sie aus kultivierten Beständen nicht zu beschaffen sind und keine Angaben zu ihrer Kultur vorliegen.

Comperia comperiana, Bartorchis

Beschreibung

Pflanze 20–60 cm hoch, Blätter 5–7, eiförmig, glänzend, die oberen den Stengel umfassend; Blütenstand locker, 10–20blütig; Sepalen und Petalen zu einem Helm zusammengeschlossen, Spitzen nach oben gekrümmt, bräunlich bis purpurn; Lippe dreilappig, Mittellappen zweigeteilt, die Lappenspitzen in fadenförmige Fortsätze auslaufend, im oberen Teil blaßrosa, hellviolett bis weißlich, z. T. mit dunklen Streifen, Zipfel bräunlich bis grünlich.
Blütezeit: April–August.

Vorkommen und Verbreitung

Areal: Inseln Lesbos und Samos, Südanatolien, Libanon, Krim, Westiran.
Biotop: wächst in lichten Nadelwäldern und Gebüschen auf kalkhaltigem Boden in mittleren Gebirgslagen.

Kulturhinweise

Die bisherigen Kulturerfahrungen mit dieser seltenen Art sind in Substrat 2 und 3 sehr günstig verlaufen. Die Pflanzen entwickelten sich zunächst in beiden Substraten gleich gut. Später wurde deutlich erkennbar, daß das Substrat 3 bessere Kulturerfolge brachte. Es konnte festgestellt werden, daß die Wurzeln der Orchideen im Substrat 2 zum Teil abgestorben, in Substrat 3 dagegen ausgezeichnet und ohne Schäden waren. Die neugebildeten Knollen hatten sich sogar gegenüber den alten in ihrem Volumen beinahe verdoppelt. Ein halbschattiger Standort wird bevorzugt. Wahrscheinlich kommt nur die Containerkultur in Frage.

Bemerkungen

Diese Art ist zur Zeit nicht aus gärtnerischer Vermehrung erhältlich. Vom Erwerb wird deshalb abgeraten. Bei den Autoren haben bereits 3 Pflanzen im 1. Jahr nach der Inkulturnahme geblüht. Erste vegetative Vermehrungsversuche sind erfolgreich verlaufen.

Disa uniflora

Die Gattung *Disa* umfaßt über 200 Arten, die vorwiegend im südöstlichen Teil des afrikanischen Kontinents und den angrenzenden Inseln verbreitet sind.

Disa uniflora ist eine der bekanntesten und auch schönsten *Disa*-Arten. Sie hat rosettenförmig angeordnetes, schmalblättriges Laub. Aus der Mitte der Rosette erhebt sich ein bis zu 90 cm langer Blütenstiel mit meist nur drei nacheinander erblühenden Einzelblüten. Die über 10 cm großen Blüten sind gelb, rot oder rosa gefärbt und besonders das obere Hüllblatt ist kräftig mit dunkelroten Adern gezeichnet. Bei einem kühlen Winterstandort blüht *Disa uniflora* in unseren Breiten im Spätsommer. Die sehr lange haltenden Blütenstände sind auch zum Schnitt geeignet. Nach der Blütezeit stirbt der oberirdische Teil der Pflanze ab und es bilden sich aus den inzwischen herangereiften Knollen neue Blattrosetten. Sowohl die Kultur als auch die Anzucht aus Samen sind entgegen der weitverbreiteten Meinung sehr einfach. Die untere Schicht des Substrats soll aus leicht aufgekalktem Torf bestehen. Der obere Teil enthält den gleichen Torf, dem jedoch zur Hälfte zerkleinertes *Sphagnum* beigemischt wird. Es ist in jedem Fall ein recht großes Pflanzgefäß zu wählen, denn *Disa uniflora* hat ein stark ausgebreitetes Wurzelsystem und bildet durch unterirdische Ausläufer viele Tochterpflanzen. Diese sehr schöne, hier als Freilandorchidee bezeichnete Pflanze verträgt leider nur sehr geringe Minustemperaturen und kann nur bei einem sehr guten Frostschutz in milden Wintern im Freiland überleben. Wir empfehlen daher eine frostfreie Überwinterung, entweder im zum mobilen Moorbeet hergerichteten Maurerbottich (siehe: »Das Moorbeet«) oder im Container.

Disa uniflora benötigt ständig hohe Bodenfeuchtigkeit. Staunässe führt jedoch – besonders bei einem kalten Winterstandort – zum Verlust der Pflanze. Außerdem müssen die Pflanzgefäße ganzjährig sehr hell und sonnig aufgestellt werden. Eine zu hohe Luftfeuchtigkeit wird nur schlecht vertragen, was wohl auch der Grund ist für die schlechten Kulturerfolge der Liebhaber tropischer Orchideen, die diese Art bisher zusammen mit Epiphyten gehalten haben. Die Aussaat erfolgt auf reinem Torf, der zur Steigerung der Luftfeuchtigkeit mit einer Folie abgedeckt wird. *Disa uniflora* benötigt zur Samenkeimung vermutlich keine symbiotische Beziehung zu bestimmten Bodenpilzen.

Epipactis, Stendelwurz

Mit etwa 20 Arten ist diese Gattung in Europa, Asien und Nordamerika verbreitet. Außerdem gibt es eine ganze Reihe von Unterarten, deren klare Abgrenzung schwierig ist. Für die Gartenpflanzung eignen sich nur wenige Arten, wenn man die Kriterien »einfache Kultur und ansprechende Form und Farbe« zugrundelegt. Die meisten *Epipactis*-Arten sind Waldpflanzen, von denen einige stark pilzabhängig sind, was u. a. auch an der reduzierten Entwicklung von Laubblättern erkennbar wird. Aber auch Trockenrasen und sumpfig-feuchte Biotope werden von einigen Arten besiedelt.

Epipactis atrorubens, Braunrote Stendelwurz

Die Pflanze wird 20–60 cm hoch. Die Blüten sind klein, aber zahlreich und purpur- bis braunrot. Ihre natürlichen Standorte sind lichte Kiefernwälder, Waldränder und Trockenrasen mit kalkigem Untergrund.

Im Garten sollte diese Orchidee auf dem Trockenhügel stehen. Sie liebt jedoch die Nähe von Gehölzen, die ihr etwas Schlagschatten liefern. Das Substrat sollte aus abgelagerter Rasenerde bestehen, die reichlich Kalk enthalten muß. Eine Auflage von Kiefernnadeln wirkt sich günstig aus. Bei zusagenden Standortbedingungen vermehren sich die Pflanzen vegetativ und es kommt in relativ kurzer Zeit zur Horstbildung. *Epipactis atrorubens* ist auch zur Containerkultur geeignet. Am besten eignen sich Balkonkästen von 40–60

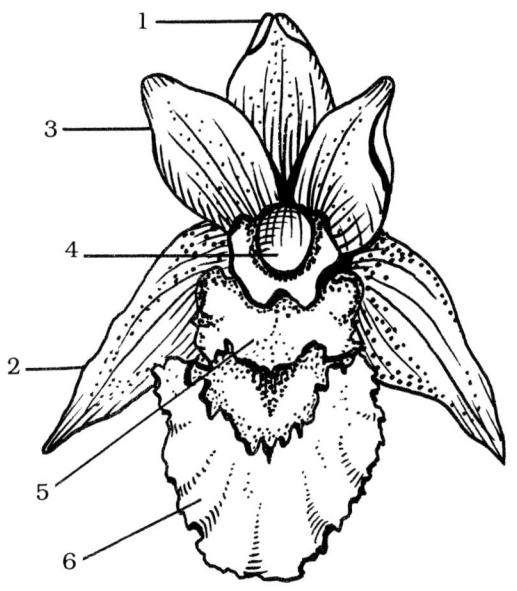

Abb. 10:   *Epipactis*-Blüte – ein Wunderwerk der Natur, das es wert ist, aus der Nähe betrachtet zu werden

1 = mittleres Sepalum

2 = seitliche Sepalen

3 = Petalen

4 = Säulchen

5 = Hinterlippe

6 = Vorderlippe

cm Länge. Grober, sandiger Lehm unter Zugabe von gebrochenem Kalkstein ist hier das geeignete Substrat für die Gefäßkultur. Da die Pflanzen oft von Blattläusen befallen werden, müssen in diesem Fall rechtzeitig geeignete Gegenmaßnahmen ergriffen werden.

Epipactis gigantea, Großer Sumpfsitter

Diese in Nordamerika beheimatete Art besiedelt dort feuchte Standorte an Flußufern. Die Blüten von *Epipactis gigantea* sind wesentlich größer als jene von *Epipactis palustris*. Die Blüten sind ockergelb bis orange, selten auch rötlich. *Epipactis*

gigantea ist leicht zu kultivieren und vermehrt sich stark. Es gibt eine sehr schöne Kreuzung zwischen *Epipactis palustris* und *Epipactis gigantea*. Sie trägt den Namen *Epipactis 'Sabine'*. Diese Hybride stellt eine hübsche und vielversprechende Bereicherung für unsere Orchideenanlagen dar.

Epipactis × *Sabine* wurde durch W. FROSCH, Dreieich bei Frankfurt, gezüchtet und herangezogen. Die Pflanzen machen in der Kultur keine Schwierigkeiten. Sie sind sehr wüchsig und zeigen Tendenz zu einer starken vegetativen Vermehrung. Kultiviert wird im Freiland in ungedüngter Gartenerde, die mit Sand etwas aufgelockert wird.

Auch die Containerkultur ist sehr einfach, es wird das gleiche Substrat wie im Freiland verwendet.

Epipactis helleborine, Breitblättrige Stendelwurz

Sie ist die häufigste *Epipactis*-Art, die wir in der Natur antreffen. Ihre Verbreitung erstreckt sich von Europa über Asien bis nach Japan und Nordamerika, wohin sie durch den Menschen unabsichtlich eingeführt worden ist.

Epipactis helleborine wird wie *Epipactis purpurata* kultiviert. Sie ist jedoch etwas weniger wärmeliebend und kann auch etwas schattiger stehen. Beide Arten haben eine weitere auffällige Gemeinsamkeit: Sie siedeln sich durch Aussaat oft an Plätzen an, die vorher von Menschenhand in irgendeiner Weise beeinflußt worden sind. Sie besiedeln deshalb z. B. häufig Gärten und Friedhöfe. In den Gärten der Verfasser und auch in etlichen Nachbargärten hat sich *Epipactis helleborine* vielerorts, hauptsächlich in der Nähe von Gehölzen ausgebreitet.

Epipactis palustris, Sumpfstendelwurz

Diese schöne Art ist in Mitteleuropa weit verbreitet und fehlt nur im Norden und im äußersten Süden. Ihre Standorte sind feuchte Sumpfwiesen, Dünensenken und Bachränder.

An feuchten Standorten ist die Kultur einfach. Sie gedeiht aber auch auf trockeneren Standorten. Als Substrat dient ein sandiger, krümeliger

Lehm ohne weitere Zusätze. Bei zusagendem Standort an Teichrändern oder im Sumpfbeet zeigt die Art eine starke Tendenz, sich vegetativ zu vermehren, was im Laufe der Zeit zu recht großen Beständen führt. Ein Umpflanzen oder Teilen der Pflanzen wird gut vertragen.

Epipactis purpurata, Violette Stendelwurz

Die Art ist in Nordwest- und Mitteleuropa verbreitet und wächst in schattigen Laubmischwäldern. Die Pflanzen sind sehr kräftig und reichblütig. Die Blüten sind grünlichgelb und oft mehr oder weniger rosa überlaufen. Im Garten sollten das Waldbeet oder dessen Rand der Standort dieser Orchidee sein.

Ein frischer, krümeliger Lehm wird als Substrat bevorzugt. Die Einwachsphase ist manchmal etwas schwierig. In diesem Fall treiben die Pflanzen nur sehr schwach aus und blühen nicht. Ist diese Phase erst einmal überwunden, entwickelt sich diese *Epipactis*-Art schnell zu kräftigen Exemplaren und es kommt zu Horstbildungen. Über die Gefäßkultur liegen noch keine Erfahrungen vor.

Epipactis thunbergii

Aus Japan erreicht uns zuweilen diese recht hübsche *Epipactis*-Art.

Sie ähnelt im Habitus *Epipactis atrorubens*, der Blütenstand ist jedoch wesentlich lockerer. Die Blütengröße entspricht jener von *Epipactis helleborine*, die Einzelblüten sind jedoch schlanker. Sepalen und Petalen sind kräftig gelb, während der Mittellappen der Lippe rosa gefärbt ist. Die Art ist bei uns winterhart und liebt einen mäßig feuchten Standort, der durchaus sonnig sein kann. Als Substrat reicht ein sandiger Lehm, der allerdings nicht austrocknen darf, völlig aus. Sehr gute Erfolge und reichliche Vermehrung hat auch die Gefäßkultur gebracht.

Epipactis veratrifolia, Germerblättrige Sumpfwurz

Diese hübsch gefärbte Art ist vom südöstlichen Mittelmeerraum über Kleinasien bis in den Himalaya hinein beheimatet.

Die Pflanzen sind sehr stattlich und können bis 1 m Höhe erreichen. Die Grundfarbe der großen Blüten ist ein grünliches Gelb mit rötlichweißer Zeichnung.

Im Freiland düfte die Art nur mit Winterschutz kultivierbar sein. Die Gefäßkultur ist jedoch nicht schwierig. Da die Rhizome recht lang werden, sind Balkonkästen als Kulturgefäße zu verwenden. Als Substrat eignet sich ein sandiger Lehm, der besonders während der Vegetationszeit recht feucht gehalten werden muß.

Galearis spectabilis

Diese Orchidee ist in den östlichen USA verbreitet. Ihre Standorte liegen dort in schattigen Laubwäldern.

Die Wurzeln sind fleischig und knollenartig verdickt. *Galearis* trägt zwei gegenständige Laubblätter von breiter ovaler Form. An der wenigblütigen Infloreszenz sitzen Blüten, die denen unserer heimischen *Orchis*-Arten nicht unähnlich sind. Die Sepalen und Petalen sind zu einem Helm zusammengeneigt, die Lippe ist länglich oval und am Rande gewellt. Die Blüten sind dunkelviolett, wobei die Lippe heller gefärbt ist oder auch weiß aussehen kann.

Die in Japan vorkommende *Galearis cyclochila* ist kleiner und graziler und besitzt in der Regel nur ein Laubblatt. Die Blüten sind zartrosa, die Lippe ist dreieckig und rot gepunktet. In der Kultur stellen beide Arten die gleichen Ansprüche. Krümeliger, kalkfreier Lehm mit reichlich zerkleinertem Buchenlaub sagt ihnen als Substrat zu.

Galearis spectabilis ist im Freiland winterhart. Für die japanische Art kommt jedoch nur die Containerkultur infrage. Beide Arten werden von Schnecken als Leckerbissen angesehen und müssen dementsprechend geschützt werden.

Gennaria diphylla, Grünständel

Es ist eine leicht übersehbare, grünblütige Orchidee, deren Heimat im Süden Europas und in Nordafrika liegt.

Sie kann nur in Containerkultur gehalten werden, da ihr die Frosthärte fehlt.

Die Kultur ist sehr einfach und gelingt meist immer. Sandiger Lehm als Substrat, ausreichende Feuchtigkeit während der Vegetationsperiode und ein Temperaturminimum von 5 °C im Winter sind für das Wachstum dieser unscheinbaren Pflanze erforderlich. Durch reiche vegetative Vermehrung wächst schnell ein guter Bestand heran.

Die Blütezeit ist von Ende Januar–Mitte März.

Goodyera, Netzblatt

Goodyera ist in Europa mit nur 2 Arten vertreten, von denen die eine Art endemisch auf Madeira vorkommt. In Amerika und Asien hat die Gattung jedoch eine ganze Reihe von Vertretern, die z. T. durch eine ausgeprägte netzartige Zeichnung auf den Blättern einen gewissen Schmuckwert besitzen. Die Blüten sind in der Regel weiß und ährig angeordnet, aber von unscheinbarer Natur.

Alle Vertreter der Gattung besitzen mehr oder weniger stark kriechende Rhizome.

Aus Amerika kommen die beiden Arten *Goodyera pubescens* und *Goodyera oblongifolia.* Beide Arten sind einfach zu kultivieren. Sie lieben ein Untergrundsubstrat aus krümeligem, kiesigem Lehm, auf das die Rhizome gelegt werden. Die Abdeckung von etwa 2–3 cm Stärke besteht aus zerkleinertem *Sphagnum,* zerkleinerter Kiefernrinde und Kiefernnadeln. Beide Arten haben stark netzartig gezeichnete Blätter. Freilandkultur ist nur im schattigen Waldbeet möglich.

Unsere in Europa weit verbreitete heimische Art, *Goodyera repens* (Kriechendes Netzblatt), kommt in Nadel- und in Laubmischwäldern vor.

Durch ihre Unscheinbarkeit ist sie kaum von Interesse, kann aber wie die beiden oben genannten Arten kultiviert werden.

Gymnadenia camtschatica

Es handelt sich um eine kräftige und stattliche Pflanze, die in Ostasien beheimatet ist. Ihre Standorte liegen auf trockenen Wiesen und in lichten Wäldern. Ihre Knollen sind wie bei unserer heimischen *Gymnadenia conopsea* fingerförmig geteilt, jedoch zwei- bis dreimal so groß. Sie erreichen leicht die Ausmaße einer Männerhand. Das Laub ist breit und kräftig, der langzylindrische Blütenstand ist dicht mit roten Blüten besetzt.

Im Freiland erwiesen sich diese Orchideen als winterhart, wurden aber durch Tierfraß z. T. vernichtet. Nach anfänglichen Schwierigkeiten gediehen die verbliebenen Exemplare in Containern. Als Substrat eignet sich ein grobkörniger Kies, dem etwas Lehm und zerkleinertes *Sphagnum* zugesetzt wird.

Die Knollen sind nach Beendigung der Vegetationsperiode recht nässeempfindlich. Daher ist nach dem Einziehen des Laubes das Gießen weitgehend einzustellen.

Gymnadenia conopsea, Mückenhändelwurz

Beschreibung
Pflanze 20–80 cm hoch; Blätter 4–8, linear lanzettlich; Blütenstand dicht, vielblütig; Blüten klein, kräftig rosa; Lippe dreilappig, Sporn sehr lang.
Blütezeit: Mai–August.

Vorkommen und Verbreitung
Areal: in ganz Europa ostwärts bis nach China verbreitet und stellenweise häufig.
Biotop: sehr variabel in der Wahl der Standorte; trockene Wiesen in lichten Wäldern und kalkreiche Sumpfgebiete.

Kulturhinweise
Die Mückenhändelwurz ist eine einfach zu haltende Art. Sie ist in ihren Standortansprüchen sehr tolerant und gedeiht sogar in einfachem Gartenboden.

Diese Orchidee wächst gut im Trockenrasen, am Rande des Waldbeetes oder auch an Teichrändern. Die Pflanzen sind vollkommen winterhart und verlangen keine Schutzmaßnahmen.

Auch die Gefäßkultur macht keinerlei Schwierigkeiten.

Bemerkungen

Diese Orchideenart ist besonders für den Anfänger gut geeignet. Durch ihre langen rosa Blütenkerzen ist sie sehr attraktiv. Unter gleichen Bedingungen gedeiht auch *Gymnadenia odoratissima* sehr gut. Diese Art ist im Habitus etwas kleiner. Die Blüten sind meist heller gefärbt; rein weiß blühende Exemplare sind keine Seltenheit.

Habenaria radiata, Schmetterlingsorchidee

Diese Art ist im klimatisch gemäßigten Teil Ostasiens beheimatet. Sie wird bei uns oft unter dem Namen Schmetterlingsorchidee im Handel angeboten. Die Knollen sind sehr klein und rund bis oval geformt. Es ist schon ein kleines Wunder, welch prächtige Orchidee sich daraus entwickelt. Die schlanke hohe Pflanze besitzt schmale, lanzettliche Laubblätter. Die reinweißen Blüten sind locker an der wenigblütigen Infloreszenz angeordnet. Sie wirken im Verhältnis zur grazilen Pflanze sehr groß. Die dreilappige Lippe ähnelt einem fliegenden Schmetterling, da die Seitenlappen breit oval und an den Rändern stark gefranst sind. Interessant ist auch die späte Blütezeit im Juli und August. Sie ist in der Kultur sehr einfach, doch ist ein Winterschutz unbedingt erforderlich.

Die schönste Wirkung wird allerdings bei der Containerkultur erzielt, wenn man mehrere Pflanzen in ein Gefäß setzt. Als am besten geeignetes Substrat hat sich See- oder auch Quarzsand, gemischt mit feingehacktem *Sphagnum*, erwiesen. Es wird viel Feuchtigkeit während der Vegetationszeit verlangt. Nach dem Einziehen muß das Substrat weiterhin mäßig feucht gehalten werden, damit die kleinen Knöllchen nicht vertrocknen.

Habenaria tridactylites, Kanarenständel

Als Endemit der kanarischen Inseln ist diese Art bei uns nicht winterhart und daher nur unter frostfreien Bedingungen im Container zu halten. Die Kultur ist sehr einfach. Als Substrat reicht ein sandiger Lehm ohne weitere Zusätze aus, der während der Vegetationszeit ständig feucht gehalten werden muß. Diese Orchidee vermehrt sich schnell und leicht vegetativ. Aufgrund ihres unscheinbaren Aussehens wird sie wohl nur bei wenigen Liebhabern auf Interesse stoßen. Hervorzuheben ist die frühe Blütezeit, die von November bis Januar anhält.

Herminium monorchis, Einknolle

Die Einknolle ist eine unscheinbare, kleine Orchidee. Sie hat ein sehr großes Verbreitungsgebiet von England bis nach Japan. Ihre Standorte sind in der Regel trockene bis feuchte Wiesen und alpine Matten. Die Verfasser haben Pflanzen im Freiland in einem Alpinum kultiviert. Dort haben sie sich gut entwickelt und im Laufe der Jahre mehrere Horste mit jeweils 5–7 Pflanzen hervorgebracht, denn die Pflanzen vermehren sich vegetativ durch die Bildung von unterirdischen Ausläufern. Aus Samen haben sich ebenfalls reichlich Pflanzen gebildet, so daß bei uns inzwischen, über das ganze Alpinum verteilt, etwa 100–120 Pflanzen festgestellt werden konnten. Neben Sämlingen von *Dactylorhiza, Epipactis, Listera* und anderen Orchideen konnten auch *Herminium*-Sämlinge an den verschiedensten Stellen des Gartens festgestellt werden.

Himantoglossum affine, Orientalische Riemenzunge

Beschreibung

Pflanze 30–70 cm hoch; Blätter 7–9, lanzettlich; Blütenstand locker mit etwa 10–30 Blüten; Helm grünweißlich und braun; Lippe mit relativ kurzem Mittellappen, der am Ende nur wenig eingeschnitten ist; Sporn etwa 3–6 mm lang.
Blütezeit: Mai–Juli.

Vorkommen und Verbreitung

Areal: sehr selten und lokal verbreitet in der westlichen und südlichen Türkei, außerdem im Libanon, in Syrien, Irak und Iran. Biotop: in Eichenwäldern und auf Weiden mit Buchenwaldbestand.

Kulturhinweise

Eine erfolgreiche Kultur ist möglich in dem unter *Ophrys* angegebenen Substrat 3. Die Pflanzen wachsen so sehr gut und kommen auch zur Blüte. Diese Art scheint eher kalkmeidend zu sein.

Bemerkungen

Eine exotisch anmutende schöne Art. Wir möchten davor warnen, im Handel angebotene Pflanzen zu kaufen, denn diese dürften ausnahmslos der Natur entnommen sein.

Himantoglossum hircinum, Bocksriemenzunge

Beschreibung

Pflanze 30–80 cm hoch; Blätter 6–8, breit lanzettlich, während der Blütezeit meistens schon verwelkt und z. T. braun; Blütenstand locker bis mäßig dicht, mit bis zu 80 Blüten; obere 5 Perigonblätter einen Helm bildend, grün oder gräulichgrün mit braunen oder roten Streifen; Lippe dreilappig mit stark verlängertem Mittellappen, 2–5 cm lang und an der Spitze gegabelt, Seitenlappen kürzer, weißlich, grünlich oder olivbräunlich bis blaßrosa, am Grunde rot gestrichelt oder gepunktet, Sporn kurz, unangenehm duftend.
Blütezeit: Mai–Juni.

Vorkommen und Verbreitung

Areal: westliches und südliches Europa, nirgends häufig; in Deutschland hauptsächlich Baden-Württemberg.
Biotop: auf trockenen Hangwiesen und in lichten Wäldern.

Kulturhinweise

Die Freilandkultur gelingt recht gut, wenn die erforderlichen Voraussetzungen geschaffen werden. Als Standort ist der Trockenrasen oder Trockenhügel gut geeignet. Diese Art liebt etwas mehr Feuchtigkeit während der Vegetationsperiode. Lockerer, krümeliger Lehm, gut durchsetzt mit feinem und grobem Kalkschotter, ist ein geeignetes Substrat für den Freilandstandort. Da *Himantoglossum hircinum* bereits im Herbst Blätter austreibt, ist eine Begleitflora aus Gräsern und kleinen Stauden, deren absterbende Teile in Herbst und Winter den Austrieb schützen, äußerst vorteilhaft.

Bemerkungen

Als einzige *Himantoglossum*-Art sicher für die Freilandkultur geeignet. Durch die intensive Beschäftigung mit dieser Orchideenart konnten gute Kulturerfolge erzielt werden. Die allgemein vertretene Meinung, daß die Art unkultivierbar sei, kann nicht bestätigt werden. Im Gegenteil: *Himantoglossum* kann sicher kultiviert und erfolgreich vegetativ vermehrt werden. Es wurde schon spontane Samenkeimung in größerem Umfang in einem Balkonkasten als Kulturgefäß, in dem *Himantoglossum* zusammen mit *Cyclamen coum* kultiviert wurde, beobachtet. Als Substrat wird krümeliger Lehm mit Tonanteilen, dem Kalkschotter und Styroporschnipsel zur Auflockerung beigemischt wurden, verwendet. Schon im 2. Kulturjahr wurden etwa 15 Sämlinge festgestellt. Die Jungpflanzen waren unter dem dichten Blätterdach der *Cyclamen* verborgen und standen so recht dunkel. Im darauffolgenden Jahr konnten weitere Sämlinge festgestellt werden. Es war den Autoren zum damligen Zeitpunkt zunächst nicht eindeutig klar, daß es sich um *Himantoglossum*-Sämlinge handelte. In den folgenden Jahren bestätigte sich mit zunehmender Größe der Sämlinge unsere Vermutung. Alle Zweifel waren ausgeräumt, als im 5. Jahr der erste Sämling eine Infloreszenz entwickelte. Im gleichen Jahr wurden beim Umpflanzen 100 Protokorme entdeckt, die noch keine Laubblätter entwickelt hatten. Der Versuch, die Protokorme in einem anderen Substrat weiterzukultivieren, scheiterte völlig. Es konnten nur die Sämlinge erfolgreich weiterkultiviert werden, die bereits Laubblätter entwickelt hatten. Ob und in welcher Form die *Cyclamen* auf die Keimung eingewirkt haben, ist nicht geklärt. Es ist lediglich bekannt geworden, daß eine Samenkeimung von verschiedenen Orchideen in Freilandbeständen von *Cylamen* schon des öfteren beobachtet worden ist.

Himantoglossum hircinum ssp. caprinum

Diese Unterart unterscheidet sich von der Art durch den wesentlich lockereren Blütenstand und auch durch den grazilen Wuchs. Auch farblich gesehen, sind Unterschiede gut erkennbar. Der Helm ist graublau und die Lippe oftmals rosa überlaufen mit roter Fleckung am Grund.

Das Verbreitungsgebiet liegt in der Nordtürkei sowie auf der Balkanhalbinsel und der Krim.

In der Kultur bevorzugt *Himantoglossum* ssp. *caprinum* das gleiche Substrat wie die Art, sie ist jedoch weitaus wärmeliebender. Es kommt daher nur die frostfreie Containerkultur in Betracht.

Himantoglossum hircinum ssp. **calcaratum**

Diese Unterart ist kräftiger und robuster als die Art. Die Blüten sind groß und mehr oder weniger kräftig violett.

Ihr Verbreitungsgebiet erstreckt sich nur auf die Gebirge Südjugoslawiens und Albaniens. *Himantoglossum hircinum* ssp. *calcaratum* steht ausnahmslos auf Kalkböden.

Die Autoren haben mit der Kultur dieser Subspecies wenig Schwierigkeiten gehabt. Gut abgelagerte Rasenerde bildet nach Zugabe von Kalk und reichlich Kalkschotter ein hervorragendes Substrat.

Über die Winterhärte können keine Aussagen gemacht werden. Wir empfehlen jedoch die frostfreie Containerkultur.

Die Unterart *Himantoglossum hircinum* ssp. *adriatium* ist kleiner und graziler als *Himantoglossum hircinum*, die Blüte ist aber ähnlich gefärbt, bis auf den Helm, der grau-grünlich überlaufen ist. Außerdem ist der Blütenstand recht locker und es werden selten mehr als 30 Blüten gezählt. Diese Unterart wird von einigen Wissenschaftlern nicht als Unterart anerkannt. Die Autoren sind jedoch der Meinung, daß zur Art eindeutige Unterschiede bestehen. Über die Kultur können noch keine klaren Aussagen gemacht werden.

Liparis, Glanzwurz

Liparis stellt mit ihren ca. 300 Arten eine große Gattung dar, die mit Ausnahme der Polregionen weltweit (besonders in den Tropen) vertreten ist. Eine Reihe von Arten besiedeln auch Gebiete mit gemäßigtem Klima, hauptsächlich in Nordasien und Nordamerika. Hier werden nur zwei Species, die zu den erdbewohnenden Orchideen zählen, behandelt.

Liparis loeselii, Glanzwurz

Dies ist unsere heimische Art, die in Mitteleuropa verbreitet ist. Sie kommt aber auch in Nordamerika und Asien vor. Die Pflanze bevorzugt nasse Standorte wie Moore, Flachmoorsümpfe und Dünen-

täler. Es sind 2 Laubblätter vorhanden, die aus einer Scheinknolle entspringen. Der Blütenstand ist lockerblütig und die Blüten sind gelbgrün gefärbt.

Die Kultur gelingt im Freiland an zusagenden Plätzen recht gut. Am besten eignen sich kleine *Sphagnum*-Schlenken im Moorbeet.

Liparis lilifolia

Sie ist in Japan und Nordamerika zu Hause und ähnelt im Habitus der vorgenannten Art. Die Blüten sind jedoch größer und rötlich gefärbt, so daß die Pflanzen wesentlich attraktiver als *Liparis loeselii* sind. Sie ist bei gleichen Kulturanforderungen wesentlich einfacher zu halten.

Listera ovata, Großes Zweiblatt

Das Große Zweiblatt ist eine in der Natur häufig anzutreffende Art mit recht unscheinbarem Aussehen. Diese Orchidee findet man in ganz Europa mit Ausnahme des äußersten Nordens und Südens. Weiterhin kommt sie in Asien und Nordamerika in Laub- und Nadelwäldern, aber auch auf Wiesen vor.

Die Kultur im Freiland ist sehr einfach. Sie gedeiht auf fast allen Böden und kann sehr stattliche Exemplare hervorbringen. An geeigneten Standorten kommt es in der Regel schon nach einigen Jahren zu einer reichlichen Vermehrung durch Aussaat.

In Nordamerika und Asien kommen weitere Arten dieser Gattung vor, die jedoch alle recht unscheinbar sind.

Neotinea maculata, Keuschorchis

Beschreibung

Pflanze 10–25 cm hoch; Blätter 3–7, blaugrün, gefleckt bis ungefleckt, rosettenartig angeordnet, breit-lanzettlich; Blütenstand dicht, Blüten klein, schmutzig rosa, gelblich oder grün gefärbt.
Blütezeit: März–Mai.

Vorkommen und Verbreitung

Areal: Westirland, Madeira, Kanarische Inseln, im küstennahen Mediterrangebiet verbreitet.
Biotop: lichte Wälder, Ödland und Macchien, auf basischen Böden.

Kulturhinweise

Neotinea ist eine anspruchslose Art, die ohne Schwierigkeiten zu kultivieren ist. Substrat 2 (siehe »Die Gattung *Ophrys*«) ist am besten geeignet. Die Art ist jedoch nur in milden Gegenden winterhart, sonst Kultur in Containern oder Alpinenhaus.

Bemerkungen

Eine sehr unscheinbare Orchidee, deren Anspruchslosigkeit aber gerade für den Anfänger gute Ergebnisse bringt.

Nigritella, Kohlröschen

Diese Gattung umfaßt mehrere Arten, die sich ähneln und vorwiegend in den Hochgebirgen Europas beheimatet sind.

Die Kultur von *Nigritella* ist nicht einfach und sollte nur von erfahrenen und fachkundigen Liebhabern betrieben werden. Der Standort sollte dem Trockenrasen ähnlich sein, muß jedoch bessere Feuchtigkeitsverhältnisse aufweisen. Das Substrat sollte aus einer Mischung von Rasenerde und gut abgelagerter Moorerde bestehen. Bei guten Standortbedingungen stehen eingewachsene Pflanzen viele Jahre und blühen regelmäßig. Eine Samenkeimung konnte bisher noch nicht beobachtet werden. Die Gefäßkultur zusammen mit *Dactylorhiza majalis* brachte ebenfalls guten Erfolg.

Platanthera, Waldhyazinthe

Die Gattung besteht aus etwa 80 Arten und hat ihre hauptsächliche Verbreitung in Nordamerika und Asien. Von den fünf in Europa vorkommenden Species sind nur zwei in Mitteleuropa relativ weit verbreitet. Die übrigen drei Arten besiedeln europäische Randgebiete und bleiben wegen ihrer z. T. extremen Standortbedingungen hier auch unberücksichtigt. Außer der heimischen *Platanthera chlorantha* und *Platanthera bifolia* werden noch einige amerikanische Arten angesprochen. Obwohl diese recht schwer und meistens nur auf dem amerikanischen Markt zu beschaffen sind, sollen dem Leser unsere Kulturerfahrungen nicht vorenthalten werden. Alle hier genannten nordamerikanischen *Platanthera*-Arten sind unter den gleichen Bedingungen kultiviert worden.

Anfängliche Schwierigkeiten lagen hauptsächlich in der falschen Substratwahl begründet. Nachdem die Pflanzen dann in ein Substrat aus zerkleinertem *Sphagnum* und gesiebtem Torf gesetzt wurden, entwickelten sie sich in den folgenden Vegetationsperioden sehr zufriedenstellend.

Sämtliche hier genannten amerikanischen *Platanthera*-Arten konnten in bescheidenem Maße vegetativ vermehrt werden. Freilandkulturversuche sollen aber erst unternommen werden, wenn der Bestand durch eine größere Anzahl Pflanzen gesichert ist.

Platanthera bifolia, Zweiblättrige Waldhyazinthe

In der Natur wird diese Art auf trockeneren Standorten, wie auch in lichten Laub- und Nadelwäldern angetroffen. Häufiger findet man sie noch auf trockenen Wiesen, in Gebüschen und sogar auf Trockenhängen. In den Alpen kommen sie jedoch auch an sehr feuchten, sogar nassen Stellen vor. Der Gartenstandort sollte der Fuß eines Trockenhügels sein oder auch der Rand des Trockenrasens. Als Substrat kommt ein kalkreicher mineralischer Boden infrage. Sind sie bei zusagendem Standort erst einmal eingewachsen, wachsen die Pflanzen dort sehr lange Zeit und werden, wenn überhaupt, nur von tierischen Schädlingen vernichtet.

Platanthera blephariglottis

Eine im nordöstlichen Teil der USA beheimatete Art. Sie kommt dort in feuchten Wiesen und an Bachrändern vor. Die Pflanzen sind sehr stattlich. Die Blüten sitzen dicht gedrängt an einer gestreckten Blütenähre und sind rein weiß. Die Lippe ist länglich und sehr stark gefranst. Kultur wie *P. ciliaris*.

Platanthera chlorantha, Grünliche Waldhyazinthe

Diese heimische Art ist auf unterschiedlichen Standorten, wie in lichten Wäldern, Mooren und Heiden zu finden. Sie ist für die Freilandkultur sehr gut geeignet und stellt kaum Ansprüche. Ihr Gartenstandort kann das Waldbeet, der Teichrand oder das Sumpfbeet sein. Die Pflanzen haben bei uns fast alle Standorttypen toleriert und es ist in einigen Fällen zur Vermehrung gekommen. Das Substrat sollte aus kalkfreiem, nicht zu sehr verdichtetem Lehm bestehen. Eine Abdeckung aus zerkleinertem Buchenlaub und Rindenstücken ist allerdings erforderlich, da das Substrat nicht austrocknen darf.

Die Containerkultur bereitet keine Schwierigkeiten, seitdem wir ein Substrat aus zerhacktem *Sphagnum* und gesiebtem Torf verwenden. Eine Bodenverdichtung, wie sie in der Containerkultur nicht ausbleibt, führt bei *Platanthera* zur Fäulnis an den Wurzeln und den Knollen.

Platanthera ciliaris

Sie gehört wohl zu den schönsten Arten, die die Gattung zu bieten hat. Ihre Verbreitung liegt im nordöstlichen Teil der USA und strahlt zum Süden bis nach Florida aus. Ihre Standorte liegen im feuchten Bereich, also in Mooren, Sümpfen und Naßwiesen.

Die Pflanzen sind von stattlicher Größe. Der Blütenstand ist im voll erblühten Zustand walzenförmig. Die Blüten sind einfarbig dunkelgelb bis orangefarbig. Die Lippe ist schmal nach unten gezogen. Sie ist sehr tief gefranst und bietet einen besonders schönen Anblick. Sie gedeiht wie alle amerikanischen *Platanthera*-Arten in einem Gemisch aus gesiebtem Torf und gehacktem *Sphagnum*.

Platanthera grandiflora

Diese Art ist nur im Nordosten der USA und in Kanada in feuchten Gebieten zu finden.

Sie steht *Platanthera ciliaris* an Schönheit nicht nach. Die ebenfalls sehr kräftigen Pflanzen besitzen einen walzenförmigen Blütenstand mit kräftig rosa gefärbten Blüten. Die Lippe ist wesentlich breiter als bei *Platanthera ciliaris* und dreilappig. Jeder der drei Lappenteile ist am Rande stark gefranst. Kultur wie *P. ciliaris*.

Platanthera peramoena

Diese Art ist im Südosten der USA verbreitet, wo sie in schattigen, feuchten Laubwäldern vorkommt. Die Pflanze ist graziler als die vorgenannten. Auch ist der Blütenstand wesentlich lockerer. Die Blüten sind kräftig rosa, zuweilen auch weiß. Die dreilappige Lippe ist nur sehr schwach gefranst. Kultur wie *P. ciliaris*.

Pleione, Tibetorchidee

Obwohl es sich zahlenmäßig um eine relativ kleine Gattung handelt, bestehen beträchtliche Schwierigkeiten bei der Nomenklatur. Vernichtete Herbarbelege und fehlendes lebendes Pflanzenmaterial lassen in vielen Fällen eine definitive Klärung fraglicher Sachverhalte nicht zu. In den letzten Jahren sind jedoch verschiedentlich neue Arten nach Europa gelangt und auch solche, die zwar bekannt, aber nicht in Kultur waren.

Die Gattung beinhaltet etwa 15 Arten, deren Verbreitung der südostasiatische Raum von Nepal ostwärts bis Taiwan und von Zentral-China südwärts bis Burma und Nordthailand ist. Das Verbreitungsgebiet deckt sich weitgehend mit dem Monsunklima. Die Pflanzen besitzen einjährige Pseudobulben, die je nach Art verschieden in Form, Größe und Farbe sind. Im eigentlichen Sinne handelt es sich bei den *Pleione*-Arten um keine Erd- oder terrestrischen Orchideen, denn sie wachsen hauptsächlich epiphytisch auf modernden Stämmen, in Astgabeln oder lithophytisch auf von Moos überwachsenen Felsen und Steinen. Trotzdem erfreuen sich *Pleione* nicht nur bei den Liebhabern tropischer Orchideen, sondern auch bei den Liebhabern der Erdorchideen großer Beliebtheit.

Aus diesem Grund existieren auch bereits eine ganze Reihe von Kreuzungen, die mehr oder weniger als hübsch und gelungen angesehen werden können.

Auf diese Hybriden soll bis auf zwei Ausnahmen nicht weiter eingegangen werden. Bei den als Ausnahmen bezeichneten Pflanzen handelt es sich um Naturhybriden. Die Kulturansprüche werden, wie auch schon vorher bei anderen Gattungen, im Komplex angegeben. Auf Abweichungen und Besonderheiten wird bei den Beschreibungen der einzelnen Arten hingewiesen.

Die im folgenden aufgeführten Angaben über die Kultur erheben nicht den Anspruch auf Vollständigkeit oder alleinige Richtigkeit. Viele *Pleione*-Liebhaber verwenden anders zusammengesetzte Substrate. Außerdem schwört jeder auf seine eigene Kulturmethode. Entscheidend ist, daß einige Arten recht leicht, andere dagegen relativ schwer zu kultivieren sind. Als wirklich für das Freiland geeignet ist nur *Pleione limprichtii* anzusehen. Sie hat die entsprechende Winterhärte, um selbst strenge Fröste zu überstehen. Alle anderen Arten sind in Schalen, Töpfen oder Containern am besten unter Kalthausbedingungen zu halten. Das Substrat muß sehr wasserdurchlässig sein. Empfehlenswert ist ein Gemisch aus grobem Torf, gehacktem *Sphagnum*, Rinde und Styropor. Außerdem werden die Pflanzgefäße bis zur Hälfte mit Styroporflocken gefüllt. Bei einigen Arten hat sich als Substrat auch ein Gemisch aus grobem Kies, Torf und Perlite bewährt. Die Pflanzen sind in der Phase der Wurzelbildung am empfindlichsten. Das Substrat darf zu diesem Zeitpunkt nicht zu feucht sein, da die Wurzeln sonst leicht faulen können. Eine so geschädigte Pflanze ist nicht mehr in der Lage, neue Wurzeln zu bilden. Im Herbst, nach dem Einziehen der Laubblätter, sollte man die neuen Bulben sogleich putzen, d. h., es werden sämtliche abgestorbenen Teile der Wurzeln und der alten Knollen entfernt. So vorbereitete Pflanzen müssen trocken und kalt aufbewahrt werden. Nach ständiger Kühlhaltung, möglicherweise auch im Gemüsefach des Kühlschrankes, können die Bulben im Spätwinter oder zeitigen Frühjahr wieder gepflanzt werden. Durch den jahreszeitlich bedingten Temperaturanstieg werden bei den frühjahrsblühenden Arten die Blüten noch vor den Blättern ausgebildet. Es sei in diesem Zusammenhang nochmals darauf hingewiesen, daß nach dem Pflanzen der Bulben Vorsicht beim Gießen angebracht ist. Zu frühes und auch zu intensives Gießen kann dazu führen, daß vorhandene Knospenanlagen unterdrückt werden. Nach der Entwicklung des Laubes sollten die Pflanzen möglichst schattig, kühl und luftfeucht aufgestellt werden. Luftbewegung durch einen kleinen Ventilator ist sehr von Vorteil.

Im Freiland finden die Pleionen einen Platz im Waldbeet, am besten auf etwas erhöht angelegten Flächen. Die Bulben sind dort leider vielen Schädlingen, wie z. B. Schnecken, ausgesetzt. Auch Amseln wühlen auf der Suche nach Nahrung gerne in dem lockeren *Pleione*-Substrat. Es scheint sie dabei wenig zu interessieren, wie teuer die kleinen Bulben gewesen sind, die sie mit ihren Schnäbeln aufnehmen und achtlos beiseite werfen.

Pleione aurita

Diese wohl schönste Art der Gattung *Pleione* wurde erst vor wenigen Jahren in China entdeckt. Genaue Standortangaben können nicht gemacht werden. Charakteristisch für diese Orchidee sind die weit zurückgeschlagenen Petalen, die wie »Hängeohren« (aurita) aussehen und der intensive Duft. Es existieren jedoch einige Klone, bei denen die Petalen strahlenförmig abstehen und nicht hängen. Diese Klone sind besonders schön und kulturwürdig.

Pleione aurita wird vermehrt zur Hybridisierung und auch zum Erzeugen von Artbastarden benutzt. Aus Samen vermehrt werden in allernächster Zukunft große Bestände vorhanden sein. Gespannt darf man auch auf die zu erwartenden Hybriden sein.

Pleione bulbocodioides

Unter dieser Bezeichnung ist eine Vielzahl von Arten und Formen eingereiht worden. Auch heute besteht im Hinblick auf ihre Zuordnung noch vielfach Unsicherheit. Unter Importpflanzen von *Pleione bulbocodioides* fanden sich diverse Formen von *Pleione formosa* und *Pleione limprichtii*, aber auch etliche dunkelblütige Typen mit sehr schön gezeichneter und stark gefranster Lippe, wie sie in »The Genus Pleione« (CRIBB, 1988) abgebildet und als *Pleione bulbocodioides* bezeichnet sind. In der Kultur bereiteten diese Orchideen keine Schwierigkeiten. Sie wuchsen willig und zeigten eine gute vegetative Vermehrung.

Pleione × confusa

Es handelt sich hierbei um eine Naturhybride zwischen *Pleione forrestii* und *Pleione albiflora.* Nach dem 2. Weltkrieg war im Royal Botanical Garden Edinburgh nur eine einzelne Bulbe dieser Art übrig geblieben, aus der später sämtliche heute vorhandenen Exemplare hervorgegangen sind.

Die Blütenfarbe ist gelb wie bei *Pleione forrestii*, jedoch heller. Auch sind die Blüten größer als bei den erwähnten Abstammungspartnern. Ihre Kultur ist nicht einfach. Die Pflanzen müssen kühl gehalten werden und eine Abdeckung der Substratoberfläche mit lebendem *Sphagnum* ist erforderlich.

Die Überwinterungstemperatur sollte + 2 °C nicht wesentlich überschreiten.

Pleione × confusa hat sich trotz ihrer geringen Vitalität als ein guter Kreuzungspartner erwiesen.

Pleione formosana

Diese Art hat neben *Pleione limprichtii* wohl den größten Bekanntheitsgrad. Von sämtlichen Species der Gattung besitzt sie auch die größten Blüten, die in Form und Farbe oft stark variieren. In der Regel ist die Blütenfarbe ein kräftiges Rosaviolett. Die Lippe mit den darauf befindlichen Lamellen ist gelb bis orange gesprenkelt. Die Bulben sind relativ groß, platt rundlich bis breit oval und mittelgrün gefärbt. Ihre Kultur ist einfach und gelingt auch dem Anfänger. Eine weiße Varietät, die oft als *Pleione formosana* var. *alba* bezeichnet wird, gedeiht ebenfalls recht gut, ist aber nicht ganz so wüchsig wie die Art. Aus *Pleione formosana* sind die meisten Hybriden durch Kreuzung mit anderen Arten hervorgegangen.

Pleione forrestii

Sie gehört zu den Kostbarkeiten der Gattung und ist eine gesuchte Rarität. Die Art hat relativ kleine Bulben, die nur etwa 1,5 cm hoch werden und dunkelgrün gefärbt sind. Die Blüten sind leuchtend gelb, wobei die Lippe rot bis braunrot gefleckt ist. Von gleicher Färbung sind auch die Lamellen, die sich auf der Lippe befinden. Die Bulben wachsen in dem von uns angegebenen Substrat recht gut, treiben allerdings erst sehr spät aus. *Pleione forrestii* muß im Sommer kühl kultiviert werden, es bilden sich sonst leicht Schäden an den Laubblättern aus.

Pleione hookeriana

Die Bulben dieser Art sind klein, oval und mittelgrün gefärbt. Sie bringen nicht sehr große, dafür aber besonders schöne Blüten hervor, die im Mai und Juni erblühen. Sie variieren von weiß bis rosaviolett. Die Lippe ist oft weiß mit gelben Lamellen und braunroten Flecken.

In der Kultur gehört *Pleione hookeriana* zu den schwierigen Arten. Viele Liebhaber müssen die Erfahrung machen, daß die neuen Bulben jährlich kleiner ausfallen. Wir geben dem Substrat einen höheren Anteil von *Sphagnum* bei und decken die Bulben mit feuchtem *Sphagnum* ab. Auf diese Weise sind jedes Jahr mehr blühende Pflanzen entstanden und auch die Anzucht aus Bulbillen gelingt so besser. Als alpine Art verlangt *Pleione hookeriana* ständige Luftbewegung durch einen Ventilator.

Pleione humilis

Es ist die am frühesten blühende Art. Die Blüten sind z. T. schon ab Mitte Januar zu bewundern, die Hauptblütezeit liegt aber doch wohl mehr im Februar und zieht sich bis Anfang März hin. Die Bulben sind flaschenförmig und dunkelgrün gefärbt. Die Blüten sind reinweiß und von mittlerer Größe. Sehr schön und kontrastreich sind die dunkelroten Lamellen der Lippe.

Pleione humilis verlangt die gleichen Bedingungen in der Kultur wie *Pleione hookeriana.*

Beide Arten vertragen hohe Temperaturen im Sommer sehr schlecht.

Pleione kohlsii

Bei dieser Orchidee handelt es sich um eine neue nach einem der Autoren im Jahre 1991 benannten Art. Das Aussehen der Bulbe und der Blätter ähnelt dem von *Pleione forrestii*. Die mehrfarbige sehr hübsche Blüte unterscheidet sich jedoch sehr deutlich von den bisher bekannten *Pleione*-Arten.

In der Kultur ist die Art ähnlich wie *Pleione forrestii* zu behandeln.

Pleione limprichtii

Sie ist die einzige Art, die in unserem Klima absolute Winterhärte aufweist. Die Bulben sind konisch-oval und können bis zu 3 cm hoch werden. Die Blüten sind kleiner, aber dafür kräftiger gefärbt als die von *Pleione formosana*. Die Lippe ist lebhaft rotviolett gesprenkelt.

Die Kultur gestaltet sich einfach und ist selbst für den Anfänger leicht zu bewerkstelligen. Diese schöne Orchidee gilt als sicherer Blüher, wenn ihre Grundbedürfnisse erfüllt werden.

Pleione pinkepankii

Es existieren bisher nur wenige Pseudobulben dieser erst kürzlich beschriebenen neuen Art, die sich zwischen importierten Pleionen anderer Arten befanden. Die Blüte ist recht groß und weiß gefärbt mit bräunlicher Fleckung. Erst die Selbstbestäubung und anschließende Aussaat wird bestätigen, ob *Pleione pinkepankii* weiterhin als eigenständige Art anerkannt bleibt.

Da, wie bereits erwähnt, bisher nur wenige Pseudobulben aufgetaucht sind, liegt die Vermutung nahe, daß es sich bei *Pleione pinkepankii* um eine Naturhybride weißblühender Elternpflanzen bzw. Albinos handeln könnte.

Pleione yunnanensis

Die Bulben sind groß und bis zu 5 cm hoch. Sie können länglich oval, aber auch flach und breit sein. Meistens sind sie hellgrün oder leicht violett überlaufen. Die hübsche, hell lavendel- bis rosafarbene Blüte, deren Lippe mit kirschfarbenen Flecken gesprenkelt ist, erscheint in der Zeit von März bis April.

Die Kultur macht oft Schwierigkeiten, wenn die Pflanzen zu warm gehalten werden. Nach unserer Meinung sollten die Bulben ganz mit Substrat bedeckt werden. In der Austriebsphase ist jedoch Vorsicht geboten, da es zu Fäulnis am Knollengrund kommen kann. Eine höhere Zugabe von gehacktem *Sphagnum* zum Substrat erscheint vorteilhaft.

Abschließend sollen noch drei weitere Arten der Vollständigkeit halber behandelt werden, die botanisch eine eigene Sektion darstellen und als Dictiopleionen bezeichnet werden.

Die Sektion besteht aus zwei Arten und der Naturhybride aus diesen beiden Arten. Es handelt sich um *Pleione maculata* und *Pleione praecox*. Die Naturhybride wird *Pleione × lagenaria* genannt. Die Pflanzen dieser Arten sind in der Regel reine Epiphyten und nur in Ausnahmefällen als Lithophyten anzutreffen.

Sie sind Herbst- oder Winterblüher und beanspruchen eine Kultur im temperierten Bereich des Epiphytenhauses. Obwohl sehr hübsch, sind sie für Kalthausbedingungen weniger geeignet. Wir finden sie daher auch häufiger in Kultur bei Liebhabern tropischer Orchideen.

Ihre Kultur ist nicht einfach und es gibt nur wenige Spezialisten, die diese *Pleione*-Arten erfolgreich kultivieren. Vor allem ein verdichtetes und zu feuchtes Substrat ist für diese Orchideen sehr schädlich und führt oft zu deren Verlust.

Pseudorchis albida, Weiße Höswurz

Diese Art ist in arktischen und alpinen Bereichen verbreitet. In kälteren Gebieten, besonders in Skandinavien, findet man sie auch in tieferen Lagen.

Die Kulturbedingungen sind die gleichen wie bei *Nigritella*. Sie steht oft mit Nigritella auf den gleichen Standorten und bildet zuweilen Bastarde mit ihr. *Leucorchis frivaldii* ist in den Gebirgen Rumäniens, Bulgariens und Jugoslawiens beheimatet. Die Standorte dieser Art sind Quellfluren und feuchte Weiden.

Es können nur Angaben über die Containerkultur gemacht werden. Die Pflanze wächst in einem Substrat aus gehacktem *Sphagnum* und gesiebtem Schwarztorf sehr gut.

Vielfach findet man die Gattung *Pseudorchis* in der Literatur noch unter dem Namen *Leucorchis*.

Serapias, Zungenständel

Serapias ist im Gegensatz zu den Gattungen *Ophrys* und *Orchis* relativ arm an Arten. Es gibt etwa 7 Species und einige Unterarten. Zuweilen ist es schwer, einzelne Pflanzen klar einer bestimmten Art zuzuordnen. Dies gilt insbesondere für die im östlichen Teil des Verbreitungsgebietes vorkommenden Species. Die Gattung ist im gesamten Mittelmeerraum verbreitet und häufig anzutreffen. Sie hat große, ansprechende Blüten und ist ausgesprochen einfach in der Kultur. Alle im folgenden angegebenen Arten sind in einem sandiglehmigen Substrat ohne Probleme zu halten. Sogar in reinem Seesand gedeihen einige Arten.

Leider ist die Winterhärte nicht bei allen Arten ausreichend vorhanden, so daß überwiegend eine frostfreie Kultur im Container oder Alpinenhaus empfohlen werden muß. Die schönste Wirkung wird erzielt, wenn die Pflanzen in Gruppen von 5–10 Stück gesetzt werden.

Eine weitere sehr positive Eigenschaft ist die Vermehrungsfreudigkeit von *Serapias*. In etwa drei Jahren vermehrten sich einzelne Pflanzen zu Pulks von 10 und mehr Exemplaren, was darauf zurückzuführen ist, daß *Serapias* bei guten Kutlturbedingungen während einer Vegetationsperiode bis zu 4 neue Knollen ausbildet.

Die Blütengröße, die bis zu 5 cm in der Länge betragen kann, variiert bei den einzelnen Arten sehr stark. Desgleichen ist die Farbpalette sehr groß. Es wird keine Farbe ausgelassen. Sogar grünblütige Exemplare sind festgestellt worden. Zusammenfassend kann gesagt werden, daß es sich bei diesen Orchideen um sehr geeignete Pflanzen für den Anfänger unter den Liebhabern handelt.

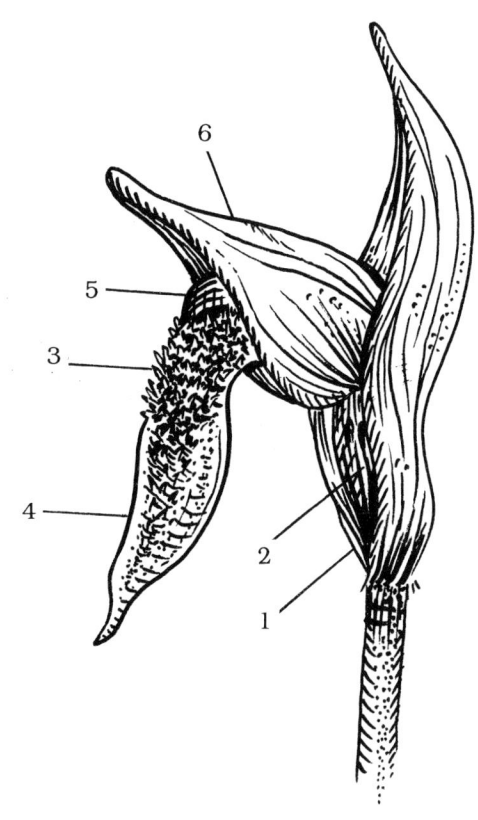

Abb. 11: Auffällig an der *Serapias*-Blüte sind der aus Sepalen und Petalen bestehende Perigonhelm und die zungenförmig ausgebildete Lippe

1 = Tragblatt
2 = Fruchtknoten
3 = Behaarung der Lippe
4 = Vorderlippe
5 = Hinterlippe
6 = Perigonhelm, bestehend aus Sepalen
    und Petalen

Serapias cordigera, Herzförmiger Zungenständel

Beschreibung

Pflanze 15–40 cm hoch, Blätter 5–8 cm, lanzettlich, gefaltet, die Blattscheiden mit braunroten Flekken; Blütenstand ziemlich dicht, 2–10blütig, Mittellappen herzförmig, so breit wie das Hypochil, be-

haart, dunkelrot mit dunkler Äderung; Hypochil mit 2 Schwielen am Grund.
Blütezeit: März–Mai.

Vorkommen und Verbreitung

Areal: hauptsächlich im westlichen Mittelmeergebiet, nach Osten vereinzelt bis in die Südtürkei.
Biotop: in lichten Wäldern, Grasland, in Gebüschen.

Kulturhinweise

Kulturbedingungen wie bei den meisten Serapias-Arten. Allerdings weist diese Species eine gewisse Empfindlichkeit gegen Nässe auf; sie muß also trockener kultiviert werden. Substrat 1 oder wie bei *Serapias neglecta* beschrieben, bringt die besten Ergebnisse.

Bemerkungen

Serapias cordigera hat ähnlich große Einzelblüten wie *Serapias neglecta*. Sie ist allerdings in der Blütenfärbung festgelegt und variiert nicht so stark.

Serapias lingua, Einschwieliger Zungenständel

Beschreibung

Pflanze 10–30 cm hoch; Blätter 4–5 linearisch-lanzettlich, an der Basis ungefleckt; Blütenstand locker, 2–9blütig; Lippe variabel in der Färbung, gelblichrosa oder auch dunkelrot.
Blütezeit: März–Anfang Mai.

Vorkommen und Verbreitung

Areal: im gesamten Mittelmeergebiet ziemlich häufig.
Biotop: auf trockenen und feuchten Wiesen, in lichten Wäldern.

Kulturhinweise

Ebenso anspruchslos in der Kultur wie alle anderen *Serapias*-Arten.

Bemerkungen

Eine grazile Art, die möglichst in Gruppen gepflanzt werden sollte. Starke vegetative Vermehrung durch Ausläuferbildung.

Serapias neglecta, Übersehener Zungenständel

Beschreibung

Pflanze 10–30 cm hoch; Blätter breitlanzettlich, gefaltet, z. T. zurückgebogen; Blütenstand relativ dicht, 4–8blütig; Mittellappen der Lippe groß, herzförmig, behaart, gelblichblaß, ziegelrot, aber auch orange und dunkelrot, Hypochil lang aus dem Helm herausragend mit 2 Schwielen am Grund, Seitenlappen intensiver gefärbt.
Blütezeit: Ende März–April.

Vorkommen und Verbreitung

Areal: Südfrankreich, Norditalien, Korsika, Sardinien und Südwestjugoslawien.
Biotop: auf feuchten Wiesen, in lichten Wäldern, im Gebüsch.

Kulturhinweise

Auch diese Art ist recht einfach zu kultivieren. Sie liebt allerdings feuchte sandige Böden mit schwach saurer Reaktion. Als Substrat kann grober ungewaschener Schotterkies sehr gut verwendet werden. Sie kann in Gegenden mit mildem Winterklima im Freiland kultiviert werden.

Bemerkungen

Diese *Serapias*-Art ist die schönste der Gattung. Die Blüten sind recht groß und variabel in der Farbe. In Gruppen gepflanzt, zeigt diese Orchidee ihre schönste Wirkung.

Serapias olbia, Cote-d'Azur-Zungenständel

Beschreibung

Pflanze 10–25 cm hoch, schlank; Blätter schmal lanzettlich; Blütenstand locker, 2–5blütig; Lippe tief dunkelrot, behaart, oft zurückgeschlagen.
Blütezeit: Mitte April–Mitte Mai.

Vorkommen und Verbreitung

Areal: relativ selten in Südostfrankreich.
Biotop: in feuchten Dünentälern, an Seeufern.

Kulturhinweise

Ein leicht lehmiger Kies oder Seesand eignet sich für diese Art als Substrat sehr gut. Leider trocknet der Seesand schnell aus, deshalb sollte frisches *Sphagnum* zugesetzt werden. Die Pflanzen wachsen in diesem Mischsubstrat aus Seesand und

Sphagnum genau so gut und trocknen nicht so schnell aus.

Bemerkungen

Eine relativ seltene und unscheinbare Pflanze, die mit der Farbenpracht anderer *Serapias*-Arten nicht konkurrieren kann.

Serapias orientalis, Orientalischer Zungenständel

Beschreibung

Pflanze 15–30 cm hoch; Blätter 5–7, mäßig lang und breit; Blütenstand gedrungen, dicht, 5–7blütig; Mittellappen der Lippe breitlanzettlich, behaart und zurückgekrümmt, gelbbraun bis rötlich, 2 Schwielen am Grunde der Lippe.
Blütezeit: Ende März–Anfang Juni.

Vorkommen und Verbreitung

Areal: Apulien, Südgriechenland, Zypern und Südtürkei.
Biotop: gerne auf Kalkböden; nasse Wiesen, Olivenhaine.

Kulturhinweise

Eine leicht zu kultivierende Art, der aber leider die ausreichende Winterhärte fehlt. Daher ist die frostfreie Containerkultur zu empfehlen. Sie gedeiht sehr gut im Alpinenhaus. Es kommen die gleichen Substrate zur Verwendung wie unter *Serapias vomeracea* beschrieben.

Bemerkungen

Eine farblich ausgesprochen hübsche Art, mit großen Blüten. Aufgrund ihrer einfachen Kultur ebenfalls gut für Anfänger geeignet.

Serapias parviflora, Kleinblütiger Zungenständel

Beschreibung

Pflanze 10–30 cm hoch; Blätter 5–7, lineallanzettlich, gefaltet und gebogen, am Grund gefleckt oder gestrichelt; Blütenstand locker; 4–12blütig; Blüten klein; Lippe bräunlichrot mit dunkler Aderung, spärlich behaart, am Grund 2 Schwielen.
Blütezeit: Ende März–Anfang Mai.

Vorkommen und Verbreitung

Areal: selten auf den Kanarischen Inseln, sonst verbreitet im gesamten Mittelmeergebiet.
Biotop: auf Wiesen, in Sanddünen und Olivenhainen.

Kulturhinweise

Die Kultur ist denkbar einfach. Die Pflanzen nehmen so gut wie jedes Substrat an. Selbst sehr torfhaltiges Substrat wurde gut vertragen. Allerdings ist ein lehmhaltiger feuchter Kies wohl der ideale Pflanzstoff für diesen Zungenständel.

Bemerkungen

Diese kleine unauffällige Art ist im wahrsten Sinne des Wortes als pflegeleicht zu bezeichnen. Man muß allerhand anstellen, um ihr ein Ende zu bereiten. Sogar in Hydrokultur war sie nicht am Blühen zu hindern.

Die Unterart *Serapias parviflora* ssp. *laxiflora* gedeiht unter den gleichen Bedingungen und unterscheidet sich von der Art im wesentlichen durch die gelblichgrüne Färbung der Blüten und den etwas kräftigeren, gedrungenen Wuchs.

Serapias vomeracea, Langlippiger Zungenständel

Beschreibung

Pflanze 20–60 cm hoch; Blätter 6–8, lang, schmal, gefaltet und zugespitzt, nach außen gebogen; Blütenstand locker 4–10blütig; Lippe tief rotbraun, Seitenlappen rötlich mit schwarzer Spitze, länger als der Helm, Mittellappen (Epichil) schmaler als das Hypochil, dicht behaart, Hypochil mit 2 parallelen Schwielen, Helm blaß-rot mit dunkler Aderung.
Blütezeit: Ende März–Anfang Juni.

Vorkommen und Verbreitung

Areal: im gesamten Mittelmeergebiet verbreitet, nördlich bis ins Tessin.
Biotop: feuchte Standorte in lichten Wäldern und auf Wiesen.

Kulturhinweise

Sehr einfach in der Kultur bei Verwendung des Grundsubstrates oder Substrat 1 (siehe »Die Gattung *Ophrys*«), sie liebt mäßige Feuchtigkeit. Bei gutem Winterschutz auch im Freiland relativ problemlos zu halten; kann auch in Container gepflanzt und während der frostfreien Zeit sehr gut im Freiland aufgestellt werden.

Bemerkungen

Durch die einfache und problemlose Handhabung eine für Anfänger geeignete Art.

Spiranthes, Drehwurz

Von der Gattung *Spiranthes* kommen in Europa nur 3 Species vor. Während es in Nord- und Mittelamerika eine ganze Anzahl von z. T. stattlichen und schön gefärbten Arten gibt, sind die europäischen Species recht klein und unscheinbar. Sie sind deshalb auch nur für wenige Liebhaber interessant.

Hauptsächlich bewohnt diese Gattung relativ feuchte Standorte wie Moore, See- und Bachufer, einige Arten sind aber auch auf ziemlich trockenem Untergrund zu Hause. Die Kultur ist bei den meisten Arten nicht schwierig, wir wollen hier aber nur einige Species ansprechen, von denen bekannt ist, daß sie sicher aus gärtnerischer Aufzucht erhältlich sind.

Spiranthes aestivalis, Sommer-Drehwurz

Die Art ist nirgends häufig in Mittel-, West- und Südeuropa anzutreffen. Sie besiedelt feuchte nährstoffarme Wiesen und Moore. Ihre Kultur gelingt am besten in zerkleinertem *Sphagnum*, das mit feinem Torf gemischt wird. Sie liebt einen dauerfeuchten Standort.

Die Verfasser halten diese Art schon seit einigen Jahren mit gutem Erfolg im Freiland sowie in der Containerkultur. Es kommt auch zu einer vegetativen Vermehrung. Keimung von Samen konnte jedoch bisher noch nicht beobachtet werden.

Spiranthes cernua

Im nordöstlichen Gebiet der USA ist diese Pflanze beheimatet. Sie ist etwas größer als unsere heimischen Arten; es handelt sich um eine sehr robuste Orchidee.

Die Kultur ist denkbar einfach. *Spiranthes cernua* gedeiht in schwach aufgekalktem Torf leicht und willig. Reichliche Vermehrung durch unterirdische Sproßausläufer sichert einen guten Bestand. Vermutlich ist die Art nicht vollkommen winterhart.

Spiranthes romanzoffiana, Amerikanische Drehwurz

In Nordamerika und Kanada hat diese Art ihre Hauptverbreitung. In Europa sind nur seltene Vorkommen in Irland, Westschottland und Südwestengland bekannt. Wir kultivieren Pflanzen aus Kanada, die vollkommen winterhart sein sollen.

In Containerkultur gedeihen die Pflanzen in einer Mischung, die zu gleichen Teilen aus zerkleinertem *Sphagnum* und gesiebtem Torf besteht, recht gut. Durch vegetative Vermehrung konnte der ursprüngliche Bestand von 5 Pflanzen auf nahezu 20 Stück erhöht werden. Über die Freilandkultur dieser Art liegen uns bisher keine Erfahrungen vor.

Spiranthes sinensis, Chinesische Drehwurz

In Asien ist diese kleine, aber recht hübsche Orchidee mit ihren kräftig duftenden rosa Blüten beheimatet. Sie macht keinerlei Schwierigkeiten in der Kultur und ist auch gegenüber verschiedenen Substraten sehr tolerant.

Wir kultivieren sie wie unter *Spiranthes romanzoffiana* angegeben, jedoch nicht ganz so feucht. Die Art wird von einigen Züchtern mit großem Erfolg aus Samen vermehrt, so daß in nächster Zukunft Pflanzen in größerer Anzahl auf dem Markt angeboten werden. Diese Orchidee besitzt keine ausreichende Winterhärte.

Spiranthes spiralis, Herbst-Drehwurz

Die Herbst-Drehwurz ist in ganz Europa lückenhaft verbreitet. Ihre Standorte befinden sich meist auf relativ trockenen Böden, z. B. in Kiefernwäldern, auf Weiden und oft auch auf Schaftriften. Für die Freilandkultur eignen sich der Trockenrasen oder der Trockenhügel, auf denen sie lange Jahre aushält, dann aber oftmals durch tierische Schädlinge vernichtet wird. Die Containerkultur gestaltet sich schwieriger, da durch übermäßige Nässe die rübenförmigen Wurzeln leicht abfaulen.

Traunsteinera globosa, Kugelorchis

Diese schlanke hohe Orchidee mit ihrem kugelförmigen Blütenstand ist für die Kultur im Freiland gut geeignet. Der Standort soll volle Sonne erhalten. Ein frisches, feuchtes und mineralisches Substrat, das aus tonigem, kalkhaltigem Lehm unter Zugabe von scharfem Sand besteht, hat sich als brauchbar erwiesen. Aus der Ferne betrachtet, wirkt die Art unscheinbar.

Sie wird zur Zeit noch nicht aus gärtnerischer Kultur angeboten.

Nachtrag

Während der Entstehungsphase diese Buches sind von einigen Züchtern neue Hybriden und Selektionen vorgestellt worden. Da einige dieser Pflanzen erst 1991 bzw. 1992 geblüht haben, war es uns nicht mehr möglich, Beschreibungen dieser Neuzüchtungen in das Buch aufzunehmen. Wir freuen uns jedoch, hier einige der neuen *Cypredium*-Hybriden wenigsten fotografisch vorstellen zu können.

Nach unserer Kenntnis wird in allernächster Zukunft mit etlichen weiteren schönen Hybriden, nicht nur bei der Gattung *Cypripedium*, sondern auch bei den Gattungen *Dactylorhiza* und *Orchis* sowie mit mehreren Gattungshybriden zu rechnen sein.

Wir waren sehr überrascht, wie groß die Keimerfolge waren, aber auch die Entwicklung der aus den Aussaatflaschen pikierten Jungpflanzen war bei verschiedenen Züchtern sowie bei uns selbst weit besser als erwartet. Auch schwierig zu ver-mehrende Arten sind zum Teil in größerer Anzahl vorhanden, so z. B. *Orchis militaris* und *Himantoglossum hirzinum*. Man wird die Kulturergebnisse abwarten müssen; eines jedoch steht bereits fest: alle Hybriden sind in der Kultur leichter zu halten als die Wildformen. Als Pionier der generativen Vermehrung von Erdorchideen muß hier unbedingt Werner Frosch aus Dreieich bei Frankfurt genannt werden. Sein großes Engagement und Fachwissen haben dazu beigetragen, daß wir über die Kultur und Vermehrung von Erdorchideen heute mehr wissen und offen darüber berichtet werden kann. Außerdem verdanken wir ihm einige der heute bekannten schönen Hybriden.

Alle diese neuerlichen Erfolge der letzten zwei, drei Jahre machen uns sehr zuversichtlich. Wir werden darüber aber unser Ziel nicht vergessen: die Vermehrung auch und gerade der Wildformen.

Bezugsquellen für Freilandorchideen

Gartenbau M. Härtl
Orchideenbegleitpflanzen und Stauden
Alpine Trogbepflanzung
Eckardsborn 2
3500 Kassel

Telefon   0561 41999

U. Kähler
Amselweg 15
2313 Raisdorf

Telefon   04307/7139

G. u. A. Kohls
Freilandorchideen
Sylter Bogen 23
2300 Kiel 1

Telefon   0431 312076
Fax   0431 312047

Fa. E. Maier
Moor- und Wasserpflanzen
Erdorchideen
4417 Altenberge-Hansell

Telefon   02505 1533
Fax   02505 3967

Fa. B. u. G. Wetzel
Alpine Stauden, Zwiebelpflanzen
Oberkohlfurt
5600 Wuppertal 12

Telefon   0202 470443
Fax   0202 4780119

Literaturverzeichnis

ASCHERSON, P. und P. GRAEBNER (1905): Orchidaceae. Synopsis der Mitteleuropäischen Flora. Leipzig: Engelmann.

BATTEFELD, K., (Hrsg.) (1990): Artenschutzrecht – Bedrohte Tiere und Pflanzen. Wiesbaden: Deutscher Fachschriften-Verlag.

BAUMAN, H. und S. KÜNKELE (1982): Die wildwachsenden Orchideen Europas. Stuttgart: Ulmer.

BURGE, H. (1932): Saprophytismus und Symbiose. Jena: Fischer.

CORELL, D. S. (1978): Native Orchids of North America. Stanford: Stanford University Press.

CRIBB, P. J., C. Z. TANG und I. BUTTERFIELD (1988): The Genus Pleione. London: Timber Press.

DANESCH, E. und O. DANESCH (1969): Orchideen Europas; Südeuropa. Bern und Stuttgart: Hallwag.

DANESCH, E. und O. DANESCH (1972): Orchideen Europas (Ophrys-Hybriden). Bern und Stuttgart: Hallwag.

DANESCH, E. und O. DANESCH (1977): Tiroler Orchideen. Bozen: Verlagsanstalt Athesien.

DIERKING-WESTPHAL, U., J. EIGNER, H. THIESSEN u. a. (1982): Rote Listen der Tiere und Pflanzen Schleswig-Holsteins. Kiel: Schriftenreihe des Landesamtes für Naturschutz und Landschaftspflege Schleswig-Holstein Heft **5**.

DRESSLER, R. L. (1987): Die Orchideen. Stuttgart: Ulmer.

FAST, G. (1980): Orchideenkultur. Stuttgart: Ulmer.

FROSCH, W. (1983): Asymbiotische Vermehrung von Ophrys holoserica mit Blüten nach 22 Monaten. Die Orchidee **34**, 58–61.

FROSCH, W. (1983): Asymbiotische Vermehrung von Orchis morio mit der ersten Blüte nach 23 Monaten. Jahresber. Naturw. Verein. Wuppertal **36**, 101–104.

FROSCH, W. (1985): Asymbiotische Vermehrung von Cypripedium reginae mit Blüten drei Jahre nach der Aussaat. Die Orchidee **36**, 30–32.

FROSCH, W. (1985): Epipactis 'Sabine' (Epipactis gigantea × Epipactis palustris). Die Orchidee **36**, 72–73.

FUCHS, A. und H. ZIEGENSPECK, (1922): Vegetative Vermehrung bei heimischen Orchideen. Mitt. Bayer. Bot. Ges. **4**, 11–12.

FUCHS, A. 1926: Entwicklungsgeschichte der Arten der einheimischen Orchideen und ihre Physiologie und Biologie. Bot. Arch. **16**, 165–260.

FÜLLER, F. (1969): Ophrys. Wittenberg: Neue Brehm Bücherei.

FÜLLER, F. (1969): Platanthera, Gymnadenia, Leucorchis. Wittenberg: Neue Brehm Bücherei.

FÜLLER, F. (1970): Aceras und Anacamptis. Wittenberg: Neue Brehm Bücherei.

FÜLLER, F. (1970): Frauenschuh und Riemenzunge. Wittenberg: Neue Brehm Bücherei.

FÜLLER, F. (1972): Orchis und Dactylorhiza. Wittenberg: Neue Brehm Bücherei.

FÜLLER, F. (1972): Alpine und nordisch-alpine Orchideen. Wittenberg: Neue Brehm Bücherei.

FÜLLER, F. (1974): Epipactis und Cephalanthera. Wittenberg: Neue Brehm Bücherei.

HASHIMOTO, T. und M. NANDA (1981): Japanese Indigenous Orchids in Colour. Tokio: Ienohikari Association.

KLEMP, K. und S. DÖPPER (1986): Naturschutz beginnt im Garten. Kiel: BUND (Hrsg.) Bundesgeschäftsstelle: Im Rheingarten 7, 5900 Bonn.

KNUDSON, L. (1922): Non symbiotic, germination of orchid seeds. Bot. Gaz. **75**, 1–25.

KÖHLEIN, F. (1977): Freilandsukkulenten. Stuttgart: Ulmer.

LANDWEHR, J. (1977): Wilde Orchideen van Europa. Amsterdam: Verenigung tot Behoud van Natuurmonumenten in Nederland.

LUCKE, E. (1986): Orchideenkultur für alle. Minden: Philler.

LUER, C. (1975): The Native Orchids of the United States and Canada, excluding Florida. New York: The New York Botanical Garden.

MÖLLER, O. (1987): Die subterrane Innovation und der Wachstumszyklus einiger Orchideen. Die Orchidee **38**, 13–22.

MÖLLER, O. (1987): Zur Notwendigkeit einer Renaissance der Erdorchideenkunde. Die Orchidee **38**, 71–76.

NELSON, E. (1962): Gestaltwandel und Artbildung erörtert am Beispiel der Orchideen Europas und der Mittelmeerländer, insbesondere der Gattung *Ophrys*.
Mit einer Monographie und Ikonographie der Gattung *Ophrys*. Chernex-Montreux: Selbstverlag Erich Nelson.

NELSON, E. (1962): Monographie und Ikonographie der Gattung Dactylorhiza. Chernex-Montreux: Selbstverlag Erich Nelson.

NILSSON, S. und B. MOSSBERG (1977): Orchideen Mittel- und Nordeuropas. Stuttgart: Franckh'sche Verlagshandlung.

SADOVSKI, O. (1965): Orchideen im eigenen Garten. München: Bayerischer Landwirtschaftsverlag.

SCHLECHTER, R. (1985): Die Orchideen. Berlin/Hamburg: Parey.

SUNDERMANN, H. (1975): Europäische und mediterrane Orchideen. Hildesheim: Brücke-Verlag Kurt Schmersow.

WHITLOW, C. E. (1983): *Cypripedium* culture in the USA. Orchid Review **91**, 300–305.

WHITLOW, C. E. (1988): The Genesis of *Cypripedium* Hybrids. American Orchid Society Bulletin **57**, 850–852.

WILLIAMS, J. G. und M. ARLOTT (1979): Orchideen Europas mit Nordafrika und Kleinasien. München/Bern/Wien: BLV.

Sachwortregister

Register der deutschen Pflanzennamen

Register der wissenschaftlichen Pflanzennamen

Orchideenkunde

Orchideen in Zimmer und Kleingewächshaus

Von Dr. Hans Mergner, Prof. em. der Fakultät für Biologie der Ruhr-Universität Bochum

**1993. 416 Seiten mit 521 Einzeldarstellungen in 170 Abbildungen, 290 Farbabbildungen auf 32 Tafeln, einem farbigen Frontispiz und 7 Tabellen. Gebunden DM 168,—
ISBN 3-489-62424-6**

Eine Orchideenkunde für den anspruchsvollen Pflanzenfreund: Angeregt durch eigene Erfahrungen während einer mehr als fünfunddreißigjährigen Beschäftigung mit Orchideen und ihrer Pflege im Zimmer und im Kleingewächshaus geht der Autor, er ist Mitarbeiter an der dritten Auflage von R. Schlechter, »Die Orchideen«, mit diesem Buch weit über die üblichen Artbeschreibungen und Pflegeanleitungen hinaus. Er weiß, daß der ernsthafte Liebhaber mehr über seine Pflanzen erfahren möchte, um sie als lebende Wesen zu begreifen. Daher vermittelt er nicht nur sorgfältig zusammengestellte Informationen über geeignete Orchideen, Pflegemaßnahmen und die dazu erforderlichen Kultureinrichtungen, sondern erläutert auch die biologischen Grundlagen wie Aufbau, Funktion und Vermehrung dieser Pflanzen, ihre Lebensbedingungen in der freien Natur und ihre Gefährdung durch Umwelteinflüsse. Mit Hinweisen zur Systematik und Taxonomie, je einem Namens-, Sach- und Literaturverzeichnis sowie der Erklärung von Fachausdrücken ist das reich illustrierte Werk eine Fundgrube für alle, die sich in Freizeit oder Beruf mit Orchideen beschäftigen.

Aus dem Inhalt:

Biologie der Orchideen – Allgemeines – Historischer Rückblick – Systematische Einordnung und Charakterisierung der Orchideen – Morphologie der vegetativen Organe – Morphologie der generativen Organe – Fortpflanzungsbiologie – Zytologie, Genetik und Züchtung – Hinweise zur Physiologie – Umwelt und Lebensweise – Pflanzengeographische Verbreitung – Gefährdung und Schutz wildwachsender Orchideen – Systematik und Taxonomie – **Orchideenpflege im Zimmer und im Kleingewächshaus** – Die Lebensansprüche der Orchideen – Kultureinrichtungen für Orchideenliebhaber – **Auswahl interessanter und für Liebhaber empfehlenswerter Orchideen** – Beschreibung und Kultur ausgewählter Gattungen und Arten – Künstliche Orchideenhybriden – Tabellarische Übersicht der Pflegemaßnahmen – **Erläuterung botanischer Fachausdrücke – Literaturverzeichnis – Abbildungsnachweis – Sachverzeichnis – Verzeichnis der wissenschaftlichen Namen**

Preis: Stand 1.9.1992

Berlin und Hamburg

Die Orchideen

Beschreibung, Kultur und Züchtung. 3. Auflage
Handbuch für Orchideenliebhaber, Züchter und Botaniker

Begründet von Dr. R. Schlechter. Herausgegeben von Prof. Dr. F. G. Brieger, Prof. Dr. R. Maatsch, Dr. K. Senghas. Unter Mitarbeit von F. Butzin, H. Dietrich, W. Haber, H. Hagemann, D.-E. Lesemann, R. Marwitz, H. Mergner, W. Sauthoff, G. Schmidt, J.-Chr. Wichmann, K. Zimmer

Die 3., völlig neubearbeitete Auflage des erheblich erweiterten Handbuches erscheint innerhalb einer Subskription in Lieferungen von je etwa 64 Seiten. Es wird einen Gesamtumfang von ca. 3000 Seiten haben und mit vielen hundert Abbildungen, botanischen Zeichnungen und Habitus-Fotos im Text, und 18 vielfarbigen Tafeln versehen sein.

Band I erscheint in zwei Teilbänden mit separatem Registerband. Band I/A (Lieferungen 1–15) komplett gebunden. 1992. 976 Seiten mit 10 Farbtafeln und 2757 Einzeldarstellungen in 739 Abbildungen. 28 x 20 cm. Gebunden DM 498,— ISBN 3-489-58922-X
Die weiteren Lieferungen 16–32 (erschienen bis Lieferung 25) bilden Band I/B, der in etwa 3–4 Jahren abgeschlossen vorliegen wird. Preis je Lieferung DM 28,—
Band II: 1985. 743 Seiten mit 698 Einzeldarstellungen in 340 Abbildungen, 99 Tabellen und 6 Farbtafeln. Gebunden DM 398,— ISBN 3-489-78622-X

RUDOLF SCHLECHTERS Buch »Die Orchideen« wurde bereits in seiner ersten, einbändigen Auflage aus dem Jahre 1915 international als Standardwerk angesehen. Um die Fülle des Materials unterzubringen und damit allen Ansprüchen gerecht zu werden, die von der modernen wissenschaftlichen Botanik, von den Orchideenliebhabern und den speziellen Orchideengärtnereien heutzutage an ein Werk solchen Ranges gestellt werden, wurde die dritte, völlig neubearbeitete Auflage erheblich erweitert. Herausgeber und Mitarbeiter sind namhafte und anerkannte Wissenschaftler und Fachleute. Sie gewährleisten eine in jeder Hinsicht kompetente Darstellung des umfangreichen Stoffes.

Nach der umfassenden Beschreibung der botanischen Grundlagen der Orchideenforschung und der Taxonomie im ersten Band des Werkes bringt der zweite Band den gärtnerischen Teil, wobei ausführlich auf die Orchideen im Erwerbsgartenbau eingegangen wird. Nach einem historischen Rückblick auf die Entwicklung der Orchideenkultur und einer Betrachtung der heutigen Orchideenliebhaberei und -kultur werden Voraussetzungen und Maßnahmen der gärtnerischen Orchideenkultur eingehend beschrieben. Der Orchideenpflege im Zimmer ist ein eigenes, ausführliches Kapitel im Umfang von über 230 Seiten gewidmet, mit dem speziell der Orchideenliebhaber angesprochen wird. Weitere Abschnitte beschäftigen sich mit Freilandorchideen, mit den parasitären und nichtparasitären Krankheiten sowie mit den Lebensgrundlagen und dem Schutz der Orchideen in der Natur. Darüber hinaus machen ein Verzeichnis der Pflanzennamen, ein Verzeichnis der Volksnamen für Orchideen und ein Sachregister diesen Band von allen Fragestellungen her leicht zugänglich.

Preise: Stand 1.9.1992

Berlin und Hamburg